# 數位社會性課程教學攻略：
# 在高功能自閉症與亞斯伯格症之應用

張正芬、林迺超、王鳳慈、羅祥妤　著

江佩穎　光碟製作

# 目次

（附錄 8～15、18～21 於光碟中提供 PDF 檔供讀者運用）

## 表次

## 圖次

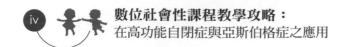

# 製作團隊名單

◎**主 持 人**：張正芬（國立臺灣師範大學特殊教育學系教授）
◎**研究人員**：林迺超（臺北市劍潭國小教師）
　　　　　　　王鳳慈（臺北市文林國小教師）
　　　　　　　羅祥妤（臺北市石牌國小教師）
◎**研究助理**：江佩穎

▶ **協助影片製作人員**

臺北市平等國小　杭慕樵老師

新北市文山國中　蕭偉智老師

國立成功大學 100 級　陳梵宇同學

國立臺灣師範大學 99 級　鄭傑陽同學

▶ **實驗教學老師**

王鳳慈老師、林迺超老師、陳柏蓉老師、莫少依老師、羅玉慧老師

彭惠君老師、邵允賢老師、羅祥妤老師、鄭津妃老師、陳如凡老師

▶ **大學部協助同學**

◎國立臺灣師範大學特殊教育學系 98 級

　張譽瓊、張瑋容、高珮芩、劉玟伶、陳君鳳

◎國立臺灣師範大學特殊教育學系 99 級

　　李煜雲、林逸柔、游婷儀、劉旭桓、鄭傑陽、李政剛

　　邱莉婷、張明觀、余謹如、吳念泇、胡瑀方、李雅婷

◎國立臺灣師範大學特殊教育學系 100 級

　　陳盈如、林依萱、吳思瑩、林昱彣、林育嫻、林姿君

　　呂易瑾、蔡維倫、曹家嘉、楊子萱、吳佳穎

▶ **感謝學校**

臺北市劍潭國小、臺北市平等國小

▶ **教學影片演員**

民生國小──佘欣蓓（小靜）；佘東翰（小華）

新生國小──賴俞辰（同學 I）

南湖國小──楊庭妤（小妤）；楊庭萱（萱萱）

中正國小──姜俊甫（小俊）

溪口國小──伍芷嫻（小嫻）

劍潭國小──余宏偉（小寶）；羅人翔（阿福）；李庭妤（同學 A）

　　　　　　羅羽欣（同學 B）；張宸嫣（同學 C）

平等國小──李逸蘋（小蘋）；曹彧祄（同學 D）；李沛渝（同學 E）

　　　　　　蘇珮琪（同學 F）；曾裕崴（同學 G）

作者簡介

▶ 張正芬

經歷：國立臺灣師範大學特殊教育中心助理研究員

國立臺灣師範大學特殊教育學系講師、副教授、教授

國立臺灣師範大學特殊教育學系教授兼系主任

國立臺灣師範大學特殊教育學系教授兼特殊教育中心主任

現職：國立臺灣師範大學特殊教育學系兼任教授


▶ 林迺超

學歷：國立臺灣師範大學特殊教育博士

經歷：國立臺灣師範大學特殊教育學系兼任助理教授

臺北市立大學特殊教育學系兼任助理教授

國立清華大學師資培育中心兼任講師

現職：臺北市立劍潭國小資源班教師

## ➤ 王鳳慈

學歷：國立臺灣師範大學特殊教育研究所教學碩士

經歷：新北市文林國小特教教師

　　　新北市情緒行為專業支援教師

　　　新北市特教輔導團團員

現職：新北市安和國小特教教師

## ➤ 羅祥妤

學歷：國立臺灣師範大學特殊教育研究所碩士

經歷：臺北市社子國小特教班教師

現職：臺北市石牌國小資源班教師

作者序

張正芬

　　作者長期從事自閉症兒童教育，在與亞斯伯格症及高功能自閉症學生、家長、老師相處的經驗中，看到長期困擾三者的共同點都是學生的情緒行為問題。他們在學校、家庭及社區中，不斷出現內、外在衝突與挫折，進而引發情緒與行為問題，背後很大的因素來自於社會性能力的不足，包括情緒的調控與問題解決能力的缺乏。

　　亞斯伯格症與高功能自閉症兒童均屬於自閉症（Autism Spectrum Disorder，簡稱ASD）中的輕症，擁有與同齡同儕相當的智力、生活自理能力、對周遭的好奇心等，也深具善良、敏感、直接、獨特的特質，當然也喜歡與人互動、結交朋友、參與團體，但卻未具備與其年齡相符合的社會性能力。自閉症兒童在與周遭互動時，常有自己獨特的觀點與角度，此觀點與角度非關好壞優劣，但可能與大多數人不同，加上較少參照他人的想法與觀點，因此容易因缺乏交集而顯得格格不入或我行我素。他們與人互動時，不擅長察言觀色，不易正確解讀他人情緒與行為，也不易掌握他人言談中的幽默、雙關語、隱喻、諷刺等言外之意，使得互動過程中常常出現會錯意、表錯情或步調不一的情形。

　　這群輕症的學生從小就讀普通班，由於外表並沒有明顯的特徵，所以其困難不易為周遭人士同理與了解。雖然學校教育長期致力於推動無障礙、友善校園的建立，也積極透過各種方式增進學校教職員、同學與家長對輕症學生的理解與接納，但透過教育提升這些輕症學生的社會性能力，增加他們對周圍環境的覺知與因應能力，拉近彼此之間的距離，更是適性教育的重點所在。

　　在教導輕症自閉症學生社會性課程時，多數老師認為他們能很快就學會上課

內容，並正確無誤地複述，但面臨各種情境時卻又依然故我，顯得有些「明知故犯」。事實上，真實生活中人際互動速度快速以及情境差異大，加上教學過程中的練習量充足與否、是否流於形式記憶、有無兼顧學生觀點、提供多類型的行為參照、結果回饋及系統化不足等因素，都可能是導致自閉症學生無法將所學真正類化到日常生活中的原因，也造成老師教學與輔導上的困境。

　　作者醞釀編製一套可用於高功能自閉症及亞斯伯格症學生的社會性課程已有好長好長一段時間。雖然特殊教育領域中不乏可用來教導自閉症學生的社會性課程或教材，但總覺得缺少了些量身訂做的客製化精神及具系列性的生活化內容。在集結多年為高功能自閉症及亞斯伯格症學生辦理周末營隊所累積的實作經驗，及一群長期擔任營隊志工的特教老師們——林迺超、王鳳慈、羅祥妤老師的參與，終於在國科會補助專題計畫（NSC97-2511-S-003-042-MY2）的經費贊助下，歷時兩年完成此套課程之著作與實驗教學的工作。在此過程中也要特別感謝本校洪榮昭教授的寶貴意見與助理江佩穎小姐惠心、童趣的製作及認真、全力的投入。也要謝謝參與實驗教學的家長、星兒們及其他所有提供協助的老師、學校及同學們。

　　本套課程主要特色在運用自閉症學生的視覺優勢，透過影片、動畫的數位媒材，呈現輕症學生在學校、家庭、社區中容易出現情緒行為問題的情境。教材單元的安排以心智理論的架構為藍本，由簡單的基本情緒、想望、信念、錯誤信念到難度較高的複雜情緒，循序漸進、具階層性。單元內容具脈絡性，符合實際生活情境，包括呈現的速度、刺激的多樣性與隱微性、行為及後果的連結等。也考量輕症學生可能因為不專注、過度關注細節或不理解，教學者可採取定格、重複播放影片與動畫的方式提升學生對情境事件的掌握能力。單元編製採情境題幹下搭配三至四個行為選項的方式，一則可讓教學者了解學生的觀點與所可能採取的行為反應，再則可讓學生有機會了解他人可能的觀點與採取的反應，最終，透過後續行為反應（整體事件）的回饋系統來建立學生內在的規則及提升其情緒調控與問題解決能力。

　　在學校推動資訊教育有成，教師普遍資訊能力提升的現在，希望本課程的付梓，能發揮拋磚引玉的功能，帶動更多教師持續研發情境式數位教材，提供學生

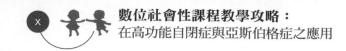
更豐富的參照情境。本課程雖特別針對自閉症學生所寫，但內容也同樣適用於有社會性互動問題或困難的其他類別特殊需求學生及一般學生，期望教師與學生都能從此套課程中獲益。

PART

**1**

# 指導手冊

# 壹　前言

　　作者在 2003 年以兩個月時間密集辦理了八梯次小一至高三的高功能自閉症（High functional autism，以下簡稱 HFA）及亞斯伯格症（Asperger syndrome，以下簡稱 AS）學生的週末營隊（簡稱麻吉營），每梯約有六至八位學生，八梯共有五十六位學生及其家長參加，學生接受三小時的營隊活動，家長則參與座談。讓作者印象深刻的是，座談會中幾乎每一位 AS 學生的家長都表示他們的孩子非常渴望結交朋友，但因為不懂得察言觀色、講話過於直接、錯誤解讀他人行為、缺乏問題解決能力及應對技巧等問題，使得他們在學校中被孤立，孩子為了想跟同學互動，甚至故意取難聽綽號或說挑釁語言來激起他人回應。家長反應孩子在校常被同學戲弄、欺侮，也有部分為普通班老師所排斥，此種負向經驗常造成兩極化表現，有些變得更加壓抑、退縮，有些則出現暴力、攻擊行為。大多數家長表示他們的孩子敏感又脆弱，他們的內心世界和感受需要特別的關照和輔導。HFA 學生家長也反應他們的孩子同樣有類似需求與問題，但強度不若 AS 學生強。

　　上述家長的描述和國外文獻對 AS 的敘述相當一致。相較於典型自閉症，AS 的議題雖較晚受到學界重視，但近年隨著文獻的快速累積與社會教育的倡導，AS 開始受到國內外廣泛的重視。AS 和典型自閉症同屬自閉症（Autism Spectrum Disorder，簡稱 ASD），AS 和典型自閉症中的 HFA 因兩者症狀較輕微且智力多在正常範圍，因此一起被稱為輕症 ASD，AS 也常被視為是高功能自閉症的同義語或延伸狀態，2013 年即將修訂公布的美國精神醫學會（American Psychiatric Association，簡稱 APA）所主編的精神疾患診斷與分類手冊第五版（Diagnostic and Statistical Manual of Mental Disorders, DSM-5）可能會統一使用 ASD 來取代目前的自閉症、亞斯伯格症等的次分類方式，並以障礙的輕重程度作為分類依據。本文在用語上，除了引用之文獻有特別標示 HFA 或 AS 外，將統一使用輕症 ASD 以含括 AS 與 HFA。

Wing（1986）從社會性觀點，將自閉症分為「孤獨型」、「被動型」和「主動怪異型」，HFA 和 AS 多數屬於 Wing 所指的「主動怪異型」族群，他們有相當的動機想和人互動，但缺乏社會能力，在互動中表現拙劣，並對不成文規定缺乏了解（Attwood, 1998; Frith, 1991; Myles & Simpson, 1998），難以了解他人的觀點、意圖、信念，同理心不足、過度理性、系統化思考（Baron-Cohen et al., 2005）。他們在兒童、青少年期時，與同齡同儕一樣，對友誼有相當程度的渴望，他們想要交朋友，卻因不知如何開啟話題、過度打斷、易爭辯、只顧談論自己感興趣的話題（Barnhill, 2001; Bauminger et al., 2008; Ghaziuddin & Gerstein, 1996）、在團體中難以理解與他人建立關係的規則，加上本身常有視覺、聽覺、觸覺等方面敏感的問題（Baranek, Diane, & Bodfish, 2005; Dunn, Saiter, & Rinner, 2002; Hilton et al., 2010）而常常出現不適當反應。此外，對預期外的狀況容易緊張、挫折容忍度低，使得壓力相對升高，導致情緒激動失控，因此學齡階段的 AS 兒童常常成為同儕眼中的「異類」，更容易變成同儕排斥、取笑、捉弄與欺負的對象，也易造成親師、親子關係的緊張。AS 學生的主要問題不在社會性疏離，而是難以改變行為去因應環境需求，因此總是處在「狀況外」（Myles, Bock, & Simpson, 2001），更加惡化其人際關係與影響情緒的發展。以下為兩位 AS 學生的例子。

小威為就讀國小普通班的五年級男生，他很在乎考試成績，考卷一發下，就會到處詢問班上成績較好的同學，一得知有人分數高過於他，就會生氣揉捏考卷，並怪罪老師評分不公平、偏心；當自己考好時，則會炫耀成績並取笑同學笨或不用功。偶爾同學氣不過回他「對，全天下就你最聰明」，他會很高興的說：「就是嘛，你現在才知道」。小威對分數的過度反應與直接表現及無法了解同學對此事的觀感，常導致班上糾紛不斷，抱怨聲四起，「發考卷」也成為教室爭端的引爆彈。此外，小威交友意願高，下課喜歡擠進同學圈湊熱鬧，但常主導遊玩方式，要同學依照他的規則進行，導致同學排斥而告狀，老師頗感困擾。小威家境小康，父母親皆大學畢業並服務於公職。母親表示自幼稚園起，老師就常反映小威有狀況，包括不容易遵守規矩及規範，愛當糾察隊，糾正同學的行為；喜歡和小朋友玩，但無法和平共

處，常因為要求小朋友按照他的方式而不歡而散；察言觀色能力弱，問題解決能力有限，常和同學有衝突事件發生。母親在家一直努力教導，並於每日上學前耳提面命和同學相處之道，但到目前狀況仍層出不窮，母親深感心力交瘁。小威小二時被診斷為 AS，在學校接受資源班服務至今。

大偉就讀八年級普通班，魏氏兒童智力量表全量表智商 109，語文智商 116，日常生活對話流暢、課業表現中上，理科好，但文科則很差。自小學起，即常因上課愛發言、內容冗長且離題，屢經老師勸阻無效，還經常怪罪老師為何不讓他發言，而導致同學抗議與家長關切，老師也覺上課頗受干擾。五年級時導師轉介提報鑑定，經鑑輔會通過為自閉症學生。目前上課愛發言的頻率雖下降，但同學仍感困擾。下課喜歡找同學說話，但常獨占話題，高談闊論，同學漸採閃避策略，大偉會因此而越講越急躁，甚至抓住對方，質問對方為何不聽他講，而數度引發肢體或口語衝突。他常將同學或老師對他的提醒或糾正解釋為不喜歡他、排斥他；大偉熱情具正義感，但較無法分辨人際互動的分際，看到同學下課打打鬧鬧，會誤以為某方被欺負而出面打抱不平，但他伸張正義之舉常換來同學「多管閒事」的回罵，大偉會因此生氣而大叫大罵。目前同學對他採取「敬而遠之」的態度。大偉與媽媽同住，為單親家庭，媽媽對大偉之教養不遺餘力，也很配合學校，採取接納、民主但合理的管教方式。媽媽表示大偉少根筋、低 EQ、白目，但很善良、單純。

AS 兒童的認知發展，就如上述的小威和大偉一樣，並無顯著的遲緩現象（DSM-IV-TR, 2000），且多數研究支持 AS 兒童的智力在正常範圍，甚至達到資優程度（張正芬、吳佑佑，2006；張正芬、陳美芳，2007；Barnhill, Hagiwara, Myles, & Simpson, 2000; Ghaziuddin & Mountain-Kimchi, 2004）。但這一群具有一般或一般以上智力的 AS 兒童，卻常有人際、團體參與、情緒或學業成就落差大等學校適應方面的困難（張正芬、陳美芳；2007；Griswold, Barnhill, Myles, Hagiwara, & Simpson, 2002），並為憂鬱症、焦慮症等精神疾患的高危險群（Attwood, 1998; Barnhill, 2001; Klin, 2000; White, Roberson-Nay, 2009）。

對大多數孩子而言，上學是一件愉快而有趣的事情，可以學習各式各樣

的東西，又可以結交朋友，分享生活點滴。但對 AS 兒童而言，因長期處在不利於他們的社會互動情境中，故上學的樂趣可能因此遞減，而學校適應方面的問題也逐漸浮現。陳慧萍（2007）對臺北市及新北市二十四名國小 AS 學生所做的調查發現，無論是教師或家長都一致的認為，有將近五成的 AS 學生易因同學的嘲笑和排斥而產生挫折焦慮、面對衝突時反應激烈，無法解決自己的情緒問題；有八成以上學生在和同學討論、分享生活事件、下課一起遊玩上有明顯困難，更有高達九成的學生難以同理他人感受並給予適切回應，此研究充分反映出國小階段 AS 學生在情緒和人際互動方面的困難。

在情緒方面，喬馨慧（2005）以十六位五至九年級且魏氏兒童智力量表全量表介於 100～122（平均 109）間的 AS 學生，及六至八年級一般學生三十二人為研究對象，透過自行拍攝之影片探討兩組在解讀諸如臉部表情、肢體動作、純情境及多元訊息等非口語情境訊息以覺察他人情緒之能力差異的研究顯示，AS 學生對不論是基本或複雜情緒的覺察，也不論是透過何種訊息管道解讀，其能力都顯著低於一般學生。

張正芬和陳美芳（2007）針對二十一名國小 AS 資優生所做的研究發現，由 AS 資優生在情緒與行為表現的相關評量可以得知，超過半數以上的 AS 資優生在交友技巧、交友情形、受同儕喜愛等和人際互動有關的項目上有明顯困難；在傾聽他人說話、啟動話題或說話的得體性等和溝通有關的項目上，也呈現顯著困難；在對自己行為後果負責，處理生氣、輸贏、失望、自我控制等情緒管理的能力明顯不足；此外，他們有近六成伴隨有生理症狀或害怕的問題，如，情緒與感受過度敏感（71.4%）、焦慮緊張（47.6%）、擔心不可能發生的危險或災難（47.6%）、神經質的行為表現（28.6%）等。

由上述的描述可知，AS 學生的社會性和情緒發展間有著密切的關聯，情緒發展的遲緩與缺陷更弱化了社會性的表現，因此有必要進一步透過對一般兒童情緒發展的了解來掌握 AS 學生情緒的表現。

王鳳慈（2008）將 Shaffer（2005）所提出的出生到十八歲的情緒發展整理如表一。在情緒表達與調節部分，一歲嬰兒具有藉由面部表情、聲音辨識他人情緒的能力、能表達喜怒哀懼等情緒，及可藉由他人的撫慰而調節自己

的情緒。兩歲左右幼兒可參考他人的情緒做出符合他人期望的行為，以及藉由表達或互動試著調節自己的情緒。三歲左右幼兒可理解簡單引發情緒的原因、可命名情緒且逐漸發展出隱藏情緒的能力，並可藉由難過或生氣的行為表現負向情緒。四至五歲左右幼兒可從過去經驗判斷情緒。五歲左右兒童可從他人的肢體動作判斷情緒，並可理解同儕的負向情緒。六歲兒童已完全可理解並解釋引發情緒的原因、了解他人可能會同時出現兩種情緒、並能使用認知策略調整情緒。六至十二歲之後則能理解引發複雜情緒的原因、表現出較佳且符合社會期待的行為，並學會使用複雜情緒的字眼。

### 表一　情緒發展一覽表

| 年齡 | 情緒表達／調節 | 情緒解讀 |
|---|---|---|
| 出生至六個月 | • 表現基本情緒<br>• 以愉悅的情緒回應他人的正向情緒，並以低落情緒回應他人的生氣或難過<br>• 藉由移除不舒服的刺激、照顧者的晃動、撫摸、擁抱、唱歌或提供奶嘴等處理負向情緒 | • 能夠辨識面部表情，例如高興、生氣、難過等<br>• 可藉由表情、聲音區分照顧者喜怒哀懼的情緒 |
| 七至十二個月 | • 基本情緒變得更明顯，例如生氣、害怕、難過等<br>• 開始藉由晃動自己的身體、啃咬物品調節自己的情緒<br>• 藉由遠離使他生氣的人或事件調節自己情緒 | • 更能理解他人基本情緒<br>• 可以從聲音的情緒表現獲得更多情緒訊息<br>• 透過觀察照顧者的情緒反應調整自己的行為 |
| 一至二歲 | • 試著控制使自己生氣的活動或物品，或者去應付一些挑戰（例如，需要玩玩具或說話才可得到禮物或餅乾）<br>• 較無法處理害怕的情緒<br>• 可知道情緒，但尚無法命名<br>• 複雜情緒出現 | • 可藉由他人的表情，做出迎合他人喜好的行為 |

（續上表）

| 年齡 | 情緒表達／調節 | 情緒解讀 |
|---|---|---|
| 三歲 | • 能夠正確命名高興的情緒，但也常利用高興的字眼去描述驚訝<br>• 較多使用難過（或生氣）去表現負向情緒<br>• 出現隱藏自己真實情緒的能力，但不成熟 | • 可以理解正向的事件會引發高興的情緒<br>• 可以理解遺失動物等負面事件會引發難過的情緒 |
| 四至五歲 | • 使用驚嚇的字眼去描述害怕 | • 可以從過去事件的經驗知道他人真正的內心感覺（例如遭遇到遺失心愛動物的情境，就會回想起過去遺失的兔子，從經驗得知難過） |
| 五歲 | • 可以理解同儕的負向情緒<br>• 仍然較無法假裝自己內心的情緒，或是說服他人相信自己的謊言 | • 可透過他人的肢體動作辨識出喜哀怒等情緒，但此時對於懼的反應較弱 |
| 六歲 | • 使用認知策略調節情緒（例如轉移自己的不愉快情緒，像是很害怕時閉上眼睛、藉由愉快的想法可以克服不愉快的想法、清楚說出情緒不佳的原因<br>• 會出現隱藏情緒的表現<br>• 逐漸出現順從表現原則（display rules）的行為：表現合乎社會情境所應有的情緒行為 | • 能夠確認與理解基本情緒引起的原因<br>• 理解他人肢體動作所代表的基本情緒<br>• 理解一個人在同一時間會出現兩種情緒 |
| 六至十二歲 | • 順從表現原則的行為會在此學齡階段趨於熟練<br>• 自我調節策略（包含當表現適當時被增強的情緒）變得較具變化性與複雜<br>• 大約高年級時會使用驕傲、害羞、嫉妒或罪惡感的等字眼 | • 七歲左右可以理解會同時出現兩種不同情緒<br>• 八歲左右可理解同一情境從不同的人的觀點會引發兩種截然不同的情緒<br>• 理解複雜情緒引起原因的能力在此階段趨於成熟 |
| 十三至十八歲 | • 增加與青春期變化、青少年日常經驗相關的負向情緒等 | • 情緒理解的各方面持續發展 |

資料來源：修正自王鳳慈（2008）。

　　相較於一般發展的嬰幼兒與兒童，輕症 ASD 兒童的社會情緒發展顯然較為緩慢或有所缺陷。學齡前的自閉症兒童眼神接觸的強度和頻率極少，對於與成人的互動也較無興趣，僅有少數會反應出生氣與沮喪的情緒（Hobson, 2005）；模仿、共同注意力、回應他人與想像性遊戲皆較差（Stone, Hoffman, Lewis, & Ousley, 1994）；對他人聲音沒有回應、也無法理解他人的姿勢、缺乏分享喜悅、缺乏直接的眼神接觸（Lord, 1995）；較難了解他人情緒狀態並回應（Yirmiya, Sigman, Kasari, & Mundy, 1992）；缺乏情緒表達，或者出現莫名其妙的暴怒（宋維村，2000）。

　　學齡階段自閉症兒童的情緒雖有發展，但仍有品質上的問題。自閉症兒童與陌生人互動接觸表現仍少有眼神接觸、眼神示意、或迎面微笑（Lee & Hobson, 1998）；難以辨識高興、難過、生氣、驚訝等面部表情（蔡佳津，2000；Gross, 2004）；不容易覺知並區辨自我的簡單情緒、同時兩種不同情緒（Rieffe, Terwogt, & Kotronopoulou, 2007）；缺乏同情心或不知如何表達同情心、無法體會別人的感受和情緒反應、無法適當地表達自己對別人情緒的了解和反應（宋維村，2000）；自我覺知的情緒（驕傲、罪惡感、羞愧、尷尬、嫉妒、羞怯、同情等）表現與回應極少（Chidambi, 2003）；不易從表情、肢體、情境或多元訊息中解讀他人情緒（喬馨慧，2005）；難以同理他人的想法與理解引發情緒的原因（Baron-Cohen, 1991），容易出現負向思考，包括身體焦慮、敵意等（羅玉慧，2009；Farrugia & Hudson, 2006）。

　　由於情緒的發展和社會性能力有密切的關係，若能透過教導輕症 ASD 學生情緒的理解與表達，或許可提升他們的社會性與同儕接納度，因此在學校教育階段提供 AS 學生情緒、社會人際相關課程應是非常必要的。但作者近年接觸許多 AS 學生家長，多數家長皆反應其 AS 子女在學校甚少接受此類課程，而作者在各種學校評鑑的機會中，看到學校的個別化教育計畫（IEP）或輔導紀錄，有關情緒或人際社會的教導，採取融入式的口頭教導較多，而積極提供系統化、有結構的情緒、人際社會性課程則較少，老師們普遍反應不知如何做、教材不足的困境，因此編製一套符合學齡階段 AS 學生需要，且具系統性、容易實施的社會性課程實有其迫切需要性。

　　作者自從 2003 年辦理第一屆麻吉營之後，為提供 HFA／AS 學生有交友互動的機會，並讓家長有交流、分享、喘息的園地，陸續於臺灣師範大學特殊教育系辦理每週一次、每次三小時、每學期約十餘次的週末營隊——麻吉營，至今已辦理十餘屆（一學期一屆）。教學者為國中、小學資源班教師，其中一半以上為本系碩、博士生，並有大學部學生協助錄影、錄音或部分教學工作。課程內容包括休閒、溝通、心智理論（Theory of mind）課程及點心時間。「心智理論教學」主要在協助兒童發展情緒及人際互動能力，孩子在參與教學後，在情緒覺察、同理他人及合作、分享方面都顯現出效果，麻吉營也得到家長的肯定。雖因缺乏經費支援、人力不足等因素無法做深入的課程開發與紀錄分析，但歷經多年的教學，也累積相當多對心智理論教學的經驗。因此，作者希望與第一線優秀的特教老師共同合作，以 Howlin、Baron-Cohen 和 Hadwin（1999）的心智解讀（mind-reading）課程架構為基礎，發展一套具情境、可適用於國小階段的數位社會性課程，不僅可供教師於學校、家長於家中指導孩子，也可讓學生於課餘時間自行學習。

　　在國科會的支持下，作者籌組團隊致力於編製一套涵蓋基本情緒、想望、信念、錯誤信念、複雜情緒等要素在內的，以心智理論為藍本，循序漸進、具階層性，符合實際生活情境，包括速度、刺激的多樣性與隱微性、行為及後果連結的數位社會性課程。此套課程歷經兩年的研發及實驗教學，最後完成包括使用手冊、教學版五十個單元，測驗版十七個單元及檢核表、學習單的具系統系、內容豐富的課程。

　　數位社會性課程教學版內容包括兩部分，第一部分為真人拍攝之數位影片，共二十五單元，第二部分為做為練習或類化之以 flash 軟體製作的動畫輔助教材共二十五單元，合計五十個單元。每個單元長度介於二至五分鐘之間。不論影片或動畫，均是具情境脈絡的日常生活事件。事件分為題幹（情境背景資訊）與行為反應（情緒調整策略）兩部分，影片題幹下銜接三個不同行為反應，動畫題幹下銜接四個不同的行為反應。不同行為反應中一個為輕症 ASD 學生常見的不適當情緒行為反應，一個為適當反應，另一至二個為介於中間的反應。應用本課程教學時，可透過影片倒帶重看、停格線索提

part 1

part 2

part 3

示與回饋系統的提供等，協助輕症 ASD 學生了解在同一情境事件下會有不同的行為反應，而不同的行為反應會連接到不同的後果，除了可擴充輕症 ASD 學生的行為資料庫外，更期望能提升他們對情緒的理解與行為的修正能力，進而能類化應用到日常生活中。

研究團隊於編製完課程後的次年，針對十四名國小二年級到六年級的 HFA 和 AS 學生進行為期十三次，每次兩小時的數位社會性課程的實驗教學，以確認其效果。實驗教學結果顯示，此套課程不僅能在認知層面提高輕症 ASD 學生的情緒辨識、推測他人意圖等心智理論能力，並能在實際生活中產生行為的類化，即提高對情緒的解讀與因應、了解情緒與行為的關聯，並透過回饋系統做出較適當的社會性反應。

本課程研發的出發點，雖以輕症 ASD 學生為對象，但內容同樣可適用於其他較易有情緒、行為困擾的學生，包括一般學生、情緒行為障礙學生、輕度智能障礙學生等。

## 貳 心智理論與心智解讀教學

心智理論，簡單而言，是個體能推論自己和他人心理狀態，如情緒、知識、想法、目的、意圖、願望、信念、疑慮等能力，此能力有助於對他人情緒、行為的了解，並可預測可能的行為，此能力也有助於監控、修正自己的行為，以達成適當的社會表現。舉例而言，當我們看到一個小孩被狗追著跑時，我們可以推測這時他內心是害怕的，因此會幫他趕走狗並安慰他；當我們知道一個男孩他想要的生日禮物是電動玩具，而拿到的卻是一本書時，我們可以推測他的心情是失望的；媽媽對一直看電視的小華說：「看夠了沒？」，小華趕緊關掉電視，因為他知道媽媽生氣了，若不關電視，等一下媽媽可能會處罰他。心智理論自 1970 年代開始，成為發展心理學探討的重點，並且已累積相當的成果。

在心智理論能力的發展中，最常被探討的就是信念（belief）的議題。信

念包括知覺、知識、相信、認為等，屬於對現實的表徵。信念依發展次序，通常可分為初級信念（first-order belief）與次級信念（second-order belief）。初級信念以理解或預測他人的心理狀態（如：我認為小楷認為……），次級信念以理解或預測某人對第三者心理狀態的預測（如：小楷認為大鵬認為……）為主。由於兒童在三歲前多以自己的觀點、角度出發看周邊世界，認為自己看到的、知道的，別人也一定看到或知道，因此，無法了解別人會和自己有不同觀點，換句話說，處於自我中心而無法以他人角度看事情。一直到四至五歲間，他們開始知道自己有自己的觀點而別人可能有別人的觀點，且可能會和自己的不一樣，此即具有初級錯誤信念（first-order false belief）的能力。當兒童具備有初級錯誤信念的能力時，代表他能理解他人有和自己或真實不同的信念，也代表他能夠脫離自身而站在對方的觀點看事情。最常見用來測試初級錯誤信念的課題包括：(1)非預期的位置改變，如 Wimmer 和 Perner（1983）的「麥克和巧克力（Maxi Task）」及 Baron-Cohen、Leslie 和 Frith（1985）改編自「麥克和巧克力」的「Sally-Anne」課題；(2)非預期的內容物改變，如 Hogrefe、Wimmer 和 Perner（1986）的「火柴盒」課題，以及後來 Perner、Frith、Leslie 和 Leekam（1989）改編自火柴盒的「Smarties」課題。

　　一般兒童在一歲到一歲半間，發展出共同注意力，此能力是理解與表達語言，也是協調自己和他人注意共同焦點並達成相互分享的重要基礎；二到三歲時已經有自己對週遭事物的看法、會談論自己與他人的信念，能了解喜怒哀懼等簡單的情緒，也能了解「看到導致知道」（Baron-Cohen, 2001）；四、五歲左右，能了解引起情緒的複雜原因，如信念（Baron-Cohen, 1991; Baron-Cohen, Spitz & Cross, 1993），能了解眼睛注視（或眼神）的意義，如視線（Baron-Cohen, 1989; Baron-Cohen, Baldwin & Crowson,1997; Baron-Cohen & Cross, 1992），具有初級錯誤信念（first-order false belief），可通過初級錯誤信念課題——Maxi Task（Wimmer & Perner,1983）的非預期移位課題，並能了解欺騙（Dunn,1994）；五、六歲時，能知道知識和意圖的關聯（Joseph & Tager-Flusberg, 1999）、能了解信念是可操縱的、也能了解善意

的謊言，如拿到不喜歡的禮物卻要表示很開心以免讓對方難過（Barron-Cohen, 1992; Yirmiya, Solomonica-Levi, & Shulman, 1996）；六、七歲時具有次級錯誤信念（second-order false belief）的能力，能通過次級錯誤信念課題——Ice Cream Van task 的測試（Perner & Wimmer, 1985）；八、九歲時能了解嚇唬、虛張聲勢；青少年時，能了解言談中的語用規則，如提供聽者足夠資訊（已知或應知資訊）（Baron-Cohen, 1988），了解何謂失禮，能通過"Faux pas" 的課題（Baron-Cohen, O'Riordan, Stone, Jones & Plaisted, 1999）。

這些國外針對一般兒童心智理論的研究結果，顯示心智理論的能力會隨年齡增加而逐步發展，此能力被視為是達成適當社會互動與人際關係的必要條件，尤其是初級錯誤信念和次級錯誤信念，也提供了一個非常好的發展里程碑供參考。國內有關一般兒童心智理論的發展，由張欣戊（1998）探討學前兒童的欺瞞能力開始，保心怡（2003）、鄒啟蓉（2005）等也都對國內學前兒童的心智理論發展做了探討，在各里程碑的通過（或發展）年齡上雖和國外研究結果有些微差距，但發展順序則大致相同（黃玉華，2000；鄒啟蓉，2005）。

以下以「Sally-Anne」課題和「Smarties」課題為例加以說明。

## ● 「Sally-Anne」課題

施測者告訴兒童下面一段話：

「Sally 有一個籃子，Anne 有一個盒子，Sally 把她的球放到籃子裡後就出去玩了，Anne 把她的球拿出來玩了以後放到自己的盒子裡。」

之後，施測者問兒童說：「等一下 Sally 回來會去哪裡找她的球呢？」。

在這個測試中，若兒童回答到盒子裡找，代表兒童以他自己的觀點看事情，即他認為他看到的事實就是事實，而未考慮到 Sally 並未看到球被移動，也代表他尚未具備初級錯誤信念的能力。若兒童回答到籃子裡找，代表他知道是他看到球被移動到盒子裡而 Sally 並未看到，所以推測 Sally 應該是要到籃子裡去找。在這個例子中，兒童推測 Sally 的想

法是站在 Sally 的立場，此種「知道他人（Sally）和自己（兒童）有不同的信念，或事實（球在盒子裡）與信念不同（球在籃子裡）」的能力，就是初級錯誤信念。

## ●「Smarties」課題

施測者拿出一個歐洲小孩都很熟悉的 Smarties 巧克力盒子（類似 M & M 巧克力）。

施測者問兒童：「這裡面是什麼？」，之後打開蓋子露出鉛筆。這時，有人告訴施測者比利來了。

施測者告訴兒童：「比利沒有看過盒子裡裝什麼，等一下他進來，我會給他看盒子並問他裡面是什麼，比利會怎麼說？」

若兒童回答：「鉛筆。」

則施測者繼續問：「一開始我讓你看盒子時，你回答的是什麼？」

兒童：「Smarties。」

施測者：「那比利會回答什麼？」

兒童：「Smarties。」

次級錯誤信念的代表課題為 Perner 和 Wimmer（1985）的冰淇淋小販課題（Ice Cream Van task）。

## ● 冰淇淋小販課題

John 和 Mary 在公園玩，Mary 想買冰淇淋，但沒帶錢，賣冰淇淋的人告訴他：「你回去拿錢再來買，我大概整個下午都會在公園吧！」Mary 聽了很高興，說「我回去拿錢，下午再來買。」

Mary 回家後，John 仍在公園玩。忽然看到賣冰淇淋的人正要離開，問他要去哪？賣冰淇淋的人告訴他，因為沒有生意，所以要換到教堂前面賣。

賣冰淇淋的人在往教堂途中經過 Mary 家，Mary 在樓上看到他，就

part 1

part 2

part 3

問他上哪兒？賣冰淇淋的人告訴他，因為沒有生意，所以要換到教堂前面賣。

John 也回家了，吃過午飯做功課時，有不會的題目想去問 Mary。在 Mary 家門口碰到 Mary 媽媽，媽媽告訴他：「Mary 剛出去，說是要去買冰淇淋。」

John 去找 Mary。John 會去哪裡找 Mary 呢？

在這篇故事裡面，受試兒童必須推測 John 對 Mary 的信念。「John 認為 Mary 去哪裡買冰淇淋？」屬於信念問題，「Mary 實際上去哪裡買冰淇淋呢？」屬真實問題。受試兒童若能知道是他自己知道 Mary 在中途得知冰淇淋小販要由公園改到教堂而 John 並不知道這中間的插曲，則能正確推測 John 會到公園找 Mary（信念與事實不符），但若受試以為他所知道的，John 也知道而回答教堂時，代表兒童未能站在 John 的觀點看事情。此種陰錯陽差的狀況，在日常生活中很容易出現，必須要能站在他人觀點，才能諒解過程中所造成的問題。

自閉症兒童在各階段心智理論測試的結果，大多顯示他們在心智理論的發展明顯低於同齡兒童。Baron-Cohen、Leslie 和 Frith（1985）以「Sally-Anne Task」探討自閉症兒童的心智理論發展情形。研究發現，超過 90% 的普通兒童（3.5～5.9 歲）和 90% 唐氏症兒童（生理年齡 6.3～17.0 歲）能夠正確回答此問題，亦即通過初級錯誤信念作業，相較之下只有 20% 的 IQ 與唐氏症兒童相當之自閉症兒童（6.1～16.5 歲）能通過此實驗。由此研究開始帶動一系列有關自閉症兒童心智理論方面的研究，如：(1)難以辨識基本情緒（Hobson, 1986）；(2)對因信念、想望引起的情緒預測比普通兒童顯著的差（Baron-Cohen, 1991）；(3)「看到導致知道」（Baron-Cohen,1992; Baron-Cohen & Goodhart, 1994）；(4)理解「表象和真實的差異」（Baron-Cohen, 1989; Ozonoff, Pennington, & Rogers, 1991）；(5)辨認心理狀態語言（如，認為、知道、想像、猜測等）（Baron-Cohen et al., 1994）；(6)由他人的眼神、表情了解對方在想什麼或要什麼（Baron-Cohen, Campbell, Karmiloff-Smith,

Grant, & Walker, 1995）；(7)辨別意外（非故意的）和意圖行為（故意的）的不同（Phillips, 1993）；(8)自發性語言中出現心理狀態用語（Tager-Flusberg, 1992）等的各項測試通過率或表現，都明顯低於同心理年齡的一般兒童及智障兒童，和同生理年齡兒童相較之下，心智理論的發展呈現顯著遲緩的現象。

　　但也有些研究得到不同的結果。如：降低心智理論測驗的語文長度或複雜度，就可提高自閉症兒童次級錯誤信念的通過率（Happé, 1995; Tager-Flusberg, & Sullivan, 1994），提高自閉症者的語言能力就能提高通過次級錯誤信念作業的比率（Bauminger & Kasari, 1999; Happé, 1995）。Bauminger 和 Kasari（1999）以平均語文智商（VIQ）107、生理年齡十歲的自閉症兒童和一般兒童（VIQ114）為對象，實施「冰淇淋小販」的次級錯誤信念作業，結果普通兒童有 89.5%通過，HFA 兒童有 68%通過測驗，兩組之間無顯著差異，顯示語文智商高於 100 時，兩者的差異可能趨於不明顯，但通過測驗的 HFA 兒童全量表智商和語文智商顯著高於不通過的兒童。Bowler（1992）以 AS 和相同智力配對的一般兒童及精神病患所做的研究也顯示無顯著差異。國內陳元亨（2007）的研究也有和上述研究相同的結果，他以四十五名平均年齡介於七至八歲的 AS 兒童（平均VIQ107.67）、HFA（平均VIQ98.2）及一般兒童（平均 VIQ120.93）進行配對後探討三組在鳳華（2006）所編製的心智理論測驗的差異。主要結果如下：(1)在成功配對 HFA 組與 AS 組語文智商、作業智商、全量表智商及生理年齡後，AS 整體心智理論能力表現明顯高於 HFA 組，和一般組的心智理論能力則無顯著差異（包括次級錯誤信念、諷刺、隱喻、失禮的理解等）；(2)在施測過程中，AS 常談論與測驗無關之話題，如自身之經驗及任意的聯想，或在主試面前批評主試的電腦不夠好、呈現的影像品質太差等一般人不會表現的失禮行為。在此研究中，有一項有趣的發現，就是 AS 學生在「失禮」的測試上可表現得和一般學生一樣，卻在施測過程中，出現一般生不會做的當面批評他人的「失禮」行為，此現象呼應很多研究所顯示的「測驗表現」和「真實行為」不一致的現象。此外，陳元亨的研究中，AS 在理解諷刺、隱喻、辨認失禮的表現和一般學生無顯著

差異的結果，和國外研究結果並不一致。國外研究結果多反應能通過次級錯誤信念者，對較複雜的情緒，如尷尬（Hillier & Allinson, 2002）、難堪（Heavy, Phillips, Baron-Cohen, & Rutter, 2000）、假話、反諷（Happé, 1994）等較高層次的心智理論的測試仍有困難，Kaland等（2005）的研究結果亦相同。

Kaland等（2005）以平均語文智商111.4且通過初級、次級錯誤信念課題的 AS 青少年（平均年齡十五歲）和平均語文智商126.4的一般青少年為對象（平均年齡同 AS），以 Happé（1994）的 strange stories task 為藍本，設計更為複雜的二十六個短篇故事（十三組不同形式的故事），包含說謊、善意的謊言、隱喻、誤會、嚇唬、諷刺、鬧彆扭、忘記、嫉妒、故意、同情心、說漏嘴等。每個故事都有以日常生活為主的劇情，並詢問有關物理狀況、心理狀況及判斷問題。獲得主要結果如下：(1)AS 的心理推論顯著較控制組差，且比控制組需要更多提示及更多反應時間；(2)AS 在回答判斷問題時，多照字面解釋，忽略情節，較多物理解釋。以下舉例說明。

　　安的媽媽花很長時間煮安喜歡吃的食物。當媽媽把食物端給安的時候，安正在看電視，他沒抬頭看媽媽也沒說一聲謝謝。媽媽說：「真好，真是有禮貌！」

施測者唸給受試者聽之後，接著問受試者：「媽媽說的是真的嗎？」的心理推論問題以及「媽媽為什麼要這麼說？」的判斷問題。當受試者能夠由情境中推知媽媽為安用心煮飯的心意時，就不難推測當安以不當一回事的態度面對媽媽的用心時，媽媽的情緒反應了。但若受試者不能覺察媽媽的心意而當作是「理所當然」時，就無法了解其中諷刺的意涵，也就可能無法正確回答心理推論問題以及判斷問題了。

由有關心智理論的研究結果及臨床上觀察可知，由於自閉症學生常在理解他人心理狀態上有所困難，導致日常生活的人際互動上受到影響，包括：

1. 難以預測別人的情緒及從別人的情緒預測其可能會有的行為反應。

2. 難以了解他人的意圖或行為的動機，就不易做出正確的判斷及後續行為反應。

3. 難以預測他人已經了解或知道些什麼，就不易做出一些修補的動作。

4. 難以知道別人是否對自己的話題有興趣，就難以透過話題的改變、修正持續對話或維繫社會互動。

5. 難以了解自己的行為對他人的影響，不知改變、修正自己的行為可能會改善既有的狀況。

在探討 ASD 兒童心智理論表現的同時，開始有學者倡議應教導心智理論。有關提升心智理論的教學也開始被研發出來，其中最有名且最具系統的當推 Howlin、Baron-Cohen 和 Hadwin 於 1999 年出版的《*Teaching children with autism to mind-read: A practical guide*》成為許多教導心智理論的範本。此書以五水準的教學重點（表二）為主，提供文字搭配圖片的素材，以口頭提問、引導的方式進行系列的教學，只有在觀點取替部分，加上玩具道具做為教材。此套心智解讀的教學課程，由情緒的教導切入，包括層次一的辨識照片表情的情緒、層次二的辨識圖片表情的情緒，層次三的辨識以情境為主的情緒，層次四辨識以想望（欲求）為主的情緒，層次五辨識以信念（想法）為主的情緒，在信念部分搭配情緒進行觀點取替、「看到」導致「知

表二　五水準的教學重點

| | 情緒 | 信念（想法） |
|---|---|---|
| 層次一 | 辨識照片的情緒 | 簡單觀點取替 |
| 層次二 | 辨識圖片的情緒 | 複雜觀點取替 |
| 層次三 | 辨識以情境為主的情緒 | 理解「看到」導致「知道」（四歲）（自己、他人） |
| 層次四 | 辨識以想望（欲求）為主的情緒 | 以個人知識基礎預測他人的行為（真實信念／行為預測）（四歲） |
| 層次五 | 辨識以信念（想法）為主的情緒 | 理解錯誤信念（四歲） |

資料來源：翻譯自 Howlin, Baron-Cohen, & Hadwin（1999）。

道」、以個人知識基礎預測他人的行為及錯誤信念的教導等。此後，心智理論的相關教學多參考此書架構，採取文字兼圖畫的紙本（黃玉華，2000）、電腦（鄭津妃，2004；Sweetenham, 1996）、錄影帶（柯宥璿，2011；盧乃榕，2007；Ingersoll & Schreibman, 2006）的方式，搭配社交技巧訓練（Feng & Tsai, 2004）、角色扮演、線索提示等單一或多種教學策略進行教學。

　　教導心智理論的相關研究（Ozonoff & Miller, 1995）指出，心智理論的教導能提高自閉症者在心智理論測驗上的得分，但對實際生活中解讀他人想法、觀點、信念的能力則未見明顯提升，Ozonoff 和 Miller（1995）也認為實際訓練心智理論不一定就能改善自閉症的人際關係。國內如黃玉華（2000）、蔡淑玲（2002）、鄭津妃（2004）等也設計心智理論課程，運用圖畫、互動式動畫、影片等方式進行教學，研究結果皆顯示實驗教學後，自閉症類學生在心智理論的測試成績都有進步，也可見到類化的效果但效果有限。由於這些研究的受試基本上語文智商多在平均數範圍，由研究結果推論語文理解應無問題，而能通過心智理論問題的測試或教導，表示他們有相當程度能了解社會常規、別人的意圖、觀點及言談內容，那為何無法有效類化到日常生活中呢？

　　在麻吉營開設心智理論課程，最主要是因為心智理論在解釋包含 AS 在內的 ASD 的社會性及溝通障礙是一個最有效的理論，由此理論發展的教學也受到相當的重視，而大部分的教學也都顯示有立即效果（黃玉華，2000；蔡淑玲，2002；鄭津妃，2004；鳳華，2001，2006；Ozonoff & Miller, 1995）。在麻吉營心智理論的教學中，團隊嘗試過紙本、真人角色扮演、真人拍攝的錄影帶及文字與圖片搭配的 powerpoint，其中以真人拍攝的錄影帶效果最佳，包括孩子上課時的動機最高、可停格討論、倒帶重看重要線索，如面部表情、動作、關鍵物品等，加上具真實性且貼近孩子的經驗，所以最易有類化效果，缺點為錄製耗時、且需商請演員、商借場景等多方義務支援，製作數集後即難以繼續。其次為 powerpoint 方式，優點為製作較簡便，用文字搭配圖片以電腦呈現，學生容易掌握重點，也可以維持學習動機，但因透過文字呈現相關資訊，事實上已經排除真實情境中的多餘刺激而只保留

重要且關鍵性資訊，因此學生容易答對或透過規則而找到答案，類化時所需時間相對延長。真人角色扮演效果頗佳，優點為真實且貼近孩子的實際狀況，能引起孩子的動機及高度參與，缺點是為確保演出符合該次心智理論教學目標，演員（通常為大學生）需做多次排練，相當耗時費力，加上演過即逝，若要提醒學生注意口語、非口語線索，無實體資料可供參照討論，雖可重演但無法完全一致，常造成學生的困惑，因此執行上有其限制。效果最差的為紙本，因為僅有文字與簡單圖片，學生注意力持續時間短、動機低、易猜題，所以使用此種形式教學的時間最短。

作者綜合文獻分析及實務經驗，認為教學後的測試效果不易類化到生活上有以下幾點可能原因：(1)除真人拍攝的情境影片以外，所有心智理論教材呈現方式，均經過作者「去蕪存菁」的處理，以文字或圖片呈現情境脈絡中的關鍵重點，和真實情境中存在各種多元、複雜的刺激大為不同；(2)文字、圖片呈現時間長，可重複閱讀並從中尋找線索，動畫時間雖較短，但線索明確且可重複操作，與真實世界快速的互動過程明顯有異；(3)處理速度對 ASD 兒童而言，普遍為其弱勢（陳心怡、張正芬、楊宗仁，2004；張正芬、吳佑佑，2006；張正芬、陳美芳，2007），而社會情境中的溝通、人際往來常在瞬間完成，對處理速度弱的 ASD 兒童而言，可能存在相當大的困難；(4)ASD 兒童對非語文溝通訊息，如面部表情、眼神（Baron-Cohen, Campbell, Kar-miloff-Smith, Grant, & Walker, 1995; 喬馨慧，2005）、目視方向，或聲調變化的訊息常無法掌握，若呈現材料為文字時，無法反應他們在真實情境中可能遭遇的困難；(5)多數教學未重視 AS 學生的觀點，也未提供不同觀點對不同行為選擇，及不同行為選擇可能導致不同結果等的連續性反應；(6)大多數實驗教學時間短（多數在半年左右）、課題有限、練習量不足。綜合上述，這些能通過次級錯誤信念作業的 AS 學生，可能係因擁有較高的智力及較好的語文能力，因此能經由心智理論教學而提升作業表現，但在真實互動情境中，情緒、社會能力的提升可能就有限。自然情境中，因為線索多元（面部表情、聲調、肢體動作等）、互動速度快、變化多，個體需自行統整、分析這些資訊並快速做出適當反應，因此過於簡化的傳統心智理論教學，可能對

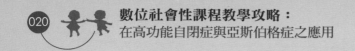

AS 而言，並非真正適合。

作者經由麻吉營多年的經驗及相關文獻的分析，認為若能以 Howlin、Baron-Cohen 和 Hadwin（1999）的心智解讀教學架構為藍本，拍攝一系列以日常生活情境、真人演出的，具情節、脈絡性的數位影片，應較能協助學生了解事件的來龍去脈，並經由停格討論、倒帶重看重要線索等方式，讓輕症 ASD 學生能聚焦於重要事項上，而產生趨近於同儕的看法。使用數位影片，除在麻吉營已看到不錯反應（學生參與度、學習表現及教學者、家長的回饋等）外，也有許多研究支持影片教學在觀點取替（Charlop-Christy & Daneshvar, 2003）、遊戲技能（Nikopoulos & Keenan, 2004）、複雜社交技巧（Nikopoulos & Keenan, 2007）的訓練上有明顯效果且能促進類化。由於 AS 學生思考較僵化，相同概念需有較多相關經驗方能產生效果，因此應提供較多正負例子供練習以促進遷移效果，但因影片拍攝需兼顧不同演員、場景、道具，若全用影片拍攝非研究團隊所能負荷，因此另編動畫的數位教材做為類化用途的輔助教材。

## 參 編製與教學

作者邀請熟習「心智理論」並參與過麻吉營「心智理論教學」之三位資源班教師參與教材編輯工作，因為三位都是本系碩、博士生，也是長期研究夥伴，故不論在專業能力或默契上均相當良好。數位社會性課程除以心智理論為藍本外，並以情緒和行為之關聯為另一設計軸度，納入循序漸進、階層性、行為及後果連結等課程設計要素。更重要的是，在課程發展過程中，隨時思考是否符合生活中的會話情境、溝通速度、多元刺激與隱微性等真實情境。編輯群初期每週開會討論，在確立課程架構及各層次各向度目標後，以分工方式進行單元劇本及練習、類化教材之設計；中期，每兩週共同討論彼此編製之教材並加以修正；後期，以拍攝影片、修正影片、動畫及至學校試作為主。以下簡述數位社會性課程的編製流程與原則。

## ▶ 一、編製流程

### (一)廣泛閱讀文獻相關資料，確立社會性課程架構

　　課程架構以 Howlin、Baron-Cohen 和 Hadwin（1999）的心智解讀教學架構為藍本，並參考其他心智理論測驗教學的內容及麻吉營累積的經驗，做為本研究的架構。架構如圖一所示，本課程架構包含五個層次、五個向度。縱軸的五個層次，依序為由情境、想望、信念、錯誤信念、複雜情緒所引發的情緒。此外，本研究另將 Howlin 等架構中最基礎的層次一辨識照片表情的情緒、層次二辨識圖片表情的情緒，編為測試版（光碟中「測驗版」之「預測情緒」共二十一題，其中照片表情六題，圖片表情十五題）。教學版則直接由情境引發的情緒開始設計；五個向度依真實情境的「刺激─行為」反應

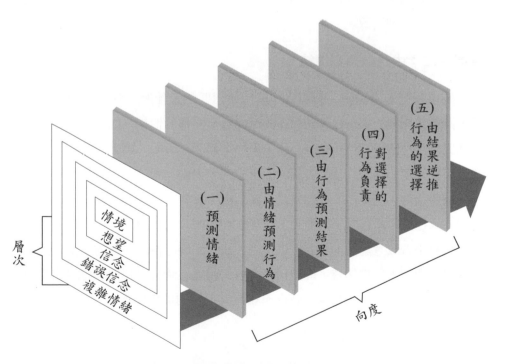

**圖一　數位社會性課程內容架構圖**

的複雜度，依序為預測情緒、由情緒預測行為、由行為預測結果、對選擇的行為負責、由結果逆推行為的選擇（修正）等五向度。

以下透過實例依序介紹五個層次的內容或概念。

## ● 層次一：由情境預測情緒

每天睜開眼睛，雙眼所見、雙耳所聽之事物都可能引發我們某種情緒的反應，我們不但會有情緒反應，也能預測該情境中當事人的情緒。如寒冬的早上，看到一個男生捧著一杯熱騰騰的咖啡給女生，我們可以預測女生的心情是快樂的；走在路上，看到前面一位老太太突然跌倒了，我們可以預測她的心情是沮喪的或生氣的；在餐桌旁出現蟑螂，我們可以預測用餐者的情緒一定是噁心的或害怕的；看到公園中玩耍的小孩，我們可以預測他們的心情是高興的。縱使我們對當事人一無所知，但對單純而熟悉的情境所可能引發的情緒，我們通常都能正確預測，這是因為文化及經驗背景相似，加上人同此心、心同此理所致。

## ● 層次二：由想望預測情緒

如果我們知道一個人的想望、期待或想要的是什麼，就可以由他的想望、期待或想要的事情是否如願達成而成功預測他的情緒。如念幼稚園的小美明天想穿他的粉紅色新布鞋上學，但早上起床下大雨，媽媽說改天再穿，我們可以預測小美的心情是失望的；念小四的大鵬，希望生日時爸爸可以買遊戲機送給他，結果他的禮物果真是遊戲機，我們可以預測大鵬一定是很開心的。大德上學前告訴媽媽他晚上很想吃咖哩飯，媽媽說好，但是晚上媽媽因為材料不齊改煮湯麵，我們可以預測大德回家時心情是失望的。當我們能了解自己與別人的想望時，就能預測「事與願違」時自己和他人可能的情緒反應，也能預測「心想事成」時自己和他人可能的情緒反應。

## ● 層次三：由信念預測情緒

個體對某一事件的想（看）法、觀點、認定（為），基本上可統稱為信

念，信念可以因人而異也可以彼此相同。當我們能夠理解一個人對某件事的想法、觀點、認定是什麼時，就可以由這一事件的發展是否符合他的想法、觀點、認定而成功預測他的情緒，以下以A、B、C、D四例做說明。大華很用功，在校成績也很優秀，他認為一定能考上第一志願，結果考上第四志願（A）；小娟功課中等，考前雖很用功，但她不認為可考上前三志願，結果錄取通知為第一志願學校（B）；念大學的哥哥想要一臺 iphone，他認為只要表現良好爸爸就會買給他，結果生日時，他拿到的生日禮物果然是iphone（C）；選班級幹部時，大寶很想當班長，但他認為自己人緣不夠好，應該選不上，結果是小華選上班長（D）。以A例而言，與認定落差太大，且遠低於預期，屬「事與願違」、「大失所望」，所以可以預測他的情緒是很失望、難過的；以 B 例而言，與認定落差雖大，但遠高於預期，屬「喜出望外」，所以可以預測他的情緒是很高興的；以 C 例而言，與認定相符，屬「如願以償」，所以可以預測他的情緒是高興的；以D例而言，與認定並無落差，但與想望不符，屬「果不其然」，所以可以預測他的情緒會有些微失望，但波動不會太大。

## ● 層次四：由錯誤信念預測情緒

當他人與自己或事實有相同的信念（約三歲時能了解）時，可稱為真實信念；而錯誤信念，簡單而言就是了解他人可能有與自己或事實不同的信念，這大約是四歲左右的一般兒童能理解的。錯誤信念可分為初級錯誤和次級錯誤信念，以下為初級錯誤信念的日常生活例子，如：妹妹吃完波卡洋芋片隨手把糖果紙丟到洋芋片罐子裡蓋上蓋子然後出去玩。哥哥回來後想吃洋芋片，他拿起洋芋片罐子。請問：

1. 哥哥認為罐子裡裝的是什麼？——信念問題
2. 事實上，罐子裡裝的是什麼？——事實問題
3. 哥哥打開洋芋片的蓋子時，他的心情如何？——由錯誤信念預測情緒

　　由於哥哥認定洋芋片罐子裡應該是洋芋片，但事實上是糖果紙，所以哥哥的信念與事實不符，此即為初級錯誤信念，在此錯誤信念下，我們可以預測哥哥的心情是生氣的。如果妹妹可以理解哥哥的信念和事實不符時可能會生氣，妹妹可能就不會把糖果紙丟到空的洋芋片罐子裡了，也可免除可能和哥哥產生的口角。

　　次級錯誤，指的是了解一個人對另一個人對事實的信念，也就是推測某人對第三者的信念。錯誤信念在日常生活中亦常出現，而且常造成陰錯陽差的情形。舉例如下：

　　大雄在班上對大家說：「明天下午要打球的人，五點在大安森林公園球場集合」，大偉統計了一下，只有他和大雄、阿利、阿益四個人。第二天大偉接到電話說改在師大操場。同班的小白去找大偉，媽媽說他和同學打球去了。小白說：「我知道了，我去找他」。小白在路上碰到阿利，阿利說他們換到師大打球了。大偉因為忘了帶手機所以回家拿，媽媽說：「小白去找你了」，大偉說：「好，我去找他」

　　大偉會去哪裡找小白？──錯誤信念問題（大安森林公園）

　　小白去哪裡找大偉？──真實問題（師大）

　　當大偉在大安森林公園找不到小白回到師大，看到小白在師大時，他的心情如何？──推測情緒問題

　　這種情形在日常生活中，可用「陰錯陽差」來形容。受試者必須站在大偉的觀點，因為他並不知道小白在路上遇到阿利得知換到師大打球，所以大偉應該是到一開始大雄對全班宣布的大安森林公園找小白。

● 層次五：複雜情緒

　　指情境事件中的來龍去脈所引發的情緒非單純的喜怒哀樂，而是較複雜的情緒，如尷尬、慚愧、慶幸等，這種情緒多由後天學習而來，且與個體的經驗、對情境的掌握與語言的理解息息相關。如：媽媽回家進到客廳，看到

散在地上的衣物、襪子和書包，對姊姊說：「妳真會跳天女散花！」，若姊姊聽懂媽媽這句話是在諷刺她，那她的情緒應是「不好意思」或「羞愧」；若姊姊聽不懂媽媽這句話的真正意思，而照字面解讀的話，那她可能不以為意的回答：「沒有啊！」。

在向度部分，依真實情境的「刺激─行為」反應的複雜度，依序為預測情緒、由情緒預測行為、由行為預測結果、對選擇的行為負責、由結果逆推行為的選擇（修正）等五向度。每一個單元，不論是哪一層次，都可由預測情緒（一）開始依序延伸至由結果逆推行為的選擇（五）。舉「小胖把他最喜歡吃的披薩拿到櫥櫃裡收起來然後去打球，哥哥回來後看到了就把它吃掉了」為例，我們可以預測小胖打球回來後知道哥哥吃了他的披薩，他的情緒是「生氣」的，因此五個向度依序可為：弟弟生氣了（預測情緒）→罵哥哥偷吃他的東西（由情緒預測行為）→哥哥以披薩又沒寫名字為由回罵弟弟（由行為預測結果）→弟弟覺得有道理便向哥哥道歉（對選擇的行為負責）→若有機會重來，弟弟要如何反應？（由結果逆推行為的選擇）。由於每個人對情境事件的反應不盡然相同，所選擇的行為表現也可能互異，尤其是 AS 學生，因為往往有其對事件的獨特觀點，及較少參照他人的情緒行為表現，因此往往表現出不具彈性或較不成熟的情緒行為反應。因此本課程在情緒預測行為、行為預測結果的兩個向度上，刻意提供三至四個不同選項，讓 AS 學生有機會看到不同的行為反應可能連結的不同結果，而讓他們有參考修正的機會。

## (二) 編訂目標與撰寫腳本

確立課程架構後，依照五個能力層次、五個向度編列目標、次目標，詳細內容如附錄一。每個單元依內容難度及性質決定向度的範圍。為促進未來學習效果的類化，原則上每個層次均包含影片版和動畫版教材。撰寫腳本時，依腳本填寫包括單元目標、次要目標、拍攝重點、評量重點及類化劇本等的單元分析表。完成部分腳本後，邀請四位家長與專家學者進行審查與意見提供，建立專家效度。

## (三) 製作數位單元

　　研究團隊尋找好演員與場景後，與演員、繪圖、製作人員充分溝通、討論劇本檢核表上的要項後，展開數位影片的拍攝及動畫的製作。期間，經過無數次的討論、修正影片、動畫，並將每單元的不同行為抽出，連結題幹製作成單一測試題至學校預試以了解學生的反應，包括接受度、理解度、喜愛程度及難易度等，預試結果學生反應良好，四十分鐘的施測，學生都能以高度興趣專注地完成。研究團隊在蒐集預試資料後，針對難度較低、鑑別度較差的試題進行修正，最後共計完成可用於教學的五十個單元（影片、動畫各二十五單元），測驗版十七單元及二十一張表情相片，詳如表三所示。

表三　數位社會性課程單元及內容分析

| 層次 | 教學用 | | | 測驗版 | | | | |
|---|---|---|---|---|---|---|---|---|
| | 影片版單元數 | 動畫版單元數 | 小計 | 照片題數 | 圖片題數 | 影片單元數 | 動畫單元數 | 小計 |
| 情緒辨識 | | ─ | | 6 | 15 | | ─ | |
| 看到導致知道 | 0 | 2 | 2 | | | 0 | 0 | 0 |
| 以情境為主 | 7 | 6 | 13 | | | 0 | 3 | 3 |
| 以想望為主 | 5 | 4 | 9 | | | 1 | 4 | 5 |
| 以信念為主 | 4 | 6 | 10 | | | 1 | 3 | 4 |
| 以初級錯誤信念為主 | 2 | 3 | 5 | | | 2 | 0 | 2 |
| 以次級錯誤信念為主 | 2 | 2 | 4 | | | 1 | 0 | 1 |
| 以複雜情緒為主（尷尬、羞愧、反諷、失禮、難堪等） | 5 | 2 | 7 | | | 2 | 0 | 2 |
| 小計 | 25 | 25 | 50 | | | 7 | 10 | 17 |

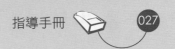

教學用的五十個單元，包括影片版二十五個單元，動畫版二十五個單元，詳細單元名稱、所屬層次、場域、情緒類別等資訊如表四所示。影片版各層次單元數介於二至七個之間，場域以學校占多數共十七單元，另有家庭八單元，情緒則包括高興、生氣、害怕、難過、慶幸、尷尬等；動畫版在五層次外，多加兩個「看到導致知道」的單元，做為基礎能力的教學。各層次單元數介於二至六個之間，場域以學校占多數，共十四單元、另有家庭八單元及校外生活三單元，情緒包括高興、生氣、害怕、驚訝、擔心、慶幸、愧疚等。

表四　數位社會性課程教學單元一覽表

| 影片版 | | | | 動畫版 | | | |
|---|---|---|---|---|---|---|---|
| 層次／單元數 | 場域 | 情緒 | 單元名稱 | 層次／單元數 | 場域 | 情緒 | 單元名稱 |
| | | | | 看到即知道（2） | 學校 | | 整理書包 |
| | | | | | 家庭 | | 寫功課 |
| 情境（7） | 學校 | 高興 | 我得獎了 | 情境（6） | 家庭 | 高興 | 新蠟筆 |
| | 學校 | 高興 | 多一包薯條 | | 學校 | 難過 | 釣魚 |
| | 學校 | 生氣 | 國語考卷 | | 學校 | 生氣 | 萬聖節 |
| | 家庭 | 生氣 | 拼圖少一塊 | | 家庭 | 害怕 | 說故事 |
| | 家庭 | 害怕 | 我生病了 | | 學校 | 害怕 | 同學送的生日禮物 |
| | 學校 | 難過 | 大會舞 | | 家庭 | 害怕 | 一個人睡覺 |
| | 學校 | 難過 | 買肉包 | | | | |
| 想望（5） | 家庭 | 高興 | 幫忙做晚餐 | 想望（4） | 學校 | 難過 | 討厭青椒 |
| | 學校 | 難過 | 我想要電子手錶 | | 學校 | 高興 | 撲克牌 |
| | 學校 | 難過 | 校外教學 | | 家庭 | 難過 | 我想吃雞腿飯 |
| | 家庭 | 難過 | 我想要搭高鐵 | | 家庭 | 難過 | 放風箏 |
| | 學校 | 害怕 | 桌球考試 | | | | |

（續上表）

| 影片版 | | | | 動畫版 | | | |
|---|---|---|---|---|---|---|---|
| 層次／單元數 | 場域 | 情緒 | 單元名稱 | 層次／單元數 | 場域 | 情緒 | 單元名稱 |
| 信念(4) | 學校 | 高興 | 整潔比賽 | 信念(6) | 家庭 | 生氣 | 打電動 |
| | 家庭 | 高興 | 錢包遺失 | | 校外生活 | 生氣 | 一起去騎腳踏車 |
| | 學校 | 難過 | 查字典 | | 學校 | 害怕 | 打躲避球 |
| | 學校 | 害怕 | 大隊接力 | | 學校 | 難過 | 分組活動 |
| | | | | | 學校 | 難過 | 滔滔不絕 |
| | | | | | 學校 | 害怕 | 大會操 |
| 初級(2) | 學校 | 難過 | 故事書 | 初級(3) | 學校 | 高興焦慮 | 自然考卷 |
| | 家庭 | 高興 | 蘿蔔湯 | | 學校 | 討厭 | 分組打球 |
| | | | | | 家庭 | 高興疑惑 | 巧克力蛋糕 |
| 次級(2) | 學校 | 焦慮驚訝愧疚不屑 | 換教室 | 次級(2) | 校外生活 | 焦慮愧疚驚訝委屈生氣尷尬 | 樹下乘涼 |
| | 學校 | 慶幸 | 考跳繩 | | 校外生活 | 焦慮 | 中正紀念堂 |
| 複雜情緒(5) | 學校 | 尷尬 | 大掃除 | 複雜情緒(2) | 學校 | 愧疚 | 借蠟筆 |
| | 學校 | 尷尬 | 數學考試 | | 學校 | 慶幸 | 檢查作業 |
| | 家庭 | 慶幸 | 洗碗 | | | | |
| | 家庭 | 愧疚 | 借圍巾 | | | | |
| | 學校 | 尷尬 | 你考幾分 | | | | |
| 合計二十五個單元 | | | | 合計二十五個單元 | | | |

在教學用單元之外，同時完成測驗版，可用於學生起點能力的了解，也可做為教學前後測的對照。如表五所示，測驗版包括三部分，第一部分為只有表情無情境脈絡的情緒辨識，包括照片表情六題、圖片表情十五題，共二

表五 數位社會性課程測驗版內容暨單元一覽表

| 預測情緒 | | | 測驗題組 | | | | |
|---|---|---|---|---|---|---|---|
| 類型 | 題號 | | 層次／單元數 | 題號 | 情緒 | 單元名稱 | 素材 |
| | 照片 | 圖片 | | | | | |
| 單張(11) | 題1 | 題5 | 情境(3) | Q4 | 高興 | 提燈籠 | 動畫 |
| | 題2 | 題6 | | Q6 | 害怕 | 放鞭炮 | 動畫 |
| | 題3 | 題7 | | Q7 | 生氣 | 跌倒了 | 動畫 |
| | 題4 | 題8 | 想望(5) | Q1 | 高興 | 冰淇淋 | 動畫 |
| | | 題9 | | Q5 | 高興 | 想要溜滑梯 | 動畫 |
| | | 題10 | | Q14 | 生氣 | 想打躲避球 | 動畫 |
| | | 題11 | | Q3 | 難過 | 生日禮物 | 動畫 |
| | | | | Q10 | 高興 | 我想跑第一棒 | 影片 |
| 多張(6) | 題13 | 題12 | 信念(4) | Q13 | 高興 | 月考考卷 | 動畫 |
| | 題15 | 題14 | | Q2 | 害怕 | 我不要游泳 | 動畫 |
| | | 題16 | | Q15 | 害怕 | 自然課 | 動畫 |
| | | 題17 | | Q9 | 生氣 | 籃球場 | 影片 |
| 情境(4) | | 題18 | 初級(2) | Q8 | 緊張 | 數學作業 | 影片 |
| | | 題19 | | Q16 | 生氣 | 汽水 | 影片 |
| | | 題20 | 次級(1) | Q17 | 驚訝 擔心 生氣 | 寫生 | 影片 |
| | | 題21 | 複雜情緒(2) | Q11 | 羨慕 | 科展比賽 | 影片 |
| | | | | Q12 | 尷尬 | 打招呼 | 影片 |
| 合計二十一題 | | | 合計十七個單元 | | | | |

part 1

part 2

part 3

十一題。第二、三部分為有情境脈絡的影片版和動畫版的情緒辨識，第二部分影片版七個單元共七題，第三部分動畫版十個單元共十題，合計總共三十八題。

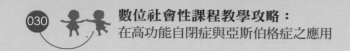

## ▶ 二、編製原則

本課程在編製前先確立下列原則，編輯群也充分遵守這些原則進行單元設計，故每一單元都具有統整性與一致性。

1. 採螺旋性課程的編輯方式：將基礎能力、教過的概念重複出現在不同單元中，並反覆教導與評量。每一單元均有各向度的教學目標，故可透過教學目標的檢核，了解學生的學習狀況。

2. 採情境式設計：情境著重來龍去脈，每一層次盡可能由向度一至向度五完整呈現其脈絡。在情境的選擇上，兼顧 AS 學生和一般生常見的生活事件為考量。AS 學生部分，以麻吉營錄影帶及由學校老師、家長處蒐集到的情境事件為主，除負向（如發脾氣、罵人、踢物品等）情境外，也大量提供正向情境，以促進示範教學的效果。一般學生部分，以小學階段學生容易接觸的學校情境為主，以家庭及社區中容易發生之情境為輔。

3. 提供多元結果：每一個單元提供多種行為的選擇，藉由不同的行為所產生的不同後果，增進學生理解事件因果關係的能力；此外，每個單元皆包含正負向行為，讓學生透過比較與區辨，增進學生修正負向行為的意願，以提升表現正向行為的認知與能力。例如：合作可獲得友誼，破壞引發他人討厭等。

4. 一定的規則性：課程單元有一定的流程與規則性，讓學生較容易找到線索或重要關鍵做出決定。

5. 趣味性、新奇性：除依課程層次的提高逐漸增加多餘刺激或不相干刺激，以增加課程本身的變化性以外，也在畫面呈現、回饋（增強）系統的設計等方面增加趣味性、新奇性，以避免在學習過程中產生疲乏或無聊。

## ▶ 三、課程特色

### (一) 數位化視聽媒材

　　本課程教學單元分為影片及動畫兩種版本。影片版以真人實景拍攝，為課程主要教學內容；動畫版為課程的練習題組，做為促進學生精熟與類化之用。為力求接近真實情況，不論是影片或動畫版本，均不提供字幕，以強化學生的專注力、觀察力及口語理解能力等。測驗版分為預測情緒和測驗題組，可做為教學前了解學生對情緒的理解與行為判斷能力的掌握。

### (二) 結合日常生活經驗

　　本課程各單元皆以日常生活事件為主要題材，包含校園生活、家庭生活及校外生活事件，並以常見於 AS 學生的情緒行為做為教學內容，易與學生過往實際經驗與感受相結合。

### (三) 具有數位影音播放特性

　　由於生活中社會情境變化快速，學生不易察覺、解讀社會行為的線索，且在教學上常有不易真實呈現其細微線索的困難。本課程具有「停格」、「重複播放」、「倒帶」等特性，藉由此功能可在教學時分析事件的來龍去脈、重要社會行為線索的意義，以提升學生理解社會行為與預測他人情緒行為的能力；此外，透過「重新選擇」的功能，可了解學生對該情境、情緒行為的想法，使學生有再次選擇、修正的機會。

### (四) 提供多樣行為的選擇與比較多樣行為的選擇

　　對 AS 學生而言，面對事件時大多僅反應單一的行為，較難以設想其他可行的行為反應。本教材在同一事件中呈現正反兩種不同型態，而每種正反例型態皆會出現一至二種因應的行為表現，可以讓學生看到多元的行為後果。此外，同時間也可以讓學生針對不同行為進行比較、討論，進而了解並

內化成為自己的行為。

## （五）明確的行為歸納原則與回饋系統

為使學生容易了解行為表現的適當性，故除了讓學生了解每個行為所產生的後果之外，並以「分數」表示其行為優劣，在呈現分數回饋時，本課程採用趣味、新奇的動畫為每個行為打分數。此外，在分數回饋之後，根據事件的行為後果呈現行為表現的「歸納原則」，讓學生更能理解每個行為得分原因與依據。透過歸納原則的提供，希望能協助 AS 學生快速且正確掌握行為的適切性，在面對真實互動情境中的衝突時，能將內化的歸納原則應用於其中。

## （六）依照學生程度選擇影片難易度

本課程各單元依照難易度分為兩個版本，簡單版（Easy）的影片於每一個向度中斷提問，以便老師進行教學引導，故又可稱「切割版」；然而，針對認知能力較高，且無須過多切斷提示的學生，本課程亦設計困難版（Hard）供老師做教學選擇，此版本又稱「連貫版」。在連貫版中，影片自向度一延續至向度二，中間不切斷討論，學生必須自延續的情境脈絡中立即解讀。這種不間斷的脈絡不僅更接近現實生活，亦提升學生分析事件與線索之能力。由於連貫版完整的脈絡更容易讓老師了解學生在未教學前的解讀與看法，因此對於能力較高或年齡較長的學生，建議可以選用此版本進行教學。

## （七）綜合題組擴充教學影片的選取運用

本課程除了依照難易度設計兩種版本，更於每單元隨機搭配兩個正、負向（或灰色）行為之綜合題組，其內容為該單元自題幹情境延續至行為後果，連貫行為事件之始末而不間斷。綜合題組可用於教學前的討論範例，亦可於教學後播放以進行討論。正向行為題組可做為學生行為仿效的示範，負向（或灰色）行為題組則可做為引發學生類似行為之共鳴，教師可於教學中

彈性使用。

## (八) 具備完整內容

本書包括指導手冊、光碟操作說明、教學單元、課程評量、情緒行為檢核表、暖身活動、學習單等。

## ▶ 四、課程內容

本課程內容主要以影片和動畫兩種為主，影片是以真人實景拍攝，動畫則是以 flash 軟體設計呈現，兩者均可視學生學習需要加以挑選使用。本課程依照五個層次、五個向度編列目標、次目標，共完成五十個單元。以下介紹本課程內容。

## (一) 影片／動畫內容流程圖

由於本課程具備主題化和標準化特色，故可透過流程圖（圖二）清楚呈現每一單元完整的架構。個體對某一特定情境中的行為，可能會有不同情緒反應並表現出不同的行為表現，而不同行為表現（選擇）將帶來不同的結果，也將導引至不同的回饋系統，故透過本流程圖，教學者將可更清楚了解每個單元的因果關係串聯和引導重點。

影片和動畫一開始都會有一小段題幹來介紹此單元的故事背景及目標行為（如小寶跌倒了），接著通常會出現第一個提問：「○○現在的心情如何？」，然後連續呈現三至四個針對此目標行為常見的行為反應（影片有三個、動畫有四個），不同行為反應中兩個為適當反應，兩個為 AS 學生常見的不適當情緒行為反應，有些單元會有一至二個介於中間的反應，之後定格同時呈現此三或四個行為的代表畫面，並提問「你會選擇哪一個行為呢？」，之後進入動腦時間，如討論：(1)為什麼你選擇「○○」的行為呢？(2)猜猜看這個行為會有什麼結果呢？(3)×××（人名）這個行為適當嗎？在動腦時間之後，會出現對行為的回饋，若是適當行為而學生也選適當（如行為一、行為二），則會出現好結果的分數回饋及歸納原則，之後即結束。

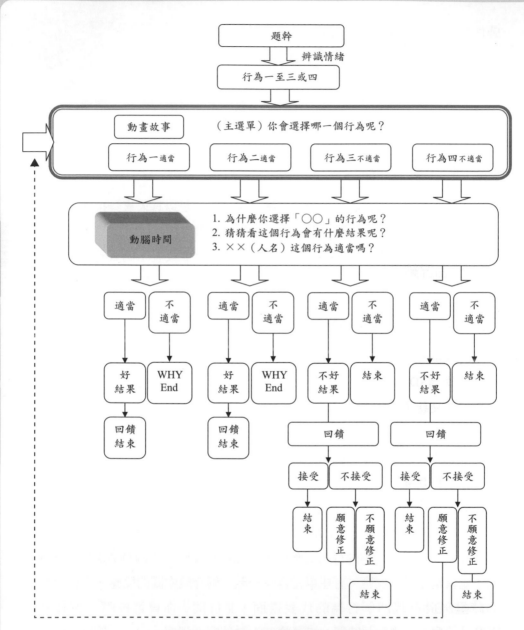

**圖二　影片／動畫內容流程圖**

若選擇的並不適當，則詢問為什麼，後續可選擇結束或請學生回主選單另選行為。若是不適當行為而學生也選不適當（如行為三、行為四），則會出現不好結果的分數回饋及歸納原則，之後即結束。若選擇的是適當，在不好結果的分數回饋及歸納原則之後，會詢問學生接不接受不好的結果，若願意接受，則本單元結束，若願意修正，則可回主選單，重新選擇行為。在討論過程中，老師可鼓勵學生說出自己的想法、判斷的依據（由何種線索做出的判斷），及可能引發的行為後果引導學生。對行為後果的選擇老師可鼓勵修正，但也不勉強學生一定要改變選擇。老師以適度尊重的態度接納學生的反應，較有機會平等對話，並在未來獲得學生願意改變的機會。

## (二) 行為歸納原則說明表

ASD 學生常具備優異的認知或常識，但卻因不了解或無法正確預測行為將帶來的後果，而表現出知易行難的特質。本課程透過多樣化的分數回饋系統設計以提升 ASD 學生問題解決能力。設計原則如下：

1. 蒐集 ASD 學生在面臨各種刺激之下，可能會出現的行為反應外，並參考江文慈（1999）、梨樂山、程景琳、簡淑真（2008）及研究團隊成員在校常用的情緒調整策略計達四十多種，希望 ASD 學生在學習數位單元時，有機會了解不同行為反應（情緒調整策略）。作者將不同行為反應依照優劣程度歸類為「負向行為」、「錯誤反應」、「消極情緒反應」、「正向行為」，及「主動積極正向行為」五類歸納原則。

2. 每一單元皆提供三至四種不同的行為，並延伸其可能的後果，讓 ASD 學生藉以比對、分辨行為優劣，以增加 ASD 學生具體且正向的問題解決策略資料庫，並且提供自我修正的機會。

3. 在分數回饋系統中，呈現「歸納原則」的「關鍵字」，像是「表達情緒或意見」、「主動分享」或「嘗試解決問題」等，讓學生更能理解每個行為得分的原因和依據，透過精簡的文字以達到內化及提示的效果。

4. 以「分數」表示行為之優劣，讓 ASD 學生清楚、具體了解行為間的差異，但在教學時切忌過度強調行為「分數」，因分數只是一種表徵，應

part 1　part 2　part 3

該著重的是該行為背後所代表的含意。

5. 分數回饋系統設計多樣有趣，能充分引起學生的動機與興趣，其形式包含爆米花、熱氣球、爬彩虹梯等，經實驗教學發現，ASD學生非常專注於回饋系統的呈現，故能有效協助提升將正向行為及關鍵字內化之效果。

行為歸納原則說明表（附錄四為影片版，附錄五為動畫版）以不同分數的歸納原則為主，羅列其相關的原則說明、行為列舉（含層次、情緒、單元名稱、行為選項摘要）等對應情形，方便使用者根據需求查詢和應用。

## （三）行為歸納原則分布表

數位社會性課程行為歸納原則分布表（附錄六為影片版，附錄七為動畫版）則以層次為主，羅列其相關的情緒、單元名稱、判定分數及行為歸納原則等對應情形，方便使用者根據需求查詢和應用。

## （四）其他教學可用對照表

由於本課程單元內容建構在不同層次及向度交錯之中，茲將各個課程的故事內容、情緒、行為選項及作業單分別整理於附錄之中，包括「影片版單元內容對照表（附錄二）」、「動畫版單元內容對照表（附錄三）」、「影片版學習單（附錄十）」、「動畫版學習單（附錄十一）」、「暖身活動清單（附錄十六）」，可供教學者使用本套課程時參考和應用。

## ▶ 五、課程評量

為了解學生在接受本課程教學前後的具體改變情形，除已於前面介紹過的數位測試版外，尚針對課程評量的部分設計「情緒行為檢核表——學生版」、「情緒行為檢核表——家長版」、「影片單元教學目標檢核表」、「動畫單元教學目標檢核表」、「教學觀察記錄表」及「教學省思表」，提供教師於教學前、中、後運用。

## （一）情緒行為檢核表 —— 學生版與家長版

　　教師可於教學前、後運用情緒行為檢核表 —— 學生版及家長版（附錄八、附錄九），除了了解學生在辨識情緒、預測行為及結果的起點行為外；在教學後更可針對學生在各向度的改變情形進行評量。此兩個版本皆具備「基本資料」及「檢核表內容」兩部分，在家長版的檢核內容包含「辨識情緒」、「預測他人情緒」、「由情緒預測行為」、「由行為預測結果」及「對選擇的行為負責」等向度，由熟悉學生之家長依照學生的能力進行五點量表的檢核；在學生版的部分，則僅包含「預測他人情緒」的向度，透過學生自行作答圈選，以了解其在預測他人基本、複雜情緒的能力。

## （二）影片／動畫單元教學目標檢核表

　　在每個單元教學結束後，教師可運用影片／動畫單元教學目標檢核表（附錄十二、附錄十三），依照學生表現與作答結果進行檢核與記錄，以了解學生達成教學目標之程度。每一個影片及動畫單元皆搭配一份教學目標檢核表，檢核內容依據本課程編製的向度及指標進行設計，檢核項目並非僅限於單一行為的討論，而是包含正、負向或灰色行為的討論，評量標準則依照學生表現該能力之程度進行檢核，教師可於同一份檢核表中，同時觀察並檢核小組內每位學生的行為表現。在初級、次級錯誤信念的單元教學目標檢核表中，除了檢核五個向度的表現外，還包括「記憶問題」、「信念問題」、「現實問題」及「社會語言」……等。

## （三）教學觀察記錄表

　　在教學活動進行時，教師除了可運用單元教學目標檢核表了解學生達成教學目標之程度外，亦可運用「教學觀察記錄表」（附錄十四）做更為詳盡的質性描述。觀察重點包含：學生在影片／動畫各向度的回答內容、教學活動的特殊反應……等。

part 1

part 2

part 3

## (四) 教學省思表

　　教師於教學後，可透過「教學省思表」（附錄十五）記錄教學流程、每位學生在教學中的表現，透過觀察、省思、記錄與學生的回饋，擬定下次教學活動修正與調整的計畫。

## ▶ 六、教學原則

## (一) 教師態度

　　教學過程老師宜以尊重、傾聽、同理、開放的態度與學生互動、帶領學生討論與分享。由於自閉症學生較不擅長參照他人觀點，習慣以自己觀點看事情並做出反應，因此常有異於他人的情緒或行為表現。教學時，老師應盡可能鼓勵學生表達自己的觀點及意見，才有可能在了解他的基礎上，提供後續的支持及引導。老師不需強迫學生選擇他無法認同的情緒、行為表現及修正行為，但可讓學生知道其他同儕或一般大眾的觀點，並鼓勵或支持他修正。一旦學生表現正向的行為時，即使僅有些微改變，亦應立即給予鼓勵。

## (二) 依能力、需要挑選適當單元

　　本課程各單元依照難易度編排，依序為以情境為主、以想望為主、以信念為主、以錯誤信念為主、以複雜情緒為主等五個層次，教師可依平日對學生的觀察或透過檢核表及測驗版評估結果，選擇接近學生能力的單元進行教學，此外亦可視學生需要，選擇適當單元。如運動會快到了，可選擇層次一「情境」的影片版「大會舞」或層次三「信念」的影片版「大隊接力」；資源班學生小華最近常未經同學同意取用他人物品而遭告狀，則老師可選取層次五「複雜情緒」的動畫版「借蠟筆」單元；若學生經常生氣，則可選取與生氣有關的單元，如「情境」的影片版「國語考卷」、「信念」的動畫版「打電動」等單元。

### (三) 依向度選擇適用內容

　　本課程五個層次的各單元皆包含向度一到向度五，依序為由情境預測情緒、由情緒預測行為、由行為預測結果、對選擇的行為負責、由結果逆推行為的選擇等。每個向度環環相扣，故教師進行教學時，可選擇一個單元自向度一進行至向度五，學生可完整的學習整個事件的脈絡，進而延伸至修正行為的目的，但若學生無法學習完整的五個向度，亦可在適當的向度結束。此外，每個向度皆強調不同的重點，故教師可視欲教學的重點、學生能力、學習意願……等選擇適合的向度。例如，當教師欲教導正負向行為時，可以將重點放在向度三（由行為預測結果）的部分。

### (四) 類化教材的選擇

　　本課程之類化教材為動畫版本，教師可視教學的層次難易度，選擇對應的動畫版本。使用類化單元時，建議仍宜由教師先進行引導教學，視學生程度給予不同協助。當然，動畫版本也可單獨使用。

### (五) 彈性調整教學型態並善用演練

　　本課程之實施，以小組教學為原則，引導、討論與演練是教學核心重點，能有效提升學生的學習成效與類化。由於學校課程運作各異，老師在進行教學時，可依學生的多寡而有不同的使用方式。單一學生時，可藉由播放、引導、停格討論等方式讓學生深入發表意見，但不建議讓學生自行操作；多位學生時，則可以藉由暖身活動、經驗回顧引起動機、連結舊有經驗後再進行數位課程的教導，經由討論、同儕間彼此觀點的分享、角色扮演、示範與模仿，學習到不同行為表現及其後果。

### (六) 教學時保持彈性

　　本教材雖提供有教學流程、建議提問之問題、教學實例等供參考，但並非不可改變。教師教學時可保持彈性，依學生狀況適度調整教學，如加強討

part 1　part 2　part 3

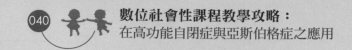

論、增加角色扮演、強化關鍵詞之說明與舉例或簡化步驟等，惟請將調整之處記錄於教師「教學省思表」中，以利後續教學之參考。

## (七) 可搭配其他活動

教師可根據欲教導的層次難度，設計符合該層次難度的活動（可參考附錄十六暖身活動清單），除了可引發學生真實的情緒感受與行為表現外，也可藉機觀察學生學習後是否有所進步，更可依學生在活動中的表現作為下次選擇教材單元的參考。

## ▶ 七、教學流程

以下提供基本教學流程（圖三）供參考。但教學時，可依學生之能力、狀況、團體氛圍而調整，宜避免指導性太強的教學。

1. 暖身活動：以自由聊天或休閒活動為主，約十分鐘。自由聊天主要在了解學生最近發生的事及可能的情緒行為問題或衝突事件，也可進一步了解學生是否將所學過的「行為歸納原則」或策略應用於兩次上課間。休閒活動則在創造自然情境以銜接數位課程，老師可自行設計也可自附錄十六暖身活動清單中選取適當活動進行。如一開始的自由聊天或休閒活動出現特殊事件而正好有適當單元可選用時，宜把握及時性進行教學。

2. 播放數位影片一次（依單元難易而定，可能由向度一至向度二，也可能至向度五），鼓勵學生說出看法或寫出看法，老師不做任何批判，此階段盡可能鼓勵學生表達，老師藉此機會了解學生的想法。

3. 重新播放，並依學生錯誤解讀之處做停格、倒帶處理，提供線索，提醒前後脈絡或他人可能的觀點。

4. 詢問事先擬好之題目，依學生回答作出回應。

5. 討論後呈現回饋系統，針對回饋系統之分數與歸納原則加強說明，必要時作角色扮演。學生若對分數有意見，可帶領討論，並說明分數是一個相對概念，反映出的是一般社會大眾對此行為的觀感與期望，鼓勵學生朝正向方向努力。

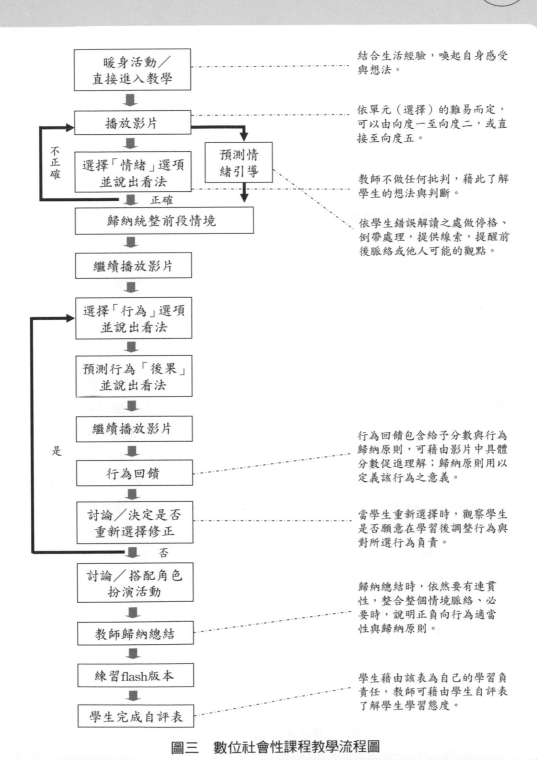

暖身活動／
直接進入教學　┈┈┈┈　結合生活經驗，喚起自身感受
與想法。

播放影片　┈┈┈┈　依單元（選擇）的難易而定，
可以由向度一至向度二，或直
接至向度五。

不正確

選擇「情緒」選項
並說出看法　　　預測情
緒引導

教師不做任何批判，藉此了解
學生的想法與判斷。

正確

歸納統整前段情境　┈┈┈┈　依學生錯誤解讀之處做停格、
倒帶處理，提供線索，提醒前
後脈絡或他人可能的觀點。

繼續播放影片

選擇「行為」選項
並說出看法

預測行為「後果」
並說出看法

繼續播放影片

是

行為回饋　┈┈┈┈　行為回饋包含給予分數與行為
歸納原則，可藉由影片中具體
分數促進理解；歸納原則用以
定義該行為之意義。

討論／決定是否
重新選擇修正　┈┈┈┈　當學生重新選擇時，觀察學生
是否願意在學習後調整行為與
對所選行為負責。

否

討論／搭配角色
扮演活動

教師歸納總結　┈┈┈┈　歸納總結時，依然要有連貫
性，整合整個情境脈絡、必
要時，說明正負向行為適當
性與歸納原則。

練習flash版本　┈┈┈┈　學生藉由該表為自己的學習負
責任，教師可藉由學生自評表
了解學生學習態度。

學生完成自評表

圖三　數位社會性課程教學流程圖

6. 練習該影片對應的動畫教學活動，必要時老師可從旁協助。

7. 寫作業單、自評表、老師對影片及學生之表現做出總結，並鼓勵學生在家及學校充分應用所學策略。

8. 老師也可靈活應用較少切割的連貫版或一路到底的綜合題組，讓學生全部看完後重述，藉以了解學生看到了什麼，也可間接了解學生的口語述說能力。

## ▶ 八、教學實例介紹

以下提供實驗教學時的兩個實例做為參考。第一個為國小高年級有關信念（大隊接力）的小組教學實例。第二個為國小低年級有關信念（滔滔不絕）的小組教學實例。

### (一) 高年級的信念課題教學——大隊接力

「信念」層次是學生面臨一道不容易過關的關卡，為詳細說明教學時的引導過程與反映學生的可能回應，選取高年級學生進行「大隊接力」單元，作為自向度一到向度五的完整教學實例說明。進行教學時，為讓學生能很清楚了解影片的來龍去脈，並降低理解的負擔，建議教學者宜先熟悉影片播放方式，了解各影片間脈絡連結後，始可進行教學活動。若單就教學流程來看，教學者可視學生能力高低決定欲進行至何種向度，但考量學生理解情境脈絡線索之重要性，以及灰色行為的建立，故建議播放與進行教學時仍需依向度順序，例如欲進行「預測結果」該向度時，其播放順序仍需為「預測情緒」→「選擇行為」→「預測結果」。在實例說明中，教學流程與活動內容可相互輔助對照，每個流程皆有其引導的過程，例如在「暖身活動」中，以自由聊天為主，其目的在結合日常生活經驗，故進行教學時，讓學生回想到類似的經驗即是重點；在「預測行為結果」中，其目的在於了解學生的想法與他們自身的可能經歷過的經驗，故讓學生發表，教學者以傾聽、同理、尊重的態度就顯得重要。表六中學生所反應之內容，係擷取自實際教學過程中學生所出現的反應，羅列於下供未來教學者參考。

### 表六　高年級大隊接力教學實例說明

單元名稱：大隊接力　　　　　　　　　　學生：高年級

層次：信念

| 教學流程 | 活動內容 | 學生可能反應 |
|---|---|---|
| 暖身活動／直接進入教學　↓ | 1. 教師佈題：「喜歡學校的運動會嗎？為什麼？」<br>2. 教師繼續佈題：「有參加哪些競賽呢？有得名嗎？為什麼？」<br>3. 教師回應與讚美：「你們剛剛說的跟等一下要看的影片有關係，這就是你們的類似經驗。」<br>4. 教師：「接下來，開始觀看影片。」 | • 1-1 多不喜歡來賓致詞的部分，認為來賓嘮嘮叨叨；更或者是因為曾經比賽輸了而討厭。<br>• 2-1 表示有參加過大隊接力，有贏得獎金得名、只是候補、比賽輸掉的經驗。<br>• 2-2 也有學生表示因為跑步而錢不見的經驗。 |
| 播放影片　↓ | 老師向全班宣布運動會要跑大隊接力的消息，阿福認為自己一定會跑輸，於是阿福向老師提出不想參加的想法，但被老師拒絕，因此阿福必須參加大隊接力。 | |
| 選擇「情緒」選項並說出看法　↓ | 1. 教師：「猜猜看，阿福現在的心情是什麼，請在學習單勾選答案。」<br>2. 教師：「為什麼？你怎麼知道的？」（請學生發表，多聽學生說，帶領學生相互討論，老師不做對錯之判斷或指導，此部分主要在了解學生的觀點）。 | • 學生勾選學習單第 1、2、3 題。<br>• 1-1 學生選擇害怕（正解）、難過。<br>• 2-1 學生認為最後失望落空應該是「難過」；有的學生在教學後仍然堅持是「難過」。顯示學生為根據影片主角表情肢體動作線索預測情緒。 |
| 預測情緒引導　↓ | 教師依學生不同程度的陳述進行提問，以確認脈絡正確：<br>1. 可勾選正確答案且陳述部分看法者：「好，剛剛的影片說了什麼故事？」<br>2. 答案錯誤或難以陳述看法者（需配 | • 1-1 學生陳述時，雖然答案正確，但在整體脈絡陳述上，容易忽略主角認為的與事實不一樣的部分，教學者宜強調此部分。 |

（續上表）

| 教學流程 | 活動內容 | 學生可能反應 |
|---|---|---|
| | 合停格、重複播放、提示線索的引導）：<br>• 「一開始，發生什麼事？」<br>• 「主角認為？」<br>• 「事實上，主角認為的與事實不一樣，所以⋯⋯。」 | |
| 歸納統整前段情境<br>↓ | 1. 教師統整情境事件原因：「阿福認為自己會跑輸，故不想參加，但老師要求要參加，所以他是害怕的。」<br>2. 教師說明人物口語、非口語的線索：「慘了，我一定會跑輸的」代表害怕。 | |
| 繼續播放影片<br>↓ | 承上，阿福很害怕，分別播放「尋求協助」、「尖叫」、「搓紅手」三種行為。 | |
| 選擇「行為」選項並說出看法<br>↓ | 1. 教師：「阿福很害怕，你認為阿福會表現哪一種行為，請在學習單勾選答案。」<br>2. 教師：「說說看，為什麼你要選擇這個行為？」（請學生發表）。 | • 學生勾選學習單第4題。<br>• 1-1 學生易以「排除法」去排除不適當行為的選項。<br>• 2-1 學生會誠實回答以「排除法」方式選擇選項，也有的是回應「沒有為什麼」。 |
| 預測行為「結果」並說出看法<br>↓ | 1. 教師分別依行為選項請學生預測行為結果：<br>• 「你覺得『尋求協助』的行為會有什麼後果？」<br>• 「你覺得『尖叫』的行為會有什麼後果？」<br>• 「你覺得『搓紅手』的行為會有什麼後果？」<br>2. 教師分別依其行為選項確認行為適當性：「你覺得阿福這樣的行為適不適當？為什麼？」 | • 1-1 多數能預測行為後果，例如尋求協助——老師會答應主角不用跑；尖叫——老師離開後會回來罵主角。<br>• 2-1 能表示適當性，但為了想看後續的影片，會故意選擇與正解相反的適當性選項。 |

（續上表）

| 教學流程 | 活動內容 | 學生可能反應 |
|---|---|---|
| 繼續播放影片<br>↓ | 承上，教師依學生選擇之適當性與否播放「尋求協助」、「尖叫」、「搓紅手」三種行為後果。 | |
| 行為回饋<br>↓ | 教師分別播放三種行為後果得分。<br>1. 教師：「猜猜看，你認為這個行為能得幾分呢？」<br>2. 教師：「讓我們來看看你能得幾分！」（根據學生選擇的行為播放得分）。<br>3. 教師：「你知道為什麼會得到這個分數嗎？」（此時播放得分原因）。 | ● 學生勾選學習單第 5、6 題。<br>● 1-1 學生對正向行為多預測為 100 分，較未出現其他分數。<br>● 2-1 學生表示正向行為「請同學教導」，但不一定說得出「尋求協助」的原則；未能表示「搓紅手」的負向行為是為一種焦慮的狀態。 |
| 討論／決定是否重新選擇修正<br>↓ | 1. 教師：「得到了這個分數，你可以接受嗎？」（根據學生意願選擇）。<br>● 當學生接受時，影片播放最後段落。<br>● 當學生不接受時，繼續播放。<br>2. 教師：「你不接受這個結果，那願意修正嗎？」<br>● 當學生不願意時，影片播放最後段落。<br>● 當學生願意時，回到行為選項頁面。 | ● 學生勾選學習單第 7、8 題。<br>● 1-1 學生都能選擇正向行為，故都能接受。<br>● 1-2 學生會為了想看其他行為後果而要求重新選擇。 |
| 討論／搭配角色扮演活動<br>↓ | 1. 教師：「你有類似影片的經驗嗎？有的話請你說說看？」<br>2. 教師：「當你遇到和阿福一樣的情境，除了影片中的好行為，你還會表現哪些好行為呢？」（請學生發表）。<br>3. 教師：「請找一位合作的夥伴，共同輪流演練好行為」（例如尋求協 | ● 學生勾選學習單第 9 題。<br>● 2-1 學生表示其他的好行為有：「自己努力練習最重要」、「快點練習別再發呆」。<br>● 3-1 學生較無合作互動的默契，需由教學者分配，並先根據影片前半 |

part 1

part 2

part 3

（續上表）

| 教學流程 | 活動內容 | 學生可能反應 |
|---|---|---|
| | 助）。<br>4. 教師回饋演練情形。 | 段做示範，再由學生演練。 |
| 教師歸納總結<br>↓ | 教師統整歸納：「當你害怕時，做出尋求協助的行為時，同學會幫助你」；「當你害怕時，做出尖叫行為時，會令人討厭」；「當你害怕時，做出搓紅自己的手的行為時，會令人擔心」 | |
| 練習 flash 版本<br>↓ | 教師依影片難易度選擇適合 flash。 | |
| 學生完成自評表 | 教師：「你覺得剛剛自己的學習表現如何？請以「誠實、負責」的心勾填此張自評表。」 | |

## （二）低年級的信念課題教學——滔滔不絕

　　教學實例的第二部分則是詳實記錄實驗教學中，師生對答的內容，以完整呈現教學時，教師如何佈題、帶領討論、回應學生及解決突發狀況。本課程雖然提供教學流程、建議提問之問題，但並非不可改變，在實際教學中仍會因為學生層出不窮的狀況而適度調整教學，但教學原則須秉持「尊重」、「傾聽」、「同理」及「開放」的態度，依照學生的能力挑選適用的單元。在此，提供低年級組實驗教學中，師生之間的對話做為實例，進一步讓教師了解如何提問、引導及適切的教學態度。

　　本次課程單元為「信念」中的「滔滔不絕」，主要在討論 AS 學生「滔滔不絕」的行為及延伸的後果，本班級學生為低年級 AS 及 HFA 學生共三名，另有一名學員的妹妹加入討論，學員們在各自學校與同儕相處時，皆易出現「滔滔不絕」的行為而讓同儕產生反感，故選取本單元做一深入的討論。經過先前「情境」與「想望」層次課程的訓練，學生已具備預測情緒、

預測行為及結果等能力，但在描述事件上的能力仍較低落，教師在引導時有較多的提示。實例整理如表七。

　　表七包含「教學流程圖」、「教學活動」、「教師引導句＆學生反應實例」，及「教學原則」。在「教師引導句＆學生反應實例」部分，將討論的重要對話以文框標示出來，並進一步做教學原則的說明。

表七　教學流程圖、教學活動、教師引導句＆學生反應實例、教學原則

| 教學流程圖 | 教學活動 | 教師引導句＆學生反應實例 | 教學原則 |
|---|---|---|---|
| 暖身活動或直接進入教學 | 解釋生難字詞的意思。 | 師　：我想要問有沒有人知道「滔滔不絕」是什麼意思？<br>宇生：我有聽過一個成語叫做……「頭頭是道」。<br>師　：嗯，那老師提示一下好了，滔滔不絕是形容一個人講話就一直講一直講，不理會對方想不想聽。<br>例如老師跟凡生講話的時候，老師就說：「耶，小凡你知不知道我昨天晚上看了一部電影，那部電影很好笑，它裡面演了……好好笑……。」我就一直講一直講，可是小凡一點都沒有興趣，這就是「滔滔不絕」的意思。<br>凡生：我一直講就可以講兩、三個小時。<br>宇生：啊！「口若懸河」啦！<br>師　：若當你一直講而對方也想聽就很好；可是有時候有些小朋友會一直講一直講，其他人卻是不想聽。 | →當學生說錯時不立即批評糾正，而是引導正確意思。<br><br>→多以學生生活實例做為討論題材。<br><br>→學生在理解含意後便能主動分享，將影片內容與學生的生活經驗拉近。 |

part 1

part 2

part 3

（續上表）

| 教學流程圖 | 教學活動 | 教師引導句 & 學生反應實例 | 教學原則 |
|---|---|---|---|
| 暖身活動或直接進入教學 | | 今天的影片裡就有個小朋友發生了一件事情，我們一起來看看影片。但老師要先提醒你們，影片很長，因為你們越來越厲害了，所以影片就越來越長，你們更要仔細聽裡面在講什麼。好，我們播放影片。 | →拉回影片的主題，並預告影片長度，口頭增強學生能力以鼓勵其專注於影片中的情節脈絡。 |
| 播放影片 | 播放影片：不加以解釋或引導。<br><br>搭配 p.159學習單作答第1～3題。 | **播放影片**：小寶認為同學都會和自己一樣喜歡恐龍，所以一直講自己喜歡的話題，卻忘記他人真實的感受，於是被同學拒絕。<br><br>**搭配學習單題目作答** | |
| 鼓勵學生說出看法 | | Q1→ 師　：我們來看一下學習單上的第一題：「你有沒有類似剛才的經驗？」如果有就貼有，沒有就貼沒有。<br>宇生：有，很多、常常，我一學期有三次。<br>Q2→ 師　：好，我們看完學習單前三題再討論。<br>宇生：我一學期有三次……<br>師　：現在誰在滔滔不絕呀？要注意聽喔！<br>Q3→ 現在來看第二題：「你們覺得自己清楚了解影片的內容嗎？」你如果很清楚就貼清楚，或是貼還好或是不太清楚。 | →老師帶領學生作答，並說明作答方式。<br><br>→先讓學生作答後再進行討論，可以幽默暫緩的方式取代直接阻止。 |

（續上表）

| 教學流程圖 | 教學活動 | 教師引導句＆學生反應實例 | 教學原則 |
|---|---|---|---|
| 鼓勵學生說出看法 | | 師：接著第三題：「你覺得小寶的心情如何？」高興、生氣、難過，還是害怕。<br>凡生：老師我這四個都不是耶，就是「不耐煩」。<br>師：你覺得是「不耐煩」是不是？如果有小朋友覺得小寶的心情除了高興、生氣、難過、害怕之外，還有其他的，你可以拿鉛筆寫。<br>那我們要來討論一下喔！第一題就是你有沒有跟剛才小寶一樣的經驗，有沒有人要說說看、分享一下。 | →教學態度開放，尊重學生不同想法。 |
| | 引導學生分享類似經驗。 | 宇生：有一次我要玩紅綠燈，同學就說要玩鬼抓人，我不要玩鬼抓人，我就說「你們不是喜歡紅綠燈嗎？」他們就說「哪有？現在不玩紅綠燈了。」然後他們就說「不然你不要玩好了！」<br>師：那後來你怎麼做的？<br>宇生：我就跟別人玩。<br>師：可是你心裡面會不會想要跟其他小朋友一起玩？<br>宇生點點頭。<br>師：有沒有人跟這個小寶一樣有類似的經驗呢？耶，小凡要不要說說看？<br>凡生：我有很多次。 | →當學生分享的生活例子與主題不符，老師可再加以引導聚焦。 |

part 1

part 2

part 3

（續上表）

| 教學流程圖 | 教學活動 | 教師引導句＆學生反應實例 | 教學原則 |
|---|---|---|---|
| 鼓勵學生說出看法 | | 師：你可不可以講一次其中像這樣的例子。<br>凡生：像有一次下課時間，我跟同學說我們今天上學的時候，我看到學校前面有四棵聖誕樹和聖誕老公公在發禮物，我拿到的是什麼什麼，你拿到的是什麼什麼，我就說繼續說，聖誕節好好玩喔，明天就是聖誕節了，我好期待。<br>師：那同學有什麼反應？<br>凡生：我說「我最喜歡聖誕節了」，同學就說「我不想聽了」。 | |
| | | 師：喔～因為你講了一些事情，同學就說我不想聽了。 | →老師可重複學生的經驗加以確認。 |
| | | 宇生：老師，小凡講話那個斷斷續續的。 | →學生無心批評他人時，以正向回應淡化負向思考。 |
| | | 師：因為他一邊思考一邊講。 | |
| 歸納統整前段情境 | 請學生描述影片題幹的脈絡。 | 師：那你們想想看剛剛影片中發生什麼事情啊？我來問看看小華，剛剛看完影片後，小寶發生什麼事情？ | →指定較少發言的學生回應，提升討論動機。 |
| | | 華生：我記得阿福跟小胖喜歡看恐龍，但是不喜歡看小寶的恐龍圖鑑。 | |
| | | 師：你的意思說小寶想要和阿福和小胖一起看恐龍圖鑑，那阿福跟小胖他們怎麼樣？ | →透過提問聚焦脈絡中的重點，及每個主角行為背後的含意。 |
| | | 華生：就是不喜歡看。<br>師：那所以小寶就怎麼樣？<br>華生：很難過。 | |

（續上表）

| 教學流程圖 | 教學活動 | 教師引導句＆學生反應實例 | | 教學原則 |
|---|---|---|---|---|
| 歸納統整前段情境 | | 師 ： | 很難過對不對？那你覺得為什麼阿福跟小胖不喜歡看恐龍圖鑑呢？ | |
| | | 華生： | 因為他們上次已經看過了。 | |
| | 釐清影片中各個角色行為背後的含意。 | 師 ： | 你們有沒有發現一件很重要的事情，就是小寶他每一節下課都拿什麼東西給他們看啊？ | →引導學生尋找影片中引發事件的關鍵行為。 |
| | | 生 ： | 恐龍大全。 | |
| | | 宇生： | 不會拿別本恐龍的喔？ | |
| | | 師 ： | 你會建議小寶拿別本的對不對，可是小寶每次都拿同一本，假設說小寶每次都拿同樣的東西或是我們都講同樣類似的話或是都找同樣的一群人說，那一群人會覺得怎麼樣？ | |
| | | 凡生： | 煩或是不想聽，我有同學也是這樣一直罵我煩，我也聽得很不耐煩，像同學一直講同樣的話，我就把他當成狗在旁邊叫呀！ | |
| | 引導學生從經驗中尋找正向的解決方法。 | 師 ： | 我覺得這有時候是一種方法，不過有的時候我們也有另外一種方法，譬如說我這節課拿恐龍圖鑑給同學看，那還有沒有其他的圖鑑也很有趣啊，下一節課我就換成「塞爾號的攻略本」（這天剛好有小朋友帶來分享）。 | |
| | | 宇生： | 有一次我畫賽爾號裡面的人給同學看，同學就說 | |

part 1

part 2

part 3

（續上表）

| 教學流程圖 | 教學活動 | 教師引導句 & 學生反應實例 | 教學原則 |
|---|---|---|---|
| 歸納統整前段情境 | | 「不要一直畫賽爾號給我看了」。<br><br>師 ：小宇這個是很好的例子喔。<br><br>凡生：我也是，我聽過同學說我很煩大概將近三四十次了。<br><br>師 ：那小凡，你聽到大家給你的意見後，以後就常常換話題講，有的時候講講恐龍、有的時候就講講賽爾號。 | |
| 鼓勵學生說出看法 | | 凡生：我不會塞爾號。<br>師 ：如果不懂的，我們就聽聽別人講。像是：小慈，你最近講芭比娃娃很有趣啊，妳說給我聽看看好不好？每個人喜歡的都不一樣，有時候要聽別人說的，不要一直都自己說，別人就不會不耐煩了。 | →引導學生討論出不同的解決策略。 |
| | 引導學生根據主角的情緒預測其所引發的行為。 | 師 ：那我們來預測看看，現在小寶的朋友都走掉了，他手上拿著恐龍大全，你覺得他會出現什麼行為？有沒有人要說說看。<br><br>慈生：把書亂丟。<br>師 ：好，我們等一下來看看小寶會不會把書亂丟，有沒有人有不同行為的預測？我們考考看小華好了。<br>華生：他會一直跑過去一直看。<br>師 ：什麼意思？<br>華生：就是一直跑過去找阿福跟小胖。 | →指定較少發言的學生回答。<br><br>→當學生說不清楚時，可透過追問釐清其意思。 |

（續上表）

| 教學流程圖 | 教學活動 | 教師引導句 & 學生反應實例 | 教學原則 |
|---|---|---|---|
| 鼓勵學生說出看法 | | 師：喔，你說他會跑過去找阿福跟小胖。那他還會拿恐龍圖鑑嗎？你猜猜看。<br>華生：不會。<br>凡生：第三個可能性，他可能下一節下課就會好好坐在位子上好好想清楚。<br>宇生：不然就下節課去玩別的。<br>師：好，我們放一下影片，注意看喔。 | |
| 連續播放影片 | 教師繼續播放行為選項。 | 播放影片的行為一～行為四<br>行為一：小寶哭泣<br>行為二：小寶大吼大叫<br>行為三：小寶把恐龍圖鑑丟在地上<br>行為四：小寶換個角度思考 | |
| | 搭配學習單題目作答Q4。 | 師：第四題「如果你是小寶的話，你會選擇哪一個行為？」 | |
| 鼓勵學生說出看法 | 當學生出現「全部不選」或「多重選擇」狀況時的處理策略。 | 凡生：我全部都不選。<br>師：如果你有更好的行為，你等一下可以發表。可是你還是要選一個行為喔。<br>（師發現有學生想選兩個行為。）<br>師：你還要多選嗎？行為四跟行為一是不是？今天只能選一個的話，你會想選哪個？ | →教師以開放、尊重的態度鼓勵學生作答學習單。 |

part 1

part 2

part 3

（續上表）

| 教學流程圖 | 教學活動 | 教師引導句 & 學生反應實例 | 教學原則 |
|---|---|---|---|
| 鼓勵學生<br>說出看法 | 調查學生選擇哪些行為，並且詢問選擇的原因。 | 師觀察學生皆選擇行為四「換個角度想」，先行討論該行為。<br>師　：我問問看喔，行為四中小寶說了什麼？<br>凡生：還是跟別人看。<br>師　：還是跟別人看，可是剛剛你有沒有注意看小寶還是看恐龍圖片嗎？<br>凡生：他很喜歡看恐龍圖片。<br>師　：他好想給同學看，同學都看膩了，可是剛剛小寶有說他要幹嘛？<br>宇生：換一本。<br>師　：他想說我下次改說其他的好了，小寶這個行為是換其他一本。<br>你們為什麼選這個沒有選別的？<br>宇生：因為這個是最好的。<br>師　：為什麼最好？<br>宇生：因為是我們大家講的。<br>師　：因為是你們大家講的，所以我們剛剛討論過了這是最好的方法。<br>凡生：因為第一個行為很孤單。<br>凡生：我有更好的答案。<br>師　：有人有更好的答案，我們來聽聽。<br>凡生：可以先去請老師幫忙。<br>師　：那要怎麼樣請老師幫忙？<br>凡生：把事情跟老師講清楚，或是去找小胖、阿福講清楚，這樣小寶才有辦法。 | →引導學生釐清情節脈絡。<br><br><br><br><br><br><br><br><br><br><br><br><br>→當學生說出籠統的回應時，可再追問釐清。<br><br><br>→鼓勵學生有機會陳述自己的觀點。 |

（續上表）

| 教學流程圖 | 教學活動 | 教師引導句 & 學生反應實例 | 教學原則 |
|---|---|---|---|
| 鼓勵學生<br>說出看法<br><br>↓ | | 師　：剛剛小凡講了兩個方法，<br>　　　第一個是請老師幫忙，跟<br>　　　老師講發生什麼事情，問<br>　　　老師有沒有什麼好方法；<br>　　　第二個你可以直接去問阿<br>　　　福跟小胖你們怎麼了。可<br>　　　是剛剛阿福跟小胖離開<br>　　　前，他們已經有說他們為<br>　　　什麼不看了，因為每次都<br>　　　說這個他們不想聽了，那<br>　　　所以這個可能就是他們離<br>　　　開的原因囉。 | →重述並協助釐清<br>學生觀點。 |
| | 引導學生預<br>測行為的後<br>果。 | 師　：那老師要問問看，假設你<br>　　　們選了這個行為後，會有<br>　　　怎樣的結果？<br>凡生：可能等到下一節下課，小<br>　　　寶和小胖就和好，小寶就<br>　　　說我現在要來講這一本，<br>　　　小胖和阿福就說好我們一<br>　　　起來看。<br>師　：也是同一本嗎？<br>凡生搖頭。 | |
| 連續播放<br>影片<br><br>↓ | 播放行為所<br>對應的後<br>果。 | 師　：我們看影片。<br>（播放行為所引發的後果）<br><br>師　：剛剛阿福說了什麼東西？<br>宇生：小胖說「小寶，要不要來<br>　　　看蝴蝶的圖鑑？」<br>華生：可是一百分啦！ | |
| | 預測行為分<br>數。 | 師　：小胖他們喜歡蝴蝶耶！原<br>　　　來每個人喜歡的東西不一<br>　　　樣，但是大家要互相分<br>　　　享，而不是一直都講自己 | →針對正向行為做<br>一階段性小結。 |

（續上表）

| 教學流程圖 | 教學活動 | 教師引導句 & 學生反應實例 | 教學原則 |
|---|---|---|---|
| 連續播放影片 ⬇ | 搭配學習單題目作答 Q5。 | 想講的。<br>好，那我要來請你們猜猜看，你們會得到幾分？<br>（師可調查學生填答學習單第五題的狀況） | |
| 行為分數回饋系統 ⬇ | 針對該行為播放分數回饋系統，並請學生唸讀該行為之「關鍵字」，以加強印象。 | 師：我們來看看（分數回饋），搞不好有人會猜對喔！恭喜你們，你們都得到幾分？<br>生：一百分！<br>師：一百分！因為你們都選擇了一個怎麼樣的行為？<br>生：換個角度想。<br>師：這個是一個非常非常重要的行為喔！<br>因為有的時候有的小朋友被人家拒絕，心裡就會很難過，像行為一一樣一直哭哭哭，甚至有的時候發脾氣把東西丟掉，或是罵別人，可是這個時候你換個角度想：「我不要一直講這個，我可以換別的」，這個時候行為就會變成一百分了。<br>凡生：就是有的時候我很不高興的時候，放學以後我就會把東西丟在地上，亂踢桌子、把椅子弄歪，跑到一個角落，有時候用腳把前面的東西踢歪。<br>師：那我問問看，你們之前也看過這麼多影片了，剛剛 | →針對正向行為做一階段性小結。<br><br><br><br><br><br>→針對學生分享的行為進行評分，以對照影片中所出現的行為。 |

（續上表）

| 教學流程圖 | 教學活動 | 教師引導句 & 學生反應實例 | 教學原則 |
|---|---|---|---|
| 行為分數<br>回饋系統<br><br>⬇ | | 小凡講的那些行為大多是幾分的行為？<br>宇生：零分。<br>師　：我們沒有零分的行為。<br>凡生：三十。<br>華生：我記得是九九到八十。<br>師　：摋桌子、踢椅子、踩地板、敲牆壁？<br>華生：我覺得會是二十分。<br>師　：你們都覺得是不太好的分數，那現在你有一百分的選擇，當你如果被同學拒絕的時候，因為每個人都有可能被拒絕。<br>凡生：我被同學拒絕很多次，拒絕到我很不耐煩的時候，我就會這樣。<br>師　：有換個角度想的行為，這個行為會讓你比較開心，同學也可以比較接納你和喜歡你，你看影片中小胖後來就跑回來找小寶玩了對不對？同學就會開始喜歡小寶了，因為他沒有生氣，他也沒有丟東西。那 | |
| | 搭配學習單<br>題目作答<br>Q6。　➡ | 請你勾選學習單第六題「事實上，你得到了幾分？」事實上你得到了一百分，我希望你們選的是要真正能夠做到才能夠一百分，你要回到教室、回到家裡真正能夠做到這個行為，才是真正的一百分。<br>接下來你們想要看哪個行為？ | →教師可強調「真的做到才是真的得到一百分」。 |

（續上表）

| 教學流程圖 | 教學活動 | 教師引導句＆學生反應實例 | 教學原則 |
|---|---|---|---|
| 行為分數回饋系統 ⬇ 連續播放影片 | | （老師可調查學生想看哪些其他行為？）<br>　　　既然大家都想看，我們就先來看行為一開始好了。<br><br>**老師播放行為一：小寶一個人默默哭泣。**<br><br>師　：小寶有沒有丟書、有沒有罵人？<br>生　：沒有。<br>師　：你們覺得這個行為可能發生什麼後果？<br>凡生：老師會來找他。<br>華生：小靜會來安慰她。<br>師　：那我們來看一下影片。<br><br>**老師播放行為一的後果：小胖安慰小寶**<br><br>師　：你們有聽到剛剛小胖說什麼？<br>宇生：我們每次都看這個，我們換別的好不好？<br>師　：因為小寶沒有去欺負別人，也沒有丟書，所以同學還是會來安慰他。你們猜這個行為是幾分？<br>（老師可以調查學生預測行為一的分數並且播放回饋） | →讓學生練習預測行為的後果，尤其是負向行為所連結的負向後果。<br><br><br><br><br>→預測行為所對應的分數。 |
| 歸納統整前段情境 | 說明關鍵字所對應回饋分數的原因。 | 師　：七十九分！這也是不錯的行為，因為小寶是「適度的發洩情緒」，他很難過他就哭，沒有丟東西、打 | |

（續上表）

| 教學流程圖 | 教學活動 | 教師引導句 & 學生反應實例 | 教學原則 |
|---|---|---|---|
| 歸納統整<br>前段情境 | | 人、捶牆壁，他並沒有過度發洩情緒。譬如說剛剛有小朋友很難過就哭，但並沒有去打人，只是適度的發洩情緒，這是 ok 的。<br><br>所以說有的時候你很難過，可以趴著哭，但是不可以一直哭個三天三夜喔！這樣就有點太過度，不能干擾到別人。 | →教師可拿學生生活中的行為事件作為舉例。 |
| | | 慈生：如果你上課的時候哭就會吵到別人。 | →學生容易引起共鳴。 |
| | | 師　：是的，所以你哭的時候也要選擇時間和地點。 | |
| | | 宇生：祕密基地。 | |
| | | 師　：對，有些人有祕密基地。 | |
| | | 慈生：可是爸爸把我關在廁所哭。 | |
| | | 師　：可能是你哭得太過分了，對不對？ | |
| | | 凡生：在家裡面都哭很久，大家都會說「好呀！你哭啊！哭得越大聲越好。」 | |
| | | 師　：所以我們哭要適度喔！譬如說哭個五分鐘就停，難過的事情哭過就沒事了，不能一直哭個三十分鐘就太誇張了。嗯，我們再來看行為二。 | |
| 連續播放<br>影片 | 教師可播放其他行為讓學生進行討論。 | **教師播放行為二：小寶大叫**<br><br>師　：剛剛小寶做什麼事？<br>華生：我覺得小寶很生氣，就不跟他們做朋友了。<br>凡生：我覺得結果可能是小胖和 | →學生已經出現主動預測後果的行為。 |

（續上表）

| 教學流程圖 | 教學活動 | 教師引導句 & 學生反應實例 | 教學原則 |
|---|---|---|---|
| 連續播放影片 | | 阿福跟小寶說「好，不要做朋友就不要做朋友」。<br><br>師　：耶！你已經開始預測結果了耶。可是小寶實際上有這個意思嗎？如果這時候阿福跟小胖就說「好啊！就不要做朋友」這個時候你覺得小寶會怎麼覺得？<br>宇生：很難過。<br>師　：因為小寶沒有這個意思，像小宇剛剛講的，他想跟同學一起玩，但同學對他說那你去玩別的，事實上小宇其實很難過對不對？所以有時候絕交這件事情講出來若真的發生就會很難過。<br>（老師可繼續播放其他行為及後果，並帶領學生討論） | |

## ▶ 九、教學使用心得

### （一）運用數位社會性課程教學之我見

（顏瑞隆，臺北市西區特殊教育資源中心主任）

　　過去十年在資源班服務期間，接觸到非常多的自閉症學生，尤其是輕度自閉症學生；通常他們的主要活動場域都在一般的班級中，其社會互動和人際交往技巧，往往是他們最重要也是最困難的技能。雖然我們已經逐漸了解這些孩子的特質，也知道社會技能的教學對他們來說非常的迫切需要，教師以往常會運用基於理論、專家推薦或是舊有經驗等未經研究證實的教學介入方法，但這些介入方法可能都是無效的（Brown-Chidsey & Steege, 2005）。

在講求教學績效的時代，若將效果未經證實的教學方法使用在學生身上，不僅事倍功半且易延遲有效介入的運用。現場老師皆希望能有施行證據本位實務（evidence-based practices）的教材，來促進社會技能的教學，但如何取得這樣的教材，卻常倍感困擾。

「影像示範教材」（video modeling instruction, VMI）是一種使用影像引導兒童模仿正確行為，或是觀察社交情境的視覺式指導策略。通常在使用影像示範的策略時，可能還會合併使用其他的教學策略，如增強系統、工作分析、時間表、提示卡或是社會性故事等，來加快和類化其學習效果（Bellini & Akullian, 2007）；但台灣當前並沒有讓特教老師可以適當運用的影像教材，即使有心要自行製作，也常因為費時耗工而裹足不前。

數年前，很榮幸受到張正芬老師邀請參與國科會的數位社會性課程測驗之編製工作，進而開始接觸數位社會性課程的教學。這一套課程是張老師邀請第一線特教老師和許多專業人員，根據心智理論的原則，結合自閉症學生經常在實際情境發生的情緒和行為表現，而研發出來的一套社會性課程。前年我參與了張正芬老師在台灣師範大學所主持的麻吉營，開始實際運用這一套教學系統，同時也在自己的學校教學中運用。經過許多的教學實驗後，終於有一套以證據本位的數位影像教材可以供教師運用。

老師們都知道，社會技能的教學一定要能切合學生的社會生態之實際需求，並符合學生的能力，也要能夠引起學生的動機和興趣，這樣的教學才會有效果。這套社會性課程運用了精緻的 Flash 動畫和符合生態情境的影片，當中設計了許多很有趣的回饋系統，讓學生對於自己的答案可以得到具體的回應，這都非常吸引學生的注意力，而讓參與討論和學習動機提高。但老師如果只是將這套教材根據其單元排列而直接進行教學的話，通常幾次的教學之後，學生們的學習動機仍舊可能疲乏而消退。因此，就我們在麻吉營和學校實際使用這套社會性課程教材的經驗，提供老師以下幾項教學建議，希望能夠收到具體而有效的教學成果：

## 1. 納入社交技巧教學課程中運用

　　資源班的社交技巧教學課程通常會有一定的單元主題或是核心概念，老師們可以運用社交技巧中的核心概念搭配這套社會性課程裡的單元，來進行社會技能教學，例如：自閉症學生的挫折容忍力通常不高，老師們可能會想要對於這個能力加以教導訓練，而這套社會性課程中就有些單元，例如：風箏壞掉了、釣魚遊戲等，是談到有關如何調整挫折情緒的方法，就可以成為老師跟學生們互相討論的教材；或是利用本教材教導用來取代行為問題的適當行為：讓孩子觀看自己在某一問題情境中曾表現出的適當行為，來強化適當行為的出現率；或是教導理解他人的想法，教導兒童經由影片的情節推測他人的觀點、信念或價值觀，知道他人觀點和自己的差異性，或是猜測隱藏在言語背後的特殊訊息。

## 2. 學生發生情緒行為問題後的行為訓練教材

　　很多自閉症學生因為社會技巧缺乏，很容易和同學發生衝突，或是因為某些情境、想望或信念而發生情緒行為的問題。如果老師們熟悉本套社會性課程單元的教學重點，待學生情緒平穩之後，可以針對學生剛剛所發生的情緒行為問題，搭配本套教材課程單元中的核心概念，進行討論與教學活動，例如：自閉症學生沒帶文具用品而擅自拿取同學的文具來使用，因而造成同學的不滿而發生衝突。此時，本套教材中有一個單元就討論到：如果蠟筆斷了，可以如何處理？這個單元就很適合在處理完類似的情緒行為之後，與同學進行相關議題的討論。

## 3. 一般班級的特殊教育宣導

　　我們曾經在普通班級中使用過本套教材中的一個單元：巧克力蛋糕，來進行自閉症學生心智理論缺陷的說明活動。讓普通班學生了解為什麼有時候自閉症學生不容易了解他人的立場與看法，透過本套教材中某些單元的具體和動畫的呈現，一般班級的學生可以很容易的了解心智理論缺陷所衍生的問

題，進而可以同理自閉症學生在社交技巧上的困難，也可以消弭許多因而產生的誤會。

雖然當初本教材的設計主要是以自閉症學生的需求為主，但是我們在學校實際的教學中，在運用於「注意力缺陷過動症」或是「輕度智能障礙學生」發生類似社會技能問題時，其實學生的教學反應效果也是很不錯。最後，建議老師們在使用本教材之前，多花些時間了解教材單元的內容與核心概念，這樣對於本套教材會有一個整體的概念架構，在實際運用時就比較能夠切合學生的真正需求，也能做到最好的教學應用。以上是我們實際教學的心得，還望諸多老師給予指教。

## (二) 一抹交會的感動（鄭鈺清，臺北市大湖國小資源班教師）

在麻吉營的活動裡，「看小寶」成為師生們共同的話題，也是星兒寶貝們非常期待的活動。社會性數位課程和星兒們產生連結，是來自於編製者們多年來細心的觀察在教學現場中星兒們因其特質而在「學校」、「家庭」、「社會」易產生的社交困境所設計的各單元主題和內容，而其教材內容非常豐富多元，幾乎涵蓋了對星兒們來說具有挑戰且必須學習的情境。

在教學現場中，我觀察到星兒們專注觀看的神情，雖然每個單元僅是一個社交情境，但其社交情境的真實性卻能和孩子們產生共鳴，他們熱烈討論著自己曾經在情境中遇到的困難，並相互分享著自己處理過「有效」和「無效」的方法。在麻吉營中令我印象最深刻的是在討論有關於挑食——「吃青椒」的單元，每一個孩子都分享了挑戰自己味覺的食物，而動畫中的「在學校吃營養午餐」更是他們最「感同身受」的場域，孩子們紛紛表達出他們在學校使用的「解決方法」，這樣的情境設計讓孩子感到親切，也讓孩子真正和教材連上線，而從中學習到如何在相同的「社交場域」中，表現適當的行為反應。

社會性數位課程是以大多數孩子最有動機學習和學習優勢的視覺線索為編輯方式，尤其內容非常接近孩子所接觸的社交情境，並提供明確的「行為反應」和「行為後果」，讓孩子們能夠在影像線索中理解自己行為會如何造

part 1
part 2
part 3

成他人感受或他人行為回饋，在當中的「結果分數」讓孩子們評判這個行為反應的適切性，進而討論修正行為反應策略。因曾在麻吉營裡觀察到星兒們在即將發生的衝突情境中應用了「小寶的正確反應」後踩了剎車離開衝突情境，讓我了解這不僅僅是「只說社交道理」的課程，更是與孩子社交情境相關並能夠內化應用的課程。

教學者在使用時，有幾個建議方式提供參考：

- 先挑選教學者教學現場觀察和家長曾提出社交困境的主題。
- 教學前先讓學生分享自己的經驗和解決模式。
- 進入主題動畫。
- 讓學生推測四種行為反應可能遭受的行為結果。
- 教學者可延用和該主題相似的情境（狀況題）讓學生分組表演。或是在類似情境，例如：分組活動、競賽活動前預先說明解決方案，讓學生有實際應用的機會。

在麻吉營裡試用後，深刻感受到這是一套值得推薦的數位化課程，在教學現場中它不只適用於星兒，也非常適用在目前少子化、缺乏社交情境學習的孩子們身上，願與您一同分享這套用心編製的課程。

 **參考文獻**

■ 中文部分

王鳳慈（2008）。**情緒教學對增進高功能自閉症學生情緒適應之行動研究**。國立
　　臺灣師範大學特殊教育系碩士論文，未出版，臺北市。

江文慈（1999）。**情緒調整的發展軌跡與模式建構之研究**。國立臺灣師範大學教
　　育心理與輔導研究所博士論文，未出版，臺北市。

宋維村（2000）。**自閉症學生輔導手冊**。臺南市：國立臺南師院特教中心。

保心怡（2003）。**幼兒對於心智理解作業的理解情形與運用故事活動介入的效果
　　研究**。國立臺灣師範大學人類發展與家庭學系博士論文，未出版，臺北市。

柯宥璿（2011）。**從日常生活中提升高功能自閉症兒童心智理論能力之行動研
　　究**。臺北教育大學特殊教育系碩士論文，未出版，臺北市。

張正芬、吳佑佑（2006）。亞斯柏格症與高功能自閉症早期發展與目前症狀之初
　　探。**特殊教育研究學刊，31**，139-164。

張正芬、陳美芳（2007）。亞斯柏格資優生適性教育方案第一年成果簡介（草
　　案）。論文發表於國科會科學教育處舉辦之「**96 年度數理特殊教育專題研究
　　計畫成果研討會**」，臺北市。

張欣戊（1998）。騙與受騙：學前兒童的欺瞞能力。**中華心理學刊，40**（1），
　　1-13。

梨樂山、程景琳、簡淑真（2008）。幼兒情緒調節策略、照顧者反應與幼兒氣質
　　之關係。國立臺灣師範大學教育心理與輔導學系。**教育心理學報，40**（2），
　　283-302。

陳元亨（2007）。**亞斯伯格症與高功能自閉症患者之心智理論研究**。輔仁大學臨
　　床心理系碩士論文，未出版，新北市。

陳心怡、張正芬、楊宗仁（2004）。自閉症兒童的 WISC-III 智能組型研究。**特
　　殊教育研究學刊，26**，127-151。

陳慧萍（2007）。臺北縣市國小亞斯伯格學童學校適應與支持系統之調查研究。
　　國立臺灣師範大學特殊教育系碩士論文，未出版，臺北市。

喬馨慧（2005）。亞斯伯格症青少年解讀非口語訊息覺察他人情緒之能力研究。
　　國立臺灣師範大學特殊教育系碩士論文，未出版，臺北市。

黃玉華（2000）。心智解讀教學對增進高功能自閉症兒童心智理論能力之研究。
　　國立臺灣師範大學特殊教育系碩士論文，未出版，臺北市。

鄒啟蓉（2005）。學齡前幼兒「錯誤信念」發展研究。**特殊教育研究學刊，29**，
　　15-48。

鳳華（2001）。中部地區自閉症兒童心智理論測驗的編制與發展現況及心智理論
　　訓練對高功能自閉症兒童社會技能效果之研究。國科會專題研究計畫成果報
　　告（NSC89-2413-H-018-026）。

鳳華（2006）。中部地區亞斯伯格症兒童心智理論發展現況及心智理論暨社會技
　　巧之介入成效研究。行政院國家科學委員會專題研究計畫成果報告
　　（NSC95-2413-H-018-003）。

蔡佳津（2000）。自閉症兒童臉孔情緒處理之研究。政治大學教育研究所碩士論
　　文，未出版，臺北市。

蔡淑玲（2002）。心智理論暨社交技巧教學對高功能自閉症兒童社會互動行為成
　　效之探討。國立彰化師範大學特殊教育學系碩士論文，未出版，彰化市。

鄭津妃（2004）。電腦化教學系統對增進高功能自閉症兒童解讀錯誤信念之研
　　究。國立臺灣師範大學特殊教育學系碩士論文，未出版，臺北市。

盧乃榕（2007）。錄影帶示範教學對高功能自閉症錯誤信念能力之成效研究。輔
　　仁大學臨床心理學系碩士論文，未出版，新北市。

羅玉慧（2009）。亞斯伯格青少年之負向思考。國立臺灣師範大學特殊教育學系
　　碩士論文，未出版，臺北市。

## ■ 英文部分

Attwood, T. (1998). *Asperger's syndrome: A guide for parents and professionals.* Cam-
　　bridge: Cambridge University. Philadelphia: Jessica Kingsley.

Baranek, G. T., Diane P. L., & Bodfish, J. W. (2005). Sensory and motor features in autism: Assessment and intervention. In F. R. Volkmar., R. Paul., A. Klin., & D. Cohen. (Eds.), *Handbook of autism and pervasive developmental disorders* (3rd ed., pp. 831-857). New York: John Wiley & Sons.

Barnhill, G. P. (2001). What is Asperger syndrome? *Intervention in School and Clinic, 36*(5), 259-262.

Barnhill, G., Hagiwara, R., Myles, B. S., & Simpson, R. L. (2000). Asperger syndrome: A study of the cognitive profiles of 37 children and adolescents. *Focus on Autism & Other Developmental Disabilities, 15*, 146-153.

Baron-Cohen, S. (1988). Social and pragmatic deficits in autism: Cognitive or affective? *Journal of Autism and Developmental Disorders, 18*, 379-401.

Baron-Cohen, S. (1989a). The autistic child's theory of mind: A case of specific developmental delay. *Journal of Child Psychology and Psychiatry, 30*, 285-297.

Baron-Cohen, S. (1989b). Perceptual role-taking and protodeclarative pointing in autism. *British Journal of Developmental Psychology, 7*, 113-127.

Baron-Cohen, S. (1991). Do people with autism understand what causes emotion? *Child Development, 62*, 385-395.

Baron-Cohen, S. (1991). Precursors to a theory of mind: Understanding attention in others. In A. Whiten (Ed.), *Natural theories of mind*. Oxford: Basil Blackwell.

Baron-Cohen, S. (1992). Out of sight or out of mind? Another look at deception in autism. *Journal of Child Psychology and Psychiatry, 33*(7), 1141-1155.

Baron-Cohen, S. (1995). *Mindblindness: An essay of autism and theory of mind*. The MIT Press.

Baron-Cohen, S. (2001). Theory of mind and autism: A review. *Special Issue of The International Review of Mental Retardation, 23*(169), 1-35.

Baron-Cohen, S., & Cross, P. (1992). Reading the eyes: Evidence for the role of perception in the development of a theory of mind. *Mind and Language, 6*, 173-186.

Baron-Cohen, S., & Goodhart, F. (1994). The "seeing leads to knowing" deficit in autism: The Pratt and Bryant probe. *British Journal of Developmental Psychology, 12*, 397-402.

Baron-Cohen, S., & Swettenham, J. (1997). Theory of mind in autism: Its relationship to executive function and central coherence. In D. J. Cohen & A. M. Donnellan

(Eds.), *Handbook of autism and pervasive developmental disorders* (pp. 880-893). New York: John Wiley & Sons.

Baron-Cohen, S., Baldwin, D., & Crowson, M. (1997). Do children with autism use the Speaker's Direction of Gaze (SDG) strategy to crack the code of language? *Child Development, 68*, 48-57.

Baron-Cohen, S., Campbell, R., Karmiloff-Smith, A., Grant, J., & Walker, J. (1995). Are children with autism blind to the mentalistic significance of the eyes? *British Journal of Developmental Psychology, 13*, 379-398.

Baron-Cohen, S., Leslie, A. M., & Frith, U. (1985). Does the autistic child have a "theory of mind"? *Cognition, 21*, 37-46.

Baron-Cohen, S., O'Riordan, M., Stone, V., Jones, R., Plaisted, K. (1999). Recognition of faux pas by normally developing children and children with Asperger syndrome or high-functioning autism. *Journal of Autism and Developmental Disorders, 29*, 5, 407-18.

Baron-Cohen, S., Spitz, A., & Cross, P. (1993). Do children with autism recognize surprise? A research note. *Cognition and Emotion, 7*(6), 507-516.

Baron-Cohen, S., Wheelwright, S., Lawson, J., Griffin, R., Ashwin C., Billington, J., & Chakrabarti, B. (2005). Empathizing and systemizing in autism spectrum conditions. In F. R.Volkmar., R. Paul., A. Klin., & D. Cohen. (Eds.), *Handbook of autism and pervasive developmental disorders* (3rd ed., pp. 628-639). New York: John Wiley & Sons.

Bauminger, N., & Kasari, C. (1999). Brief reoport: Theory of mind in high-functioning children with autism. *Journal of Autism and Developmental Disorders, 29*, 1, 81-86.

Bauminger, N., Solomon, M., Aviezer, A., Heung, K., Gazit, L., Brown, J., & Rogers, S. J. (2008). Children with autism and their friends: A multidimensional study of friendship in high-functioning autism spectrum disorder. *Journal of Abnormal Child Psychology, 36*(2), 135-50.

Bellini, S., & Akullian, J. (2007). A meta-analysis of video modeling and video self-modeling interventions for children and adolescents with autism spectrum disorders. *Council for Exceptional Children, 73*, 264-287.

Bowler, D. M. (1992). "Theory of mind" in Asperger Syndrome. *Journal of Child Psychology and Psychiatry, 33*, 877-893.

Brown-Chidsey, R., & Steege, M. W. (2005). *Response to Intervention: Principles and methods for effective practice*. New York, NY: Guilford.

Charlop-Christy, M. H., & Daneshvar, S. (2003). Using video modeling to teach perspective taking to children with autism. *Journal of Positive Behavior Interventions, 5*, 12-21.

Chidambi, G. (2003). *Autism and self-conscious emotions*. Unpublished doctor dissertation, University College, London.

Dunn, J. (1994). Changing minds and changing relationships. In C. Lewis & P. Mitchell (Eds.), *Children's early understanding of mind* (pp. 267-310). East Sussex Erlbaum.

Dunn, W., Myles, B. S., & Orr, S. (2002). Sensory processing issues associated with Asperger syndrome: A preliminary investigation. *The American Journal of Occupational Therapy, 56*(1), 97-102.

Dunn, W., Saiter, J., & Rinner, L. (2002). Asperger syndrome and sensory processing: A conceptual model and guidance for intervention planning. *Focus on Autism & Other Developmental Disabilities, 17*(3), 172-185.

Farrugia, S., & Hudson, J. (2006). Anxiety in adolescents with Asperger syndrome: Negative thoughts, behavioral problems, and life interference. *Focus on Autism and Other Developmental Disabilities, 21*(1), 25-36.

Feng, H., & Tsai, S. (2004). *The effect of theory-of-mind and social skills training on the social interaction for a 5th grade student with autism*. Paper was presented at the 30th Annual Convention of Association for Behavioral Analysis, Boston, MA, June, 1, 2004.

Frith, U. (1991). Asperger and his syndrome. In U. Frith (Ed.), *Autism and Asperger syndrome* (pp. 1-36). Cambridge, UK: Cambridge University Press.

Ghaziuddin, M., Ghaziuddin, N., & Greden, J. (2002). Depression in persons with autism: Implications for research and clinical care. *Journal of Autism and Developmental Disorders, 32*(4), 299-306.

Ghaziuddin, M., & Gerstein, L. (1996). Pedantic speaking style differentiates Asperger-syndrome from high-functioning autism. *Journal of Autism and Developmental Disorders, 26*(6), 585-95.

Ghaziuddin, M., & Mountain-Kimchi, K. (2004). Defining the intellectual profile of As-

part 1

part 2

part 3

perger syndrome: Comparison with high-functioning autism. *Journal of Autism and Developmental Disorders, 34*(3), 279-284.

Griswold, D. E., Barnhill, G. P., Myles, B. S., Hagiwara, T., & Simpson, R. L. (2002). Asperger syndrome and academic achievement. *Focus on Autism and Other Developmental Disabilities*, 94-102.

Gross, T. (2004). The perception of four basic emotions in human and nonhuman faces by children with autism and other developmental disabilities. *Journal of Abnormal Child Psychology, 32*(5), 469-480.

Happé, F. G. E. (1994). An advanced test of theory of mind: Understanding of story characters' thoughts and feelings by able autistic, mentally handicapped, and normal children and adults. *Journal of Autism and Developmental Disorders, 24*(2), 129-154.

Happé, F. G. E. (1995). The role of age verbal ability in the theory of mind task performance of subjects with autism. *Child Development, 66*, 843-855.

Heavy, L., Phillips, W., Baron-Cohen, S., & Rutter, M. (2000). The awkward moments test: A naturalistic measure of social understanding in autism. *Journal of Autism and Developmental Disorders, 30*(3), 225-236.

Hillier, A., & Allinson, L. (2002). Beyond expectations: Autism, understanding embarrassment, and the relationship with theory of mind. *Autism: The International Journal of Research and Practice, 6*(3), 299-314.

Hilton, C. L., Harper, J. D., Kueker, R. H., Lang, A. R., Abbacchi, A. M., Todorov, A., & LaVesser, P. D. (2010). Sensory responsiveness as a predictor of social severity in children with high functioning autism spectrum disorders. *Journal of Autism and Developmental Disorders, 40*, 937-945.

Hobson, P. (2005). Autism and emotion. In F. R. Volkmar., R. Paul., A. Klin., & D. Cohen (Eds.), *Handbook of Autism and Pervasive Developmental Disorders* (3rd ed., pp. 406-424). New York: John Wiley & Sons.

Hogrefe, G. J., Wimmer, H., & Perner, J. (1986). Ignorance versus false belief: A developmental lag in attribution of epistemic states. *Child Development, 57*, 567-582.

Howlin, P. (1998). *Children with autism and Asperger syndrome*. New York, NY: John Wiley & Sons.

Howlin, P., Baron-Cohen, S., & Hadwin, J. (1999). *Teaching children with autism to*

*mind-read*. West Sussex, English: Wiely Press.

Ingersoll, B., & Schreibman, L. (2006). Teaching reciprocal imitation skills to young children with autism using a naturalistic behavioral approach: Effects on language, pretend play, and joint attention. *Journal of Autism and Development Disorder, 36*, 487-505.

Joseph, R. & H. Tager-Flusberg. (1999). Preschool children's understanding of the knowledge and desire constraints on intended action. *British Journal of Developmental Psychology, 17*, 221-243.

Kaland, N., Moller-Nielsen, A., Smith, L., Mortensen, E. L., Callesen, K., & Gottlieb, D. (2005). The Strange stories test—A replication study of children and adolescents with Asperger syndrome. *European Child and Adolescent Psychiatry, 14* (2), 73-82.

Lee, A., & Hobson, P. (1998). On developing self-concepts: A controlled study of children and adolescents with autism. *Journal of Child Psychology and Psychiatry, 39*, 1131-1141.

Lord (1995). Follow-up of two-year-olds referred for possible autism. *Journal of Child Psychology and Psychiatry, 36*, 1365-1382.

Myles, B. S., & Simpson, R. L. (1998). *Asperger syndrome: A guide for educators and practitioners*. Austin, TX: PRO-ED.

Myles, B. S., Bock, S. J., & Simpson, R. L. (2001). *Asperger syndrome diagnostic scale*. Austin, Texas. Prode.

Nikopoulos, C. K., & Keenan, N. (2004). Effect of video modeling on social initiations by children with autism. *Journal of Applied Behavior Analysis, 37*, 93-96.

Nikopoulos, C. K., & Keenan, M. (2007). Using video modeling to teach complex social sequences to children with autism. *Journal of Autism and Developmental Disorders, 37*(4), 678-693.

Ozonoff, S., & Miller, J. N. (1995). Teaching theory of mind: A new approach to social skills training for individuals with autism. *Journal of Autism and Developmental Disorder, 25*(4), 415-433.

Ozonoff, S., Pennington, F., & Rogers, J. (1991). Executive function deficits in high functioning autistic children: Relationship to theory of mind. *Journal of Child Psychology and Psychiatry, 32,* 1081-1105.

part 1

part 2

part 3

Perner, J., Frith, U., Leslie, A. M., & Leekam, S. R. (1989). Exploration of the autistic child's theory of mind: Knowledge, belief, and communication. *Child Development, 60*, 689-700.

Perner, J., & Wimmer, H. (1985). "John thinks that Mary thinks that..." Attribution of second-order beliefs by 5-10 year old children. *Journal of Experimental Child Psychology, 39*, 437-471.

Phillips, W. (1993). Understanding intention and desire by children with autism. Unpublished doctoral dissertation, Institute of psychiatry,University of London.

Rieffe, C., Terwogt, M., & Kotronopoulou, K. (2007). Awareness of single and multiple emotions in high-functioning children with autism. *Journal of Autism Developmental Disorders, 37*, 455-465.

Shaffer (2005). *Social and personality development* (5th ed.). Belmont, CA: Wadsworth.

Stone, W., Hoffman, E., Lewis, S., & Ousley, O. (1994). Early recognition of autism: Parental reports vs clinical observation. *Archives of Pediatrics and Adolescent Medcine, 148*, 174-179.

Sweetenham, J. G. (1996). Can children with autism be taught to understand false belief using computers? *Journal of Child Psychology and Psychiatry, 36*, 157-165.

Tager-Flusberg, H. (1992). Autistic children's talk about psychological states: Deficits in the early acquisition of a theory of mind. *Child Development, 63*(1), 161-172.

Tager-Flusberg, H., & Sullivan, K. (1994). A second look at second-order belief attribution in autism. *Journal of Autism and Developmental Disorders, 24*, 577-586.

White, S. W., & Roberson-Nay, R. (2009). Social deficits, and loneliness in youth with autism spectrum disorders. *Journal of Autism and Developmental Disorders, 39*, 1006-1013.

Wimmer, H., & Perner, J. (1983). Beliefs about beliefs: Representation and constraining function of wrong beliefs in young children's understanding of deception. *Cognition, 13*, 103-128.

Yirmiya, N., Sigman, M. D., Kasari, C., & Mundy, P. (1992). Empathy and cognition in high functioning children with autism. *Child Development, 63*(1), 150-160.

Yirmiya, N., Solomonica-Levi, D., & Shulman, C. (1996). The ability to manipulate behavior and to understand manipulation of beliefs: A comparison of individuals with autism, mental retardation, and normal development. *Developmental Psychology, 32*, 62-69.

# 附錄

附錄 **1** # 課程向度、層次、目標及 次目標之摘要表

| 向度、層次 | | 目標 | 次目標 |
|---|---|---|---|
| 一、預測情緒 | 情境 | 1.根據他人（此泛指一般同齡孩子）喜惡，在不同情境預測（推測）情緒（看不到表情） | 1-1 能根據他人「所處的愉快情境（例如：得到東西／活動／讚美）」，說出／指出為「高興」情緒 |
| | | | 1-2 能根據他人「所處的氣憤情境（例如：被阻止做事情／被嘲笑）」，說出／指出為「生氣」情緒 |
| | | | 1-3 能根據他人「所處的失落情境（例如：活動失敗／責備／物品毀損）」，說出／指出為「難過」情緒 |
| | | | 1-4 能根據他人「所處的焦慮情境（遇到危險的事情／看到恐怖東西）」，說出／指出為「害怕」情緒 |
| | 想望 | 1.根據能否得到想要東西時的情境，預測他人的情緒 | 1-1 能根據他人「得到想要的事物的情境（例如：得到東西／活動／讚美）」，說出／指出為「高興」情緒 |
| | | | 1-2 能根據他人「得到不想要的事物的情境（例如：厭惡物品／厭惡活動）」，說出／指出為「生氣」情緒 |
| | | | 1-3 能根據他人「沒有得到想要的事物的情境（例如：得不到東西／活動／讚美）」，說出／指出為「難過」情緒 |
| | | | 1-4 能根據他人「得到害怕的事物的情境（例如：令人害怕的物品／令人害怕的活動）」，說出／指出為「害怕」情緒 |
| | | | 1-5 能根據他人「沒有得到不想要的事物的情境（例如：厭惡物品／厭惡活動／責備）」，說出／指出為「高興」情緒 |

（續上表）

| 向度、層次 | | 目標 | 次目標 |
|---|---|---|---|
| 一、預測情緒 | 信念 | 1. 根據他人認為的想法和事實的異同預測他人的情緒 | 1-1 能根據他人「認為可能得到期望中的事物（例如：喜愛物品／喜愛活動／讚美……等）」而真的得到時，說出／指出為「高興」的情緒 |
| | | | 1-2 能根據他人「認為可能得到期望中不想要的事物（例如：厭惡物品／厭惡活動／物品毀損遺失……等）」而真的得到時，說出／指出為「生氣／害怕（焦慮）」情緒 |
| | | | 1-3 能根據他人「認為可能得到期望中的事物（例如：喜愛物品／喜愛活動／讚美……等）」卻沒有得到時，說出／指出為「失望／難過」的情緒 |
| | | | 1-4 能根據他人「認為可能得到不想要的事物（例如：厭惡物品／厭惡活動／物品毀損遺失／責備……等）」而真的未得到時，說出／指出為「高興／慶幸」情緒 |
| | 錯誤信念 | 1. 能根據他人原先預期的想法與事實不同，預測他人的情緒（初級錯誤信念） | 1-1 能根據他人「原先預期想要的事物或訊息」，因未知改變（例如：位置移動、內容物變換、活動改變……等）而實際上沒得到時，說出／指出為「生氣／難過」的情緒 |
| | | | 1-2 能根據他人「原先預期不想要的事物或訊息」，因未知改變（例如：位置移動、內容物變換、活動改變……等）而實際上沒得到時，說出／指出為「高興／慶幸」的情緒 |
| | | | 1-3 能根據他人「原先已知的事物或訊息」，因未知改變（例如：位置移動、內容物變換、活動改變……等）而與事實不同時，說出／指出為「緊張」的情緒 |
| | | | 1-4 能根據他人「原先預期第三者想要的事物或訊息」，因未知改變（例如：位置移動、內容物變換、活動改變……等）而與事實不同時，說出／指出為「生氣／難過」的情緒 |

（續上表）

| 向度、層次 | | 目標 | 次目標 |
|---|---|---|---|
| 一、預測情緒 | 錯誤信念 | 1. 能根據他人原先預期的想法與事實不同，預測他人的情緒（初級錯誤信念） | 1-5 能根據他人「原先預期第三者的不想要事物或訊息」，因未知改變（例如：位置移動、內容物變換、活動改變⋯⋯等）而與事實不同時，說出／指出為「高興／慶幸」的情緒 |
| | | | 1-6 能根據他人「原先已知第三者的事物或訊息」，因未知改變（例如：位置移動、內容物變換、活動改變⋯⋯等）而與事實不同時，說出／指出為「緊張／擔心」的情緒 |
| | 複雜情緒 | 1. 根據他人在不同情境預測複雜情緒 | 1-1 能根據他人「不小心跌倒／儀容不整而被取笑」的情境時，說出／指出為「尷尬」的情緒 |
| | | | 1-2 能根據他人「做錯事情／說錯話而令對方失望」的情境時，說出／指出為「愧疚（羞愧）」的情緒 |
| | | | 1-3 能根據他人面臨「做錯事情而被反諷時」所引發「尷尬」情緒，說出／指出會出現的「尷尬」行為（例如：吐舌頭／臉色發紅／搔頭／表達情緒⋯⋯等） |
| | | | 1-4 能根據他人面臨「對方做出或說出失禮的事情」的情境時，說出／指出為「尷尬」的情緒 |
| | | | 1-5 能根據他人「在當事者前說出批評／未修飾的話語」的情境時，說出／指出為「難堪」的情緒 |
| | | | 1-6 能根據他人「未能獲得別人所擁有的事物」的情境時，說出／指出為「羨慕」的情緒 |
| | | | 1-7 能根據他人「未做到該盡的責任或事物卻未被追究或查驗」的情境時，說出／指出為「慶幸」的情緒 |
| 二、由情緒預測行為 | 情境 | 1. 根據他人好惡所引發的情緒（喜怒哀懼），預測他人會出現的行為表現 | 1-1 能由他人「喜歡事物所引發高興的情緒」，說出／指出會出現的高興行為（例如：口語表達／拍手／歡呼／大笑⋯⋯等） |
| | | | 1-2 能由他人「討厭事物所引發生氣的情緒」，說出／指出會出現的生氣行為（例如：口語表達／大叫／跺腳／破壞東西／罵人／踢人／不理人⋯⋯等） |

（續上表）

| 向度、層次 | | 目標 | 次目標 |
|---|---|---|---|
| 二、由情緒預測行為 | 情境 | 1. 根據他人好惡所引發的情緒（喜 怒 哀 懼），預測他人會出現的行為表現 | 1-3 能由他人「失落事物所引發難過的情緒」，說出／指出會出現的難過行為（例如：口語表達／流眼淚／皺眉／嘆氣／吵鬧……等） |
| | | | 1-4 能由他人「焦慮事物所引發害怕／焦慮的情緒」，說出／指出會出現的害怕行為（例如：口語表達／發抖／尖叫／噁心／冒冷汗／臉色發白……等） |
| | 想望 | 1. 能根據他人「是否得到想要東西情境所引發的情緒，預測他人會出現的行為表現 | 1-1 能由他人「得到想要的事物所引發高興情緒」，說出／指出其會出現的高興行為（例如：口語表達／拍手／歡呼／大笑……等） |
| | | | 1-2 能由他人「得到不想要事物所引發生氣的情緒」，說出／指出會出現的生氣行為（例如：口語表達／大叫／踩腳／破壞東西／罵人／踢人／不理人……等） |
| | | | 1-3 能由他人「得不到想要事物所引發難過的情緒」，說出／指出會出現的難過行為（例如：口語表達／流眼淚／皺眉／嘆氣／吵鬧……等） |
| | | | 1-4 能由他人「得到害怕事物所引發害怕的情緒」，說出／指出會出現的害怕行為（例如：口語表達／發抖／尖叫／噁心／冒冷汗／臉色發白……等） |
| | 信念 | 1. 根據他人認為的想法和事實的異同所引發的情緒，預測他人會引發的情緒行為表現 | 1-1 能由他人「認為可能得到期望中的事物而真的得到時所引發高興情緒」，說出／指出會出現的高興行為（例如：口語表達／拍手／歡呼／大笑……等） |
| | | | 1-2 能由他人「認為可能得到期望中不想要的事物而真的得到時所引發生氣情緒」，說出／指出會出現的生氣行為（例如：口語表達／大叫／踩腳／破壞東西／罵人／踢人／不理人……等） |
| | | | 1-3 能根據他人「認為可能得到期望中的事物而卻沒有得到時所引發難過／失望情緒」，說出／指出會出現的難過／失望行為（例如：口語表達／流眼淚／皺眉／嘆氣／吵鬧……等） |

（續上表）

| 向度、層次 | | 目標 | 次目標 |
|---|---|---|---|
| 二、由情緒預測行為 | 信念 | 1. 根據他人認為的想法和事實的異同所引發的情緒，預測他人會引發的情緒行為表現 | 1-4 能根據他人「認為可能得到期望中不想要的事物而真的得到時所引發害怕（焦慮）情緒」，說出／指出會出現的害怕（焦慮）行為（例如：口語表達／發抖／尖叫／噁心／冒冷汗／臉色發白……等） |
| | | | 1-5 能根據他人「認為可能得到不想要的事物而真的未得到時所引發高興／慶幸情緒」，說出／指出會出現的高興／慶幸行為（例如：口語表達／拍手／歡呼／大笑／輕拍胸口／鬆一口氣……等） |
| | 複雜情緒 | 1. 根據他人在不同情境所引發的複雜情緒，預測他人會出現的行為表現 | 1-1 能根據他人「不小心跌倒／儀容不整而被取笑時」所引發「尷尬」情緒，說出／指出會出現的「尷尬」行為（例如：吐舌頭／臉色發紅／搔頭／表達情緒……等） |
| | | | 1-2 能根據他人「做錯事情／說錯話而令對方失望時」所引發「愧疚（羞愧）」情緒，說出／指出會出現的「羞愧／愧疚」行為（例如：說對不起／低頭不語／臉色發紅／搔頭……等） |
| | | | 1-3 能根據他人面臨「做錯事情而被反諷時」所引發「尷尬」情緒，說出／指出會出現的「尷尬」行為（例如：吐舌頭／臉色發紅／搔頭／表達情緒……等） |
| | | | 1-4 能根據他人面臨「對方做出或說出失禮的事情時」所引發「尷尬」情緒，說出／指出會出現的「尷尬」行為（例如：吐舌頭／臉色發紅／搔頭／表達情緒……等） |
| | | | 1-5 能根據他人「在當事者前說出批評／未修飾的話語時」所引發「難堪」情緒，說出／指出當事者會出現的「難堪」情緒（例如：低頭不語／皺眉／搔頭……等） |
| | | | 1-6 能根據他人「未能獲得別人所擁有的事物時」所引發「羨慕」情緒，說出／指出會出現的「羨慕」情緒（例如：拍手／表達情緒／讚美……等） |

（續上表）

| 向度、層次 | | 目標 | 次目標 |
|---|---|---|---|
| 二、由情緒預測行為 | 複雜情緒 | 1. 根據他人在不同情境所引發的複雜情緒，預測他人會出現的行為表現 | 1-7 能根據他人「未做到該盡的責任或事物卻未被追究或查驗時」所引發的「慶幸」情緒，說出／指出會出現的「慶幸」的情緒（例如：口語表達／拍手／歡呼／大笑／輕拍胸口／鬆一口氣⋯⋯等） |
| 三、由行為預測結果 | | 1. 能根據情境區分行為的適當性⋯⋯等 | 1-1 能說出／指出高興時適當的行為表現（例如：拍手／歡呼／笑／遵守規定／合作／協助／讚美／禮貌／安慰／謙虛⋯⋯等） |
| | | | 1-2 能說出／指出高興時不適當的行為表現（例如：誇張拍手／誇張歡呼⋯⋯等） |
| | | | 1-3 能說出／指出生氣時適當的行為表現（例如：表達情緒／跺腳／捏握小物／揮打空拳／紙上塗鴉／散步／運動／角落冷靜／離開現場／獨處／正向思考⋯⋯等） |
| | | | 1-4 能說出／指出生氣時不適當的行為表現（例如：打人／罵人／踢人／亂丟東西／破壞物品／大叫／吵鬧／頂嘴／吐口水／不合作／違規／怪罪別人⋯⋯等） |
| | | | 1-5 能說出／指出難過時適當的行為表現（例如：流眼淚／垂頭喪氣／表達情緒／捏握小物／紙上塗鴉／運動／散步／聽音樂／畫畫／正向思考⋯⋯等） |
| | | | 1-6 能說出／指出難過時不適當的行為（例如：亂丟東西／破壞物品／大叫／大哭／吵鬧／不合作／怪罪別人⋯⋯等） |
| | | | 1-7 能說出／指出害怕（焦慮）時適當的行為表現表現及可能的生理反應（例如：表達情緒／深呼吸數一到十／視覺想像／肌肉放鬆／自我對話／發抖／冒冷汗／臉色發白⋯⋯等） |

part 1

part 2

part 3

（續上表）

| 向度、層次 | 目標 | 次目標 |
|---|---|---|
| 三、由行為預測結果 | 1. 能根據情境區分行為的適當性……等 | 1-8 能說出／指出害怕（焦慮）時不適當的行為表現（例如：罵人／踢人／亂丟東西／大叫／大哭／吵鬧／摳手指頭／咬指甲／拔頭髮……等） |
| | | 1-9 能說出／指出緊張時適當的行為表現及可能的生理反應（例如：走來走去／說「怎麼辦？」／摳手指頭／咬指甲／表達情緒／深呼吸數一到十／肌肉放鬆／自我對話／冒冷汗……等） |
| | | 1-10 能說出／指出緊張時不適當的行為表現（例如：罵人／踢人／亂丟東西／大叫／大哭／吵鬧／摳手指頭／咬指甲／不合作／怪罪別人……等） |
| | | 1-11 能說出／指出尷尬時適當的行為表現及可能的生理反應（例如：吐舌頭／搔頭／表達情緒／臉色發紅……等） |
| | | 1-12 能說出／指出尷尬時不適當的行為表現（例如：亂丟東西／罵人／吵鬧／大哭／大叫／頂嘴……等） |
| | | 1-13 能說出／指出羨慕時適當的行為表現（例如：拍手／表達情緒／讚美……等） |
| | | 1-14 能說出／指出羨慕時不適當的行為表現（例如：大叫／吵鬧／頂嘴／不合作／違規／怪罪別人……等） |
| | | 1-15 能說出／指出愧疚（羞愧）時適當的行為表現及可能的生理反應（例如：說對不起／低頭不語／搔頭／表達情緒／臉色發紅……等） |
| | | 1-16 能說出／指出愧疚（羞愧）時不適當的行為表現（例如：大叫／大哭／吵鬧／摳手指頭／頂嘴／不合作／怪罪別人……等） |
| | | 1-17 能說出／指出難堪時適當的行為表現（例如：低頭不語／皺眉／搔頭／表達情緒……等） |
| | | 1-18 能說出／指出難堪時不適當的行為表現（例如：大叫／大哭／吵鬧／頂嘴／不合作／怪罪別人……等） |

（續上表）

| 向度、層次 | 目標 | 次目標 |
|---|---|---|
| 三、由行為預測結果 | 2. 能根據適當的行為表現預測可能的後果 | 2-1 能說出／指出表現適當的行為（例如：拍手／歡呼／笑／遵守規定／合作／協助／讚美／禮貌／安慰／謙虛……等），可能會讓人感到喜歡 |
| | | 2-2 能說出／指出表現適當的行為（例如：拍手／歡呼／笑／遵守規定／合作／協助／讚美／禮貌／安慰／謙虛……等），可能會讓人感到快樂 |
| | | 2-3 能說出／指出表現適當的行為（例如：拍手／歡呼／笑／遵守規定／合作／協助／讚美／禮貌／安慰／謙虛／分享……等），可能會贏得他人友誼或師長讚許 |
| | | 2-4 能說出／指出表現適當的發洩行為（例如：表達情緒／捏握小物／揮打空拳／踩腳／紙上塗鴉／運動／流眼淚／垂頭喪氣……等），可能會得到他人關心或協助 |
| | | 2-5 能說出／指出表現適當的放鬆行為（例如：深呼吸數一至十／視覺想像／肌肉放鬆／自我對話／運動／聽音樂／畫畫……等），可能會得到他人關心或協助 |
| | | 2-6 能說出／指出表現適當的緩和情緒（例如：表達情緒／散步／運動／角落冷靜／離開現場／獨處……等），可能會得到他人關心或協助 |
| | | 2-7 能說出／指出表現適當的正向思考（例如：沒關係／嘗試解決／尋求協助／下次還有機會／接受事實／錯誤中學習／自我肯定／說服……等），可能會得到他人關心或協助 |
| | 3. 能根據不適當的行為表現預測可能的後果 | 3-1 能說出／指出表現不適當的行為（例如：打人／罵人／踢人／亂丟東西／破壞物品／大叫／大哭／吵鬧／頂嘴／吐口水／不合作／違規／怪罪別人／自大／嘲笑……等），可能會讓人討厭／生氣 |

part 1

part 2

part 3

（續上表）

| 向度、層次 | 目標 | 次目標 |
|---|---|---|
| 三、由行為預測結果 | 3. 能根據不適當的行為表現預測可能的後果 | 3-2 能說出／指出表現不適當的行為（例如：打人／罵人／踢人／亂丟東西／破壞物品／大叫／大哭／吵鬧／頂嘴／吐口水／不合作／違規／怪罪別人／自大／嘲笑……等），可能會讓人害怕與厭惡 |
| | | 3-3 能說出／指出表現不適當的行為（例如：打人／罵人／踢人／亂丟東西／破壞物品／大叫／大哭／吵鬧／頂嘴／吐口水／不合作／違規／怪罪別人／自大／嘲笑……等），可能會失去友誼或令師長失望 |
| | | 3-4 能說出／指出表現不適當的行為（例如：摳手指頭／咬指甲／拔頭髮……等），可能會讓自己受傷或讓他人擔心 |
| | | 3-5 能說出／指出表現不適當的負向思考（例如：怪罪自己／沮喪／不安／消極無望……等） |
| 四、對選擇的行為負責 | 1. 能接受自己選擇的行為所衍生的後果 | 1-1 能接受自己選擇的好的後果 |
| | | 1-2 能接受自己選擇的負面的後果 |
| | 2. 能避免自己選擇的行為所衍生的負面後果，並願意改變 | 2-1 為避免自己選擇的行為所衍生的負面後果，願意行為修正 |
| | | 2-2 能為避免自己選擇的行為所衍生的負面後果，願意情緒調整 |
| 五、由結果逆推行為的選擇 | 1. 能根據行為負面的後果進行行為調整 | 1-1 能進行行為微調（例如：降低發洩行為的強度或頻率／降低期待標準……等） |
| | | 1-2 能進行適當行為的添加（例如：放鬆行為／緩和行為／正向思考） |
| | | 1-3 能進行行為表達的型式改變（例如：口語／肢體動作／書寫／畫畫） |
| | 2. 能根據行為負面的後果進行情緒調整 | 2-1 能調整情緒行為表達的強度與次數 |
| | | 2-2 能調整情緒行為釋放的方式（例如：發洩行為／放鬆行為／緩和行為／正向思考） |
| | | 2-3 能因環境的適宜性釋放情緒 |

## 附錄 2　影片版單元內容對照表

| 層次 | 情緒 | 單元名稱 | 故事內容 | 情緒、行為結果 |
|---|---|---|---|---|
| 情境 | 高興 | 我得獎了 | 阿福寫生比賽得獎 | 我要快跟美勞老師報喜 |
| | | | | 覺得自己很了不起 |
| | | | | 很驕傲說自己只是隨便畫畫 |
| | 高興 | 多一包薯條 | 同樂會多一包薯條，大家猜拳小寶贏了 | 很高興跟大家分享 |
| | | | | 囂張自己猜拳贏了 |
| | | | | 炫耀自己猜贏了罵同學很遜 |
| | 生氣 | 國語考卷 | 要考試，小寶不會寫 | 不要寫這爛考卷 |
| | | | | 想拿到資源班請老師教他 |
| | | | | 把考卷撕掉不寫 |
| | 生氣 | 拼圖少一塊 | 少了一塊拼圖 | 怪罪姊姊偷拿他的拼圖 |
| | | | | 把東西亂摔 |
| | | | | 央求姊姊幫他一起找拼圖 |
| | 害怕 | 我生病了 | 妹妹感冒了 | 很用力的把姊姊的手甩開 |
| | | | | 罵姊姊多管閒事，要帶他去看醫生 |
| | | | | 說自己很害怕不敢去看醫生 |
| | 難過 | 大會舞 | 大會舞到了，大家卻沒練習好 | 說自己太累了想休息一下 |
| | | | | 哭鬧 |
| | | | | 丟彩球說不要跳了 |
| | 難過 | 買肉包 | 小寶幫小好去教室幫她拿錢包卻被阿福誤會 | 被誤會而生氣的罵阿福 |
| | | | | 難過的大哭 |
| | | | | 請阿福一同前往福利社找小好說清楚 |

part 1

part 2

part 3

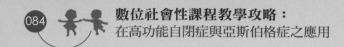

（續上表）

| 層次 | 情緒 | 單元名稱 | 故事內容 | 情緒、行為結果 |
|---|---|---|---|---|
| 想望 | 高興 | 幫忙做晚餐 | 晚餐時間只剩下苦瓜和紅蘿蔔，小好不想吃苦瓜 | 覺得很開心不用吃苦瓜 |
| | | | | 得意的覺得一定是媽媽知道自己不愛苦瓜 |
| | | | | 很開心的忘了自己要幫忙 |
| | 難過 | 我想要電子手錶 | 大家抽獎品，小寶沒抽到想要的 | 好爛唷！怎麼會是這個 |
| | | | | 搶人家的手錶 |
| | | | | 把戳戳樂丟到地板上 |
| | 難過 | 校外教學 | 不想要去天文館，卻要去天文館 | 發表自己的意見讓老師知道 |
| | | | | 推桌子搖椅子，耍賴說要去動物園 |
| | | | | 說天文館是爛地方，沒什麼好去的 |
| | 難過 | 我想要搭高鐵 | 要去看外公外婆，想搭搭看高鐵 | 跟媽媽商量沒搭過高鐵，想要搭搭看 |
| | | | | 跟媽媽撒嬌說要搭高鐵 |
| | | | | 跟媽媽頂嘴（遷怒、怪罪） |
| | 害怕 | 桌球考試 | 不會打桌球所以不想打桌球 | 怪同學亂發球，害他接不到 |
| | | | | 說自己接不到球 |
| | | | | 發脾氣不想打桌球 |
| 信念 | 高興 | 整潔比賽 | 相信自己整潔比賽一定可以得名而得到飲料 | 消遣同學太髒沒拿到 |
| | | | | 撞到人，飲料倒了 |
| | | | | YA！我拿到飲料了 |
| | 高興 | 錢包遺失 | 姊姊想買早餐，卻發現錢包不見了 | 姊姊向妹妹道謝 |
| | | | | 自顧自的歡呼可以買早餐 |
| | | | | 懷疑人家偷拿她的錢 |
| | 難過 | 查字典 | 相信自己查字典很拿手，但事實不是如此 | 怎麼那麼多錯字 |
| | | | | 耍賴不訂正還撕本子 |
| | | | | 認為老師不相信他，罵老師 |

（續上表）

| 層次 | 情緒 | 單元名稱 | 故事內容 | 情緒、行為結果 |
|---|---|---|---|---|
| 信念 | 害怕 | 大隊接力 | 害怕跑輸 | 請小靜教他 |
| | | | | 說自己一定會跑輸，要請假不來學校 |
| | | | | 不斷的用力搓自己的手 |
| 初級錯誤信念 | 難過 | 故事書 | 同學還的故事書不見了 | 請同學再幫他找找 |
| | | | | 罵人家小偷 |
| | | | | 怪罪同學害他書不見了 |
| | 高興 | 蘿蔔湯 | 媽媽晚上要煮紅蘿蔔湯卻變成玉米湯 | 問媽媽為什麼煮玉米湯 |
| | | | | 把湯舀起來玩 |
| | | | | 跳來跳去，說自己不是兔子，不用吃紅蘿蔔 |
| 次級錯誤信念 | 焦慮／愧疚／驚訝／不屑 | 換教室 | 要去上課卻不是在原教室 | 進教室很大聲的質問同學 |
| | | | | 在原地等同學來找她，並訝異同學為何知道換教室 |
| | | | | 在原地等同學來找她，卻被同學說懶得來找她 |
| | 慶幸 | 考跳繩 | 原本要考跳繩卻突然不用考了 | 覺得自己很幸運又逃過一回 |
| | | | | 覺得老師不早說害她緊張 |
| | | | | 覺得很幸運但還是要努力練習 |
| 複雜情緒 | 尷尬 | 大掃除 | 大掃除小好說自己的櫃子很乾淨，老師反諷可以種田 | 不好意思的搔搔頭說：被發現了 |
| | | | | 說自己很棒，只有自己的可以種田 |
| | | | | 質問老師是不是罵他 |
| | 尷尬 | 數學考試 | 考試數學考不好，卻以為自己考很好 | 尷尬的笑一笑 |
| | | | | 質問老師是不是改錯考卷 |
| | | | | 哈哈～我就知道我真不簡單 |

part 1

part 2

part 3

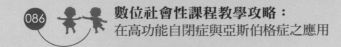

（續上表）

| 層次 | 情緒 | 單元名稱 | 故事內容 | 情緒、行為結果 |
|------|------|----------|----------|----------------|
| 複雜情緒 | 慶幸 | 洗碗 | 妹妹應該要洗碗，卻因為意外而不用洗 | 妹妹僥倖有人幫他 |
| | | | | 妹妹罵姊姊愛告狀 |
| | | | | 妹妹認錯，下次應該要把事情做完才對 |
| | 愧疚 | 借圍巾 | 跟姊姊借圍巾即便姊姊叮嚀卻還是弄丟了 | 跟姊姊道歉說自己不是故意的 |
| | | | | 覺得姊姊為了一條圍巾跟自己大小聲 |
| | | | | 覺得上次弄丟的不是圍巾，怎麼可以說「又」弄丟了 |
| | 尷尬 | 你考幾分 | 阿福考不好被小寶嘲笑 | 說小寶很過分 |
| | | | | 說小寶是討厭鬼 |
| | | | | 阿福：關你什麼事，你以為你很厲害啊？ |

## 附錄 3 　動畫版單元內容對照表

| 層次 | 情緒 | 單元名稱 | 故事內容 | 情緒、行為結果 |
|---|---|---|---|---|
| 情境 | 高興 | 新蠟筆 | 小寶的蠟筆斷掉了，媽媽又給了他一支新的 | 小寶很高興又有了一支新蠟筆，為此歡呼 |
| | | | | 小寶很感激媽媽，大聲的對媽媽說明他的感謝 |
| | | | | 小寶高興過頭亂跳亂踢弄破花瓶 |
| | | | | 小寶心裡很開心卻假裝不在意，並執意要原來的蠟筆 |
| | 難過 | 釣魚 | 課堂比賽釣魚 | 小寶向老師敘述自己的心情——沮喪 |
| | | | | 小寶自責地打自己的頭 |
| | | | | 小寶把釣不到魚的怒意轉向阿福 |
| | | | | 小寶鼓勵自己一定可以成功 |
| | 生氣 | 萬聖節 | 小寶被小胖嚇一大跳 | 小寶破壞小胖的面具 |
| | | | | 小寶向老師說明小胖嚇他，讓他很火大 |
| | | | | 小寶向小胖吐口水 |
| | | | | 小寶揮空拳發脾氣 |
| | 害怕 | 說故事 | 小寶還沒準備好上臺說故事 | 小寶趴在桌上哭 |
| | | | | 小寶走到窗邊深呼吸 |
| | | | | 小寶把書丟到地上逃避工作 |
| | | | | 小寶害怕的把書摳破，並弄傷手指哭泣 |

part 1

part 2

part 3

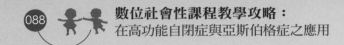
（續上表）

| 層次 | 情緒 | 單元名稱 | 故事內容 | 情緒、行為結果 |
|------|------|----------|----------|----------------|
| 情境 | 害怕 | 同學送的生日禮物 | 小寶最害怕蟑螂 | 小寶嚇得丟下蟑螂，跑進教室 |
| | | | | 小寶把蟑螂丟到地上，跑到角落深呼吸 |
| | | | | 小寶很害怕，不斷尖叫 |
| | | | | 小寶把蟑螂丟到阿福身上，和阿福起爭執 |
| | 害怕 | 一個人睡覺 | 小寶不敢一個人睡覺 | 小寶希望媽媽可以給他小熊布偶 |
| | | | | 小寶怪罪媽媽認為他是故意讓他緊張 |
| | | | | 小寶希望媽媽幫他開小燈睡覺 |
| | | | | 小寶無理取鬧亂哭亂叫認為媽媽處罰他 |
| 想望 | 難過 | 討厭青椒 | 小寶討厭青椒 | 小寶出現哭鬧情緒，打翻便當 |
| | | | | 小寶亂罵一通，惹老師生氣 |
| | | | | 小寶很害怕，請小胖幫他吃 |
| | | | | 小寶很害怕，告訴老師說自己不敢吃青椒 |
| | 高興 | 撲克牌 | 小寶想玩遊戲，同學選擇玩撲克牌 | 小寶和同學一起玩撲克牌 |
| | | | | 小寶拿出撲克牌和同學一起玩 |
| | | | | 小寶表現出很臭屁的樣子 |
| | | | | 小寶很高興，但沒有禮貌取笑別人 |
| | 難過 | 我想吃雞腿飯 | 爸爸買的不是雞腿飯 | 小寶很難過，邊踩腳邊告訴爸爸說自己的感覺 |
| | | | | 小寶想雖然不是雞腿飯，但至少不是麵就好 |
| | | | | 小寶很難過，大聲的抱怨爸爸 |
| | | | | 小寶跑到房間把門鎖起來，大哭大叫 |

（續上表）

| 層次 | 情緒 | 單元名稱 | 故事內容 | 情緒、行為結果 |
|---|---|---|---|---|
| 想望 | 難過 | 放風箏 | 小寶想要放風箏，不想騎腳踏車 | 小寶很難過，但還是想要嘗試看看 |
| | | | | 小寶很難過，但還是接受風箏壞掉的事實 |
| | | | | 小寶很難過，大聲的怪罪爸爸 |
| | | | | 小寶很難過，大哭大鬧不願意出門 |
| 信念 | 生氣 | 打電動 | 電動壞掉了 | 小寶很生氣，於是亂丟其他的光碟片 |
| | | | | 小寶很生氣，對著爸爸臭罵一頓 |
| | | | | 小寶很生氣，並告訴爸爸現在的心情 |
| | | | | 小寶很生氣，並詢問爸爸怎麼辦 |
| | 生氣 | 一起去騎腳踏車 | 阿福遲到了 | 小寶和小胖看到阿福，卻不想理他 |
| | | | | 小寶生氣的對著阿福大罵 |
| | | | | 小寶直接踢倒阿福的腳踏車 |
| | | | | 小寶漲紅著臉罵阿福 |
| | 害怕 | 打躲避球 | 不想在場內 | 小寶難過的告訴老師 |
| | | | | 小寶把躲避球當作是練習 |
| | | | | 小寶很難過，並仰天大叫 |
| | | | | 小寶很難過，並躺在地上耍賴 |
| | 難過 | 分組活動 | 害怕自己是一個人沒組別 | 小寶很難過，到男老師面前一邊吵一邊哭 |
| | | | | 小寶很難過，垂頭喪氣走到樹下 |
| | | | | 小寶很難過，對著同學一邊罵一邊哭 |
| | | | | 小寶很難過，並尋求男老師協助 |

part 1

part 2

part 3

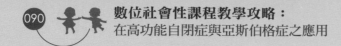
（續上表）

| 層次 | 情緒 | 單元名稱 | 故事內容 | 情緒、行為結果 |
|---|---|---|---|---|
| 信念 | 難過 | 滔滔不絕 | 小寶一直講自己喜歡的恐龍，卻忘記別人的感受 | 小寶一個人默默的哭泣 |
| | | | | 小寶開始大叫 |
| | | | | 小寶怪罪同學 |
| | | | | 他們不喜歡，我下次說別的好了（「既然他們聽煩了，那我下次說別的」） |
| | 害怕 | 大會操 | 男老師宣布運動會即將舉行的表演 | 小寶焦慮的告訴老師 |
| | | | | 小寶臉色發白的問小靜（尋求小靜協助） |
| | | | | 小寶很焦慮，並仰天大叫 |
| | | | | 小寶很焦慮，並怪罪老師 |
| 初級錯誤信念 | 高興／焦慮 | 自然考卷 | 老師宣布考試方向，後來卻改了 | 舉手問老師 |
| | | | | 說先寫選擇題 |
| | | | | 說老師故意讓自己考爛 |
| | | | | 撕考卷 |
| | 討厭 | 分組打球 | 小寶和小靜說好不要跟小美一組，後來卻分在同組 | 說我們要認真一點 |
| | | | | 小聲詢問小靜 |
| | | | | 說與小美不同組 |
| | | | | 說不和小美一組 |
| | 高興／疑惑 | 巧克力蛋糕 | 桌上的巧克力蛋糕不見了 | 問蛋糕在哪裡 |
| | | | | 向哥哥道謝 |
| | | | | 說哥哥亂動蛋糕 |
| 次級錯誤信念 | 焦慮／愧疚／驚訝／委屈／生氣／尷尬 | 樹下乘涼 | 約好在草地上乘涼，回來卻沒看到人 | 覺得阿福可能在草地上等他 |
| | | | | 說阿福去太平洋買飲料 |
| | | | | 覺得阿福去買太久 |
| | | | | 覺得小寶讓他等太久 |
| | 焦慮 | 中正紀念堂 | 約好在魚池見面卻沒看到人 | 說小寶亂跑 |
| | | | | 推小寶一把 |
| | | | | 抓住小寶衣領 |

（續上表）

| 層次 | 情緒 | 單元名稱 | 故事內容 | 情緒、行為結果 |
|---|---|---|---|---|
| 複雜情緒 | 愧疚 | 借蠟筆 | 小寶想要紅色蠟筆卻未告知小胖而取用 | 小寶很有禮貌的道歉並對小胖說 |
| | | | | 小寶對小胖補說：「借我一下唷」 |
| | | | | 小寶很沒禮貌，罵小胖小氣 |
| | | | | 小寶很沒禮貌，叫小胖給他 |
| | 慶幸 | 檢查作業 | 小寶忘了寫作業，老師也忘了收作業 | 小寶不斷的輕拍胸口（好加在好加在⋯⋯） |
| | | | | 小寶鬆了一口氣（以後不敢不寫日記） |
| | | | | 小寶高興的扭腰擺臀 |
| | | | | 小寶開心的哈哈大笑 |

part 1

part 2

part 3

# 影片版行為歸納原則說明表

附錄 **4**

| 分數 | 歸納原則 | 原則說明 | 層次 | 情緒 | 單元名稱 | 行為選項摘要 |
|---|---|---|---|---|---|---|
| | | | | | **行為列舉** | |
| 20～39 負向行為 | 動作攻擊 | 以肢體或外物攻擊他人的危險行為 | 想望 | 難過 | 我想要電子手錶 | 搶人家的手錶 |
| | 破壞物品 | 以肢體或外物破壞物品 | 情境 | 生氣 | 國語考卷 | 撕考卷 |
| | | | 情境 | 生氣 | 拼圖少一塊 | 破壞拼圖 |
| | | | 想望 | 難過 | 我想要電子手錶 | 把飛機戰樂丟在地上 |
| | | | 信念 | 難過 | 查字典 | 撕本子 |
| | 哭鬧、大叫 | 過度放縱自己大叫大鬧，亦干擾到他人 | 情境 | 難過 | 大會舞 | 哭鬧 |
| | 遷怒、怪罪、抱怨（對師長） | 無理地將自己負向情緒遷移到長輩身上 | 想望 | 難過 | 我想要搭高鐵 | 怪罪媽媽 |
| | | | 信念 | 難過 | 查字典 | 罵老師 |
| | | | 次級 | 慶幸 | 考跳繩 | 抱怨老師不早點說 |
| 40～59 錯誤反應 | 口語攻擊 | 透過口語批評、責備、嘲笑他人 | 情境 | 難過 | 買肉包 | 被誤會而生氣的罵阿福 |
| | | | 初級 | 難過 | 故事書 | 罵同學小偷 |

（續上表）

| 分數 | 歸納原則 | 原則說明 | 行為列舉 | | | |
|---|---|---|---|---|---|---|
| | | | 層次 | 情緒 | 單元名稱 | 行為選項摘要 |
| 40～59 錯誤反應 | 耍賴、逃避、嫌棄、排擠 | 無法接受事實而出現不接受（耍賴）、規避責任、嫌棄，甚至排擠他人的行為 | 情境 | 生氣 | 國語考卷 | 不要寫這爛考卷 |
| | | | 情境 | 難過 | 大會舞 | 丟彩球說不要跳了 |
| | | | 想望 | 難過 | 校外教學 | 耍賴說要去動物園 |
| | | | 想望 | 難過 | 校外教學 | 說天文館是爛地方 |
| | | | 想望 | 害怕 | 桌球考試 | 丟球，說不要打了 |
| | | | 信念 | 害怕 | 大隊接力 | 說自己要請假不來學校 |
| | 不知反省、不認錯 | 有錯在先卻不認錯，不知反省，反而出現不當行為 | 複雜情緒 | 愧疚 | 借圍巾 | 覺得姊姊為了一條圍巾跟自己大小聲 |
| | | | 複雜情緒 | 愧疚 | 借圍巾 | 覺得上次丟弄不見是弟弟的，不可以用「又」 |
| | 過度焦慮、負向思考 | 因焦慮感或負向思考引起的不當行為反應 | 信念 | 害怕 | 大隊接力 | 搓手 |
| | 遷怒、怪罪、抱怨（對同儕） | 無理的將自己負向情緒遷移到同儕身上 | 情境 | 生氣 | 拼圖少一塊 | 怪罪姊姊偷拿拼圖 |
| | | | 情境 | 害怕 | 我生病了 | 怪罪姊姊多管閒事 |
| | | | 想望 | 害怕 | 桌球考試 | 怪罪同學亂發球，害他接不到 |
| | | | 信念 | 高興 | 整潔比賽 | 撞到人，飲料灑倒了 |

part 1

part 2

part 3

（續上表）

| 分數 | 歸納原則 | 原則說明 | 層次 | 情緒 | 單元名稱 | 行為選項摘要 |
|---|---|---|---|---|---|---|
| 40～59<br>錯誤反應 | 遷怒、怪罪、抱怨（對同儕） | 無理的將自己負向情緒遷移到同儕身上 | 信念 | 高興 | 錢包遺失 | 懷疑妹妹偷錢包 |
| | | | 初級 | 難過 | 故事書 | 怪罪同學害他的書不見了 |
| | | | 複雜 | 慶幸 | 洗碗 | 怪罪姊姊愛告狀 |
| | 得意忘形 | 樂極生悲：由於過度高興而沒有分寸，反而造成不好的結果 | 想望 | 高興 | 幫忙做晚餐 | 很開心的忘了自己要幫忙 |
| | | | 初級 | 高興 | 蘿蔔湯 | 把湯勺起來玩 |
| | | | 初級 | 高興 | 蘿蔔湯 | 跳來跳去撞到媽媽 |
| | 自大（過度臭屁、囂張）、炫耀 | 口語、肢體上表現臭屁、行為囂張 | 情境 | 高興 | 我得獎了 | 覺得自己很了不起 |
| | | | 情境 | 高興 | 我得獎了 | 很驕傲的說自己只是隨便畫畫 |
| | | | 情境 | 高興 | 多一包薯條 | 囂張自己猜拳贏了 |
| | | | 情境 | 高興 | 多一包薯條 | 炫耀自己拿到薯條，罵同學遜 |
| | 任性（言不由衷） | 言不由衷 | 信念 | 高興 | 整潔比賽 | 說同學大聲了 |
| | | | 情境 | 害怕 | 我生病了 | 很用力的把姊姊的手甩開 |

（續上表）

| 分數 | 歸納原則 | 原則說明 | 行為列舉 | | | |
|---|---|---|---|---|---|---|
| | | | 層次 | 情緒 | 單元名稱 | 行為選項摘要 |
| 60~79 消極情緒反應 | 僥倖 | 幸運地逃避應負的責任 | 次級 | 慶幸 | 考跳繩 | 覺得自己很幸運又逃過一劫 |
| | 沒禮貌 | 接受他人幫助或贈與，卻沒有禮貌 | 複雜 | 慶幸 | 洗碗 | 僥倖有人幫忙 |
| | | | 信念 | 高興 | 錢包遺失 | 自顧自的歡呼可以買早餐，忘了道謝 |
| | 不理人、反駁、離開現場 | 面臨引起不悅的人事物，選擇忽略、離開 | 複雜 | 尷尬 | 你考幾分 | 關你什麼事呀！你以為你很厲害 |
| | | | 複雜 | 尷尬 | 你考幾分 | 說小資討厭鬼 |
| | 適度發洩情緒 | 依照自己當下的情緒發洩，既不嘗試轉換情緒，亦無干擾他人 | 情境 | 難過 | 買肉包 | 難過得哭了出來 |
| 80~99 正向行為 | 反省認錯 | 有錯在先並且認錯反省 | 複雜 | 慶幸 | 洗碗 | 認錯，認為下次應該要先把事情做完 |
| | | | 複雜 | 慚愧 | 借園巾 | 道歉 |
| | 表達情緒或意見 | 將自己的情緒和想法以他人能接受的方式表達出來 | 情境 | 害怕 | 我生病了 | 說自己害怕不敢去 |
| | | | 情境 | 難過 | 大會舞 | 說自己太累了想休息一下 |
| | | | 想望 | 高興 | 幫忙做晚餐 | 得意的覺得媽媽知道自己不愛吃苦瓜 |
| | | | 想望 | 高興 | 幫忙做晚餐 | 覺得很開心不用吃苦瓜 |

part 1　part 2　part 3

（續上表）

| 分數 | 歸納原則 | 原則說明 | 行為列舉 | | | |
| --- | --- | --- | --- | --- | --- | --- |
| | | | 單元名稱 | 情緒 | 層次 | 行為選項摘要 |
| 80～99 正向行為 | 表達情緒或意見 | 將自己的情緒和想法以他人能接受的方式表達出來 | 我想要電子手錶 | 難過 | 想望 | 好爛喔！怎麼會是這個 |
| | | | 校外教學 | 難過 | 想望 | 發表自己的意見讓老師知道 |
| | | | 我想要搭高鐵 | 難過 | 想望 | 跟媽媽撒嬌說想搭高鐵 |
| | | | 桌球考試 | 害怕 | 想望 | 說自己接不到球 |
| | | | 整潔比賽 | 高興 | 信念 | YA！我拿到飲料了 |
| | | | 查字典 | 難過 | 信念 | 怎麼這麼多錯字 |
| | | | 蘿蔔湯 | 高興 | 初級 | 詢問媽媽為什麼煮玉米湯 |
| | | | 你考幾分 | 尷尬 | 複雜 | 說小寶過分 |
| | 尋求他人協助 | 尋求他人幫忙解決自己面臨的問題 | 國語考卷 | 生氣 | 情境 | 請資源班老師幫忙 |
| | | | 拼圖少一塊 | 生氣 | 情境 | 請姊姊幫忙找拼圖 |
| | | | 大隊接力 | 害怕 | 信念 | 請小靜教他 |
| | | | 故事書 | 難過 | 初級 | 請同學幫忙找一找 |
| | | | 考跳繩 | 慶幸 | 次級 | 請阿福教跳繩 |

（續上表）

| 分數 | 歸納原則 | 原則說明 | 行為列舉 | | | | 行為選項摘要 |
|---|---|---|---|---|---|---|---|
| | | | 層次 | 情緒 | 單元名稱 | | |
| 100 主動積極正向行為 | 嘗試解決問題、克服難處 | • 想辦法解決自己的困難之處（例：怕黑、怕空地……）<br>• 當試解決問題：遇到問題時，嘗試找出策略解決 | 情境 | 難過 | 買肉包 | | 請阿福一同前往福利社找小好說清楚 |
| | 感激（謝）、有禮貌 | 接受幫助或贈與而心存感激，向他人道謝 | 信念 | 高興 | 錢包遺失 | | 向妹妹道謝 |
| | | | 情境 | 高興 | 我得獎了 | | 要趕快向美勞老師報喜 |
| | 主動分享 | 與他人分享自己的事物 | 情境 | 高興 | 多一包薯條 | | 主動分享薯條 |
| | 適當的說服 | 以他人能接受的理由嘗試說服他人 | 想望 | 難過 | 我想要搭高鐵 | | 跟媽媽商量沒搭過高鐵，想搭搭看 |

part 1　part 2　part 3

# 附錄5　動畫版行為歸納原則說明表

| 分數 | 歸納原則 | 原則說明 | 行為列舉 | | | |
|---|---|---|---|---|---|---|
| | | | 層次 | 情緒 | 單元名稱 | 行為選項摘要 |
| 20～39 負向行為 | 動作攻擊 | 以肢體或外物攻擊他人的危險行為 | 情境 | 難過 | 釣魚 | 打阿福 |
| | | | 情境 | 生氣 | 萬聖節 | 對小胖吐口水 |
| | | | 情境 | 害怕 | 同學送的生日禮物 | 把蟑螂丟到阿福身上攻擊 |
| | | | 次級 | 焦慮 | 中正紀念堂 | 抓小寶的衣領 |
| | | | 次級 | 焦慮 | 中正紀念堂 | 推小寶 |
| | 自我傷害（危險行為） | 對自己出現肢體傷害的危險行為 | 情境 | 難過 | 釣魚 | 自責地打自己的頭 |
| | | | 情境 | 害怕 | 說故事 | 摳書摳到手破皮 |
| | 破壞物品 | 以肢體或外物破壞物品 | 情境 | 生氣 | 萬聖節 | 破壞小胖的面具 |
| | | | 想法 | 難過 | 討厭青椒 | 打翻便當 |
| | | | 信念 | 生氣 | 打電動 | 亂丟光碟片 |
| | | | 信念 | 生氣 | 一起去騎腳踏車 | 直接踢倒阿福的腳踏車 |
| | | | 初級 | 高興／焦慮 | 自然考卷 | 撕考卷 |

（續上表）

| 分數 | 歸納原則 | 原則說明 | 層次 | 情緒 | 行為列舉 單元名稱 | 行為列舉 行為選項摘要 |
|---|---|---|---|---|---|---|
| 20～39 負向行為 | 哭鬧、大叫 | 過度放縱自己大叫大鬧，亦干擾到他人 | 情境 | 害怕 | 同學送的生日禮物 | 不斷尖叫 |
| | | | 想望 | 難過 | 放風箏 | 大哭大鬧不願意出門 |
| | | | 信念 | 害怕 | 大會操 | 大叫大鬧地說運動會很爛 |
| | 遷怒、怪罪、抱怨（對師長） | 無理地將自己負向情緒遷移到長輩身上 | 情境 | 害怕 | 一個人睡覺 | 怪罪媽媽 |
| | | | 想望 | 難過 | 討厭青椒 | 責怪老師 |
| | | | 想望 | 難過 | 我想吃雞腿飯 | 抱怨爸爸 |
| | | | 想望 | 難過 | 放風箏 | 怪罪爸爸 |
| | | | 信念 | 生氣 | 打電動 | 臭罵爸爸 |
| | | | 信念 | 害怕 | 打躲避球 | 遷怒老師 |
| | | | 信念 | 難過 | 分組活動 | 遷怒老師 |
| | | | 信念 | 害怕 | 大會操 | 怪罪老師 |
| | | | 初級 | 高興／焦慮 | 自然考考 | 遷怒老師故意讓自己考很爛 |
| 40～59 錯誤反應 | 口語攻擊 | 透過口語批評、責備、嘲笑他人 | 想望 | 高興 | 撲克牌 | 取笑他人 |
| | | | 信念 | 生氣 | 一起去騎腳踏車 | 大聲責罵阿禍遲到 |
| | 耍賴、逃避、嫌棄、排擠 | 無法接受事實而出現不接受（耍賴）、規避責任、嫌棄，甚至排擠他人的行為 | 情境 | 害怕 | 說故事 | 把書丟到地上不想上臺說故事 |
| | | | 想望 | 難過 | 我想吃雞腿飯 | 躲到房間反鎖房門 |

part 1 part 2 part 3

（續上表）

| 分數 | 歸納原則 | 原則說明 | 層次 | 情緒 | 行為列舉 | |
|---|---|---|---|---|---|---|
| | | | | | 單元名稱 | 行為選項摘要 |
| 40～59 錯誤反應 | 耍賴、逃避、嫌棄、排擠 | 無法接受受事實而出現不接受（耍賴）、規避責任、嫌棄、甚至排擠他人的行為 | 初級 | 討厭 | 分組打球 | 說不要和小美一組 |
| | | | 初級 | 討厭 | 分組打球 | 說與小美不同組 |
| | 不知反省、不認錯 | 有錯在先卻不認錯，不知反省，反而出現不當行為 | 複雜 | 愧疚 | 借蠟筆 | 罵小胖小氣 |
| | | | 複雜 | 慶幸 | 檢查作業 | 高興地扭腰擺臀 |
| | | | 複雜 | 慶幸 | 檢查作業 | 開心地哈哈大笑 |
| | 過度焦慮、負向思考 | 因焦慮感或負向思考引起的不當行為反應 | 情境 | 害怕 | 一個人睡覺 | 不斷哭開 |
| | | | 信念 | 難過 | 活語不絕 | 別人不喜歡聽我說話 |
| | 不合作 | 無法尊重大家的決定而出現不配合、不多與的干擾行為 | 信念 | 害怕 | 打躲避球 | 躺在地上阻撓大家打球 |
| | 遷怒、怪罪、抱怨（對同儕） | 無理的將自己負面情緒遷移到同儕身上 | 信念 | 難過 | 分組活動 | 遷怒同學 |
| | | | 信念 | 難過 | 活話不絕 | 怪罪同學 |
| | 得意忘形 | 樂極生悲、由於過度高興而沒有分寸，反而造成不好的結果 | 初級 | 高興／疑惑 | 巧克力蛋糕 | 說可可亂動蛋糕 |
| | | | 情境 | 高興 | 新蠟筆 | 高興過頭踢破花瓶 |
| | 自大（過度臭屁、囂張）、炫耀 | 口語、肢體上表現臭屁、行為囂張 | 想望 | 高興 | 撲克牌 | 臭屁 |
| | 任性（言不由衷） | 言不由衷 | 情境 | 高興 | 新蠟筆 | 心裡開心卻假裝不在意，執意要原來的蠟筆 |

（續上表）

| 分數 | 歸納原則 | 原則說明 | 層次 | 情緒 | 單元名稱 | 行為選項摘要 |
|---|---|---|---|---|---|---|
| 60～79 消極情緒反應 | 僥倖 | 幸運地逃避應負的責任 | 複雜 | 慶幸 | 檢查作業 | 輕拍胸口說：「好加在！」 |
| | 沒禮貌 | 接受他人幫助或贈與，卻沒有禮貌 | 複雜 | 愧疚 | 借蠟筆 | 沒禮貌的叫小胖給他蠟筆 |
| | 反駁、不理人、離開現場 | 面臨引起不悅的人事物，選擇忽略、離開 | 情境 | 害怕 | 同學送的生日禮物 | 丟下蟑螂跑回教室 |
| | | | 信念 | 生氣 | 一起去騎腳踏車 | 不理遲到的阿福 |
| | 適度發洩情緒 | 依照自己當下的情緒發洩，既不嘗試轉換情緒，亦無干擾他人 | 情境 | 生氣 | 萬聖節 | 揮空拳發脾氣 |
| | | | 情境 | 害怕 | 說故事 | 趴在桌上哭泣 |
| | | | 信念 | 難過 | 分組活動 | 走到樹下哭泣 |
| | | | 信念 | 難過 | 滔滔不絕 | 一個人默默哭泣 |
| 80～99 正向行為 | 反省認錯 | 有錯在先並且認錯反省 | 複雜 | 愧疚 | 借蠟筆 | 向小胖道歉 |
| | | | 複雜 | 慶幸 | 檢查作業 | 說：「以後不敢不寫作業了」 |
| | 表達情緒或意見 | 將自己的情緒和想法以他人能接受的方式表達出來 | 情境 | 高興 | 新蠟筆 | 高興歡呼 |
| | | | 情境 | 難過 | 釣魚 | 向老師說自己釣不到魚很生氣 |
| | | | 情境 | 生氣 | 萬聖節 | 向老師說小胖嚇人，很生氣 |
| | | | 想望 | 難過 | 討厭青椒 | 告訴老師自己不敢吃青椒 |

part 1　part 2　part 3

（續上表）

| 分數 | 歸納原則 | 原則說明 | 行為列舉 | | | |
|---|---|---|---|---|---|---|
| | | | 層次 | 情緒 | 單元名稱 | 行為選項摘要 |
| 80～99 正向行為 | 表達情緒或意見 | 將自己的情緒和想法以他人能接受的方式表達出來 | 想望 | 難過 | 我想吃雞腿飯 | 邊跺腳邊告訴爸爸自己的感覺 |
| | | | 信念 | 生氣 | 打電動 | 告訴爸爸自己現在的感覺 |
| | | | 信念 | 生氣 | 一起去騎腳踏車 | 向阿福表達自己不滿的心情 |
| | | | 信念 | 害怕 | 打棒球躲球 | 向老師說不想打球 |
| | | | 信念 | 害怕 | 大會操 | 告訴老師 |
| | | | 次級 | 焦慮 | 中正紀念堂 | 詢問小寶到處亂跑一事 |
| | | | 複雜 | 慚愧 | 借蠟筆 | 對小胖補說：「借我一下好嗎！」 |
| | 尋求他人協助 | 尋求他人幫忙解決自己面臨的問題 | 想望 | 難過 | 討厭青椒 | 請小胖幫忙吃 |
| | | | 信念 | 生氣 | 打電動 | 詢問爸爸該怎麼解決 |
| | | | 信念 | 難過 | 分組活動 | 尋求老師協助 |
| | | | 信念 | 害怕 | 大會操 | 請小靜幫忙 |
| | | | 初級 | 高興／焦慮 | 自然考卷 | 舉手問老師原因 |
| | | | 初級 | 討厭 | 分組打球 | 小聲詢問小靜原因 |

（續上表）

| 分數 | 歸納原則 | 原則說明 | 行為列舉 | | | |
|---|---|---|---|---|---|---|
| | | | 層次 | 情緒 | 單元名稱 | 行為選項摘要 |
| 80～99<br>正向行為 | 尋求他人協助 | 尋求他人幫忙解決自己面臨的問題 | 初級 | 高興／疑惑 | 巧克力蛋糕 | 詢問巧克力蛋糕在哪裡 |
| | 緩和情緒、放鬆行為 | 能以緩和、放鬆技術平緩自己的負向情緒 | 情境 | 害怕 | 說故事 | 走到窗邊深呼吸 |
| | | | 情境 | 害怕 | 同學送的生日禮物 | 跑到角落深呼吸 |
| | 換個角度想（彈性調整） | 面對事件發生，能換個角度思考，讓自己以正向態度面對，甚至彈性調整 | 想望 | 難過 | 我想吃雞腿飯 | 反正不是麵就好 |
| | | | 信念 | 害怕 | 打躲避球 | 把躲避球當作是練習吧 |
| | | | 信念 | 難過 | 滔滔不絕 | 同學不喜歡聽，下次說別的 |
| | 合作或參與 | 尊重大家的決定，參與團體活動 | 想望 | 高興 | 撲克牌 | 和同學一起玩撲克牌 |
| | | | 初級 | 討厭 | 分組打球 | 接受分組並正視我們要認真一點 |
| 100<br>主動積極正向行為 | 嘗試解決問題、克服難處 | • 克服難處：已知為自己困難之處，而能想辦法解決<br>• 嘗試解決問題：遇到問題時，嘗試找出策略解決 | 情境 | 難過 | 釣魚 | 鼓勵自己多練習可以成功 |
| | | | 情境 | 害怕 | 一個人睡覺 | 請媽媽幫忙開小燈 |
| | | | 情境 | 害怕 | 一個人睡覺 | 請媽媽給他小熊布偶 |
| | | | 想望 | 難過 | 放風箏 | 嘗試修理壞掉的風箏 |

part 1　part 2　part 3

（續上表）

| 分數 | 歸納原則 | 原則說明 | 行為列舉 | | | |
|---|---|---|---|---|---|---|
| | | | 層次 | 情緒 | 單元名稱 | 行為選項摘要 |
| 100 主動積極正向行為 | 嘗試解決問題、克服難處 | • 克服難處：已知其為自己困難之處，而能想辦法解決<br>• 嘗試解決問題：遇到問題時，嘗試找出策略解決 | 初級 | 高興／焦慮 | 自然考卷 | 先寫選擇題 |
| | 接受事實 | 坦然面對且接受事實結果（即使是不好的） | 想望 | 難過 | 放風箏 | 接受風箏壞掉的事實 |
| | 感激（謝）、有禮貌 | 接受幫助或贈與而心存感激，向他人道謝 | 情境 | 高興 | 新蠟筆 | 對媽媽表達感謝 |
| | | | 初級 | 高興／疑惑 | 巧克力蛋糕 | 向哥哥道謝 |
| | 主動分享 | 與他人分享自己的事物 | 想望 | 高興 | 撲克牌 | 拿出自己的撲克牌和同學玩 |

# 附錄 6　影片版行為歸納原則分布表

| 層次／情境<br>情緒／單元名稱 | 負向行為<br>20～39<br>動作攻擊 | 破壞物品 | 哭鬧、大叫 | 遷怒、怪罪、抱怨（對師長） | 錯誤反應<br>40～59<br>口語攻擊 | 要賴、逃避、嫌棄、排擠 | 不知反省、不認錯 | 過度焦慮、負向思考 | 遷怒、怪罪、抱怨（對同儕） | 得意忘形 | 自大（過度臭屁、囂張）、炫耀 | 任性（言不由衷） | 消極情緒反應<br>60～79<br>傲慢 | 沒禮貌 | 反駁、不理人、離開現場 | 適度發洩情緒 | 正向行為<br>80～99<br>反省認錯 | 表達情緒或意見 | 尋求他人協助 | 合作或參與 | 主動積極正向行為<br>100<br>嘗試解決問題、克服難處 | 感激（謝）、有禮貌 | 主動分享 | 適當的說服 |
|---|---|---|---|---|---|---|---|---|---|---|---|---|---|---|---|---|---|---|---|---|---|---|---|---|
| 情境　高興　我得獎了 | | | | | | | | | | | ◎ | | | | | | | | | | | ○ | | |
| 情境　高興　多一包薯條 | | | | | | | | | | | ◎ | | | | | | | | | | | | ○ | |
| 情境　生氣　國語考卷 | | ○ | | | | ○ | | | | | | | | | | | | | | | | | | |
| 情境　生氣　拼圖少一塊 | | ○ | | | | | ○ | | | | | ○ | | | | | | | | | | | | |
| 情境　害怕　我生病了 | | | ○ | | ○ | | | | | | | | | | | | | | ○ | | | | | |
| 情境　難過　大會舞 | | | ○ | | | | ○ | | | ○ | | | | | | | | ○ | ○ | | | | | |
| 情境　難過　買肉包 | | | | | | | | | | | | | | | | ○ | ○ | ○ | | | ○ | | | |
| 想望　高興　幫忙做晚餐 | ○ | | | | | | | | | | | | | | | | | | | | | | | |
| 想望　難過　我想要電子手錶 | ○ | | | | | ◎ | | | | | | | | | | | | ◎ | | | | | | |
| 想望　難過　校外教學 | | | | | | ○ | | | | | | | | | | | | ○ | | | | | | |
| 想望　難過　我想要搭高鐵 | | | | ○ | | | | | | | | | | | | | | ○ | | | | | | ○ |
| 想望　害怕　桌球考試 | | | | | | | | | | | | | | | | | | ○ | | | | | | |

註：○指此單元有一個行為屬於該行為歸納原則<br>
　　◎指此單元有二個行為屬於該行為歸納原則

（續上表）

| 層次／情緒 | 單元名稱 | 動作攻擊 | 破壞物品 | 哭鬧、大叫 | 遷怒、怪罪、抱怨（對師長） | 口語攻擊 | 耍賴、逃避、嫌棄、排擠 | 不知反省、不認錯 | 過度焦慮、負向思考 | 遷怒、怪罪、抱怨（對同儕） | 得意忘形 | 自大（過度臭屁、囂張）、炫耀 | 任性（言不由衷） | 懶惰 | 沒禮貌 | 反駁、不理人、離開現場 | 適度發洩情緒 | 反省認錯 | 表達情緒或意見 | 尋求他人協助 | 合作或參與 | 嘗試解決問題、克服難處 | 感激（謝）、有禮貌 | 主動分享 | 適當的說服 |
|---|---|---|---|---|---|---|---|---|---|---|---|---|---|---|---|---|---|---|---|---|---|---|---|---|---|
| | | 負向行為 20~39 | | | | 錯誤反應 40~59 | | | | | | | | 消極情緒反應 60~79 | | | | 正向行為 80~99 | | | | 主動積極正向行為 100 | | | |
| 信念 | 整潔比賽（高興） | | | | | | | | | ○ | | ○ | | | | | | | | | | | | | |
| | 幾包遺失（高興） | | | | | | | | | | | | | | | | | | | | | | ○ | | |
| | 查字典（難過） | | ○ | | | | | | | | | | | | | | | | | | | | | | |
| | 大隊接力（害怕） | | | | | | | | | | | | | | | | | | | ○ | | | | | |
| 初級錯誤信念 | 故事書（難過） | | | | | ○ | | | | | | | | | | | | | | | | | | | |
| | 蘿蔔湯（高興） | | | | | | | | | | ◎ | | | | | | | | | ○ | | | | | |
| 次級錯誤信念 | 換教室（焦慮） | | | | | | ○ | | | | | | | | | | | | | | | | | | |
| | （愧疚） | | | | | | | | | | | | | | | | | | | | | | | | |
| | （驚訝） | | | | | | | | | | | | | | ○ | | | | ○ | | | | | | |
| | 不屑 | | | | | | | | | | | | | | | | | | | | | | | | |
| 複雜情緒 | 慶幸（考跳繩） | | | | | | | | | | | | | ○ | | | | | | ○ | | | | | |
| | 大掃除（尷尬） | | | | | | | | | ○ | | | | ○ | | | | | | | | | | | |
| | 教學考試（尷尬） | | | | | | | | | | | | | | | | | | | | | | | | |
| | 洗碗（慶幸） | | | | | | | ◎ | | | | | | | | | | ○ | | | | | | | |
| | 借園巾（愧疚） | | | | | | | | | | | | | | | ◎ | | ○ | | | | | | | |
| | 你考幾分（尷尬） | | | | | | | | | | | | | | | | | | ○ | | | | | | |

註：○指此單元有一個行為來該行為歸納原則
　　◎指此單元有二個行為來該行為歸納原則

# 附錄 7　動畫版行為歸納原則分布表

| 層次／情緒／單元名稱 | 負向 20~39 負向行為 | | | | | | | 40~59 錯誤反應 | | | | | | | 60~79 消極情緒反應 | | | | 正向 80~99 正向行為 | | | | 100 主動積極正向行為 | | | | | | |
|---|---|---|---|---|---|---|---|---|---|---|---|---|---|---|---|---|---|---|---|---|---|---|---|---|---|---|---|---|---|
| 歸納原則 \ 情境 | 動作攻擊 | 自我傷害（危險行為） | 破壞物品 | 哭鬧、大叫 | 遷怒、怪罪、抱怨（對師長） | 口語攻擊 | 耍賴、逃避、嫌棄、排擠 | 不知反省、不認錯 | 過度焦慮、負向思考 | 不合作 | 遷怒、怪罪、抱怨（對同儕） | 得意忘形 | 自大（過度膨脹、驕張）、炫耀 | 任性（言不由衷） | 傲慢 | 沒禮貌 | 反駁、不理人、離開現場 | 適度發洩情緒 | 反省認錯 | 表達情緒或意見 | 非適當的說服 | 尋求他人協助 | 緩和情緒、放鬆行為 | 換個角度想（彈性調整） | 合作或參與 | 嘗試解決問題、克服難處 | 接受事實 | 感激（謝）、有禮貌 | 主動分享 |
| 情境　高興　新螺筆 | ○ | | | | | | | | | | | | | | | | | | | | | | | | | | | ○ | |
| 情境　難過　釣魚 | | ○ | | | | | | | | | | | | | | | | | | ○ | | | | | | ○ | ○ | | |
| 情境　生氣　萬聖節 | | | ○ | | | | | | | | | | | | | | | | | ○ | | | | | | ○ | ○ | | |
| 情境　害怕　說故事 | | | | | | | ○ | | | | | | | | | | | | | | | | | | ○ | | | | ○ |
| 情境　害怕　同學送的生日禮物 | ○ | | | ○ | | | | | | | | | | | | | | | | | | ○ | | | | ◎ | | | |
| 情境　害怕　一個人睡覺 | | | | | | | | | | | | | | | | | | | | | | | ○ | | ○ | | | | |
| 想望　難過　討厭青椒 | | | | | | ○ | | | | | | | | | | | | | | | | | ○ | ○ | | | | | |
| 想望　高興　撲克牌 | | | | | | | | | | | | | ○ | | | | | | | | | | | | ○ | | | | |
| 想望　難過　我想吃雞腿飯 | | | | | ○ | | | | | ○ | | | | | | | | | | ○ | | | | | | | ○ | | |
| 想望　難過　放風箏 | | | | | | | | | | | | | | | | | | ○ | | | | | | ○ | | | | | |
| 信念　生氣　打電動 | | | | | | ○ | | | | | ○ | | | | | | ○ | | | | | ○ | | | | | | | |
| 信念　生氣　一起去騎腳踏車 | | | | | | ○ | | | | | | | | | | | | | | ○ | | | | | | | ○ | | |

註：○ 指此單元有一個行為屬於該行為歸納原則
　　◎ 指此單元有二個行為屬於該行為歸納原則

part 1　part 2　part 3

（續上表）

| 層次 | 情緒 | 單元名稱 | 負向行為 (20～39) 動作攻擊 | 自我傷害（危險行為） | 破壞物品 | 哭鬧、大叫 | 遷怒、怪罪、抱怨（對師長） | 錯誤反應 (40～59) 口語攻擊 | 耍賴、逃避、懶業、排擠 | 不知反省、不認錯 | 過度焦應、負向思考 | 不合作 | 遷怒、怪罪、抱怨（對同儕） | 得意忘形 | 自大（過度負面、誇張）、炫耀 | 任性（言不由衷） | 消極情緒反應 (60～79) 傲慢 | 沒禮貌 | 反駁、不理人、離開現場 | 適度發洩情緒 | 正向行為 (80～99) 反省認錯 | 表達情緒或意見 | 非適當的說服 | 尋求他人協助 | 主動積極正向行為 (100) 緩和情緒、放鬆行為 | 換個角度想（彈性調整） | 合作或參與 | 嘗試解決問題、克服難處 | 接受事實 | 感激（謝）、有禮貌 | 主動分享 |
|---|---|---|---|---|---|---|---|---|---|---|---|---|---|---|---|---|---|---|---|---|---|---|---|---|---|---|---|---|---|---|---|
| 信念 | 害怕 | 打躲避球 | | | | | ○ | | | | | ○ | | | | | | | | | | ○ | | | | ○ | | | | | |
| 信念 | 難過 | 分組活動 | | | ○ | | | | | | | | ○ | | | | | | | ○ | | | | ○ | | | | | | | |
| 信念 | 難過 | 溶洽不絕 | | | | ○ | ○ | | | | ○ | | ○ | | | | | | | ○ | | ○ | | ○ | | ○ | | | | | |
| 信念 | 害怕 | 大會操 | | | | | | | | | | | | | | | | | | | | | | ○ | | | | | | | |
| 初級錯誤信念 | 高興 | 自然考考 | | | | | ○ | | | | | | | | | | | | | | | | | | | | | ○ | | | |
| 初級錯誤信念 | 焦慮 | 分組打球 | | | | | | | ◎ | | | | | | | | | | | | | | | | | | | | | | |
| 初級錯誤信念 | 討厭 | 巧克力蛋糕 | | | | | | | | | | | ○ | | | | | | | | | | | | | | | | | | |
| 次級錯誤信念 | 高興羨慕 | 樹下乘涼 | | | | | | | | | | | | | | | | | | | | | | | | | ○ | | | | |
| 次級錯誤信念 | 委屈生氣 | | | | | | | | | | | | | | | | | | | | | | | | | | | | | | |
| 次級錯誤信念 | 焦慮應 | 中正紀念堂 | ◎ | | | | | | | | | | | | | | | | | | | | | ○ | | | | | | ○ | |
| 複雜 | 愧疚懊惱 | 借氣筆 | | | | | | | | ○ | | | | | | | | | | | ○ | ○ | | | | | | | | | |
| 複雜 | 慶幸 | 檢查作業 | | | | | | | | ◎ | | | | | | | | | | | ○ | ○ | | | | | | | | | |

註：○指此單元有一個行為屬於該行為歸納原則
　　◎指此單元有二個行為屬於該行為歸納原則

## 附錄 8　情緒行為檢核表——學生版

想一想，圈一圈

### ▶ 一、基本資料

| 兒童姓名 | | 評量日期 | ＿＿＿年＿＿＿月＿＿＿日 |
|---|---|---|---|
| 性　　別 | □男　□女 | | |
| 年　　級 | □二年級　□三年級　□四年級　□五年級 | | |

### ▶ 二、檢核表內容

請把你認為最適當的選項圈起來（單選）。

| 題號 | 項目 | 請圈選 | | | |
|---|---|---|---|---|---|
| 1 | 「小華的媽媽送給小華一支很漂亮的手錶。」你覺得小華的心情如何？ | 高興 | 生氣 | 難過 | 害怕 |
| 2 | 「小華沒有交作業，老師罵他並且取消他參加遊戲的資格。」你覺得小華的心情如何？ | 高興 | 生氣 | 難過 | 害怕 |
| 3 | 「小華突然被老師叫上臺表演才藝，卻完全沒有準備。」你覺得小華的心情如何？ | 高興 | 生氣 | 難過 | 害怕 |
| 4 | 「小華最喜歡的小烏龜死掉了。」你覺得小華的心情如何？ | 高興 | 生氣 | 難過 | 害怕 |
| 5 | 「老師給小華不想要的作業。」你覺得小華的心情如何？ | 高興 | 生氣 | 難過 | 害怕 |
| 6 | 「老師給小華想要的昆蟲圖鑑。」你覺得小華的心情如何？ | 高興 | 生氣 | 難過 | 害怕 |

part 1

part 2

part 3

（續上表）

| 題號 | 項目 | 請圈選 | | | |
|---|---|---|---|---|---|
| 7 | 「小華想要喝紅茶，老師卻給他牛奶。」你覺得小華的心情如何？ | 高興 | 生氣 | 難過 | 害怕 |
| 8 | 「同學給小華害怕的玩具蛇」你覺得小華的心情如何？ | 高興 | 生氣 | 難過 | 害怕 |
| 9 | 「老師沒有給小華不想要的作業」你覺得小華的心情如何？ | 高興 | 生氣 | 難過 | 害怕 |
| 10 | 「小華認為完成掃地工作後會得到老師的讚美，結果老師真的讚美小華。」你覺得小華的心情如何？ | 高興 | 生氣 | 難過 | 害怕 |
| 11 | 「小華認為阿明下課會搶他的積木，結果阿明真的搶他的積木。」你覺得小華的心情如何？ | 高興 | 生氣 | 難過 | 害怕 |
| 12 | 「小華認為去看病會被打針，結果醫生真的說要打針。」你覺得小華現在的心情如何？ | 高興 | 生氣 | 難過 | 害怕 |
| 13 | 「小華認為媽媽會帶他去看喜愛的卡通電影，結果媽媽卻帶他去博物館。」你覺得小華現在的心情如何？ | 高興 | 生氣 | 難過 | 害怕 |
| 14 | 「小華認為下課時阿明會搶他的積木，結果阿明並沒有搶他的積木。」你覺得小華現在的心情如何？ | 高興 | 生氣 | 難過 | 害怕 |
| 15 | 「小華原本放在桌上的鉛筆被小美拿走，小美並沒有告訴他，小華回來之後找不到鉛筆。」你覺得小華現在的心情如何？ | 高興 | 生氣 | 難過 | 害怕 |
| 16 | 「小華原本討厭的倒垃圾工作被小美做完了，可是小美並沒有告訴他，小華回來之後發現不用倒垃圾。」你覺得小華現在的心情如何？ | 高興 | 生氣 | 難過 | 害怕 |
| 17 | 「小華在學校朝會時準備上臺表演，走上講臺樓梯時卻不小心滑倒跌了一跤，臺下的同學看到哈哈大笑。」你覺得小華現在的心情如何？ | 羨慕 | 愧疚 | 擔心 | 尷尬 |
| 18 | 「小華與小明約好去書店，小華先到書店發現沒開，於是打電話通知小明，卻發現小明已經知道了。」你覺得小華現在的心情如何？ | 生氣 | 難過 | 驚訝 | 害怕 |

（續上表）

| 題號 | 項目 | 請圈選 | | | |
|---|---|---|---|---|---|
| 19 | 「小華很想要養小狗，但媽媽不准，有一天小華到小明家玩，發現小明家養了三隻可愛的小狗。」你覺得小華現在的心情如何？ | 羨慕 | 愧疚 | 擔心 | 尷尬 |
| 20 | 「小華與小明約好去書店，小華先到書店發現沒開，打算在原地等小明。小明在路上剛好碰到小新，小新告訴小明書店沒開，於是小明就回家了。小華等了很久見小明沒來，只好打電話給小明。」你覺得小華現在的心情如何？ | 尷尬 | 擔心 | 愧疚 | 羨慕 |
| | （承上題）「後來，小明接到小華的電話，才知道小華等了很久。」你覺得小明現在的心情如何？ | 擔心 | 驚訝 | 尷尬 | 羨慕 |

YA！完成了
你表現得真好！

part 1

part 2

part 3

## 附錄 9　情緒行為檢核表——家長版

### ▶ 一、基本資料

| 兒童姓名 | | 評量日期 | 　年　　月　　日 |
|---|---|---|---|
| 性　別 | ☐男 ☐女 | 評量者 | |
| 出生日期 | 　年　　月　　日 | 稱　謂 | ☐特教老師 ☐導師 ☐家長 |
| 實足年齡 | 　歲　　月 | 聯絡電話 | |
| 就讀學校 | 市／縣　國小　年　班 | 聯絡 E-mail | |
| 班級型態 | ☐普通班 ☐普通班＋資源班<br>☐特教班 | 聯絡住址 | |

### ▶ 二、檢核表內容

填表說明：

(一) 請就日常生活中貴子弟（以下簡稱孩子）的情緒行為表現，在「總是能；經常能；偶爾能；完全不能；無法回答」中勾選一項。

(二) 勾選標準：

　1. 總是能：
　　(1) 在十次裡有八次以上能夠獨立表現此能力
　　(2) 能夠在不同的同儕、大人的場合獨立表現此能力

　2. 經常能：
　　(1) 在十次裡有四至七次能獨立表現此能力
　　(2) 透過提示、協助等引導方式，能在不同的同儕、大人的場合表現此能力

　3. 偶爾能：
　　(1) 在十次裡有二至三次能獨立表現此能力
　　(2) 在提示、協助下，僅能在少數特定同儕、大人的場合表現此能力

　4. 完全不能：
　　(1) 在十次裡僅有一次能獨立表現此能力
　　(2) 必須有大量提示、協助，才能在特定同儕、大人的場合表現此些許能力

　5. 無法回答／不知道

| 題號 | 項目 | 檢核結果 | | | | |
|---|---|---|---|---|---|---|
| | | 總是能 | 經常能 | 偶爾能 | 完全不能 | 無法回答（不知道） |
| | 一、辨識情緒 | | | | | |
| 1 | 孩子能知道照片中，哪一個是「高興」的表情 | | | | | |
| 2 | 孩子能知道照片中，哪一個是「生氣」的表情 | | | | | |
| 3 | 孩子能知道照片中，哪一個是「難過」的表情 | | | | | |
| 4 | 孩子能知道照片中，哪一個是「害怕」的表情 | | | | | |
| 5 | 孩子能知道卡通圖片中，哪一個是「生氣」的表情 | | | | | |
| 6 | 孩子能知道卡通圖片中，哪一個是「難過」的表情 | | | | | |
| 7 | 孩子能知道卡通圖片中，哪一個是「害怕」的表情 | | | | | |
| 8 | 孩子能知道卡通圖片中，哪一個是「高興」的表情 | | | | | |
| 9 | 孩子能知道哪些行為動作代表「高興」的情緒（例如：歡呼、手舞足蹈、哈哈笑……等） | | | | | |
| 10 | 孩子能知道哪些行為動作代表「生氣」的情緒（例如：臭臉、握拳、插腰、敲桌子、謾罵、搥牆壁……等） | | | | | |
| 11 | 孩子能知道哪些行為動作代表「難過」的情緒（例如：低頭不說話、皺眉、嘆氣、流淚……等） | | | | | |
| 12 | 孩子能知道哪些行為動作代表「害怕」的情緒（例如：搖頭、退縮、拍胸脯、全身發抖……等） | | | | | |
| | 二、預測他人情緒（「　」內代表情境） | | | | | |
| 13 | 「小華的媽媽送給小華一支很漂亮的手錶。」孩子能預測小華是高興的 | | | | | |
| 14 | 「小華沒有交作業，老師罵他並且取消他參加遊戲的資格。」孩子能預測小華是生氣／難過的 | | | | | |

（續上表）

| 題號 | 項目 | 檢核結果 | | | | |
|---|---|---|---|---|---|---|
| | | 總是能 | 經常能 | 偶爾能 | 完全不能 | 無法回答（不知道） |
| 15 | 「小華最喜歡的小烏龜死掉了。」孩子能預測小華是難過的 | | | | | |
| 16 | 「小華突然被老師叫上臺表演才藝，卻完全沒有準備。」孩子能預測小華是害怕的 | | | | | |
| 17 | 「老師給小華想要的昆蟲圖鑑。」孩子能預測小華是高興的 | | | | | |
| 18 | 「老師給小華不想要的作業。」孩子能預測小華是生氣的 | | | | | |
| 19 | 「小華想要喝紅茶，老師卻給他牛奶。」孩子能預測小華是失望／難過的 | | | | | |
| 20 | 「同學給小華害怕的玩具蛇」孩子能預測小華是害怕的 | | | | | |
| 21 | 「老師沒有給小華不想要的作業」孩子能預測小華是高興／慶幸的 | | | | | |
| 22 | 「小華認為完成掃地工作後會得到老師的讚美，結果老師真的讚美小華。」孩子能預測小華是高興的 | | | | | |
| 23 | 「小華認為阿明下課會搶他的積木，結果阿明真的搶他的積木。」孩子能預測小華是生氣的 | | | | | |
| 24 | 「小華認為去看病會被打針，而醫生真的說要打針。」孩子能預測小華是害怕的 | | | | | |
| 25 | 「小華認為媽媽會帶他去看喜愛的卡通電影，結果媽媽卻帶他去博物館。」孩子能預測小華是失望／難過的 | | | | | |
| 26 | 「小華認為下課時阿明會搶他的積木，結果阿明並沒有搶他的積木。」孩子能預測小華是高興／慶幸的 | | | | | |
| 27 | 「小華原本放在桌上的鉛筆被小美拿走，小美卻沒告訴他，小華回來之後找不到鉛筆。」孩子能預測小華是生氣／難過的 | | | | | |

（續上表）

| 題號 | 項目 | 檢核結果 | | | | |
|---|---|---|---|---|---|---|
| | | 總是能 | 經常能 | 偶爾能 | 完全不能 | 無法回答（不知道） |
| 28 | 「小華原本討厭的倒垃圾工作被小美做完了，可是小美並沒有告訴他，小華回來之後發現不用倒垃圾。」孩子能預測小華是高興／慶幸的 | | | | | |
| 29 | 「小華與小明約好去書店，小華先到書店發現沒開，於是打電話通知小明，卻發現小明已經知道了。」孩子能預測小華是驚訝的 | | | | | |
| 30 | 「小華在學校朝會時準備上臺表演，走上講臺樓梯時卻不小心滑倒跌了一跤，臺下的同學看到哈哈大笑。」孩子能預測小華是尷尬的 | | | | | |
| 31 | 「小華很想要養小狗，但媽媽不准，有一天小華到小明家玩，發現小明家養了三隻可愛的小狗。」孩子能預測小華是羨慕的 | | | | | |
| 32 | 「小華與小明約好去書店，小華先到書店發現沒開，打算在原地等小明。小明在路上剛好碰到小新，小新告訴小明書店沒開，於是小明就回家了。小華等了很久見小明沒來，只好打電話給小明。」孩子能預測小華是生氣／擔心的 | | | | | |
| 33 | （承上題）「後來，小明接到小華的電話，才知道小華等了很久。」孩子能預測小明是不好意思的 | | | | | |
| 三、由情緒預測行為 | | | | | | |
| 34 | 孩子能由他人高興的情緒預測當事人會出現的行為，像是：微笑、手舞足蹈、歡呼、向他人道謝、拍手、鬆了一口氣……等 | | | | | |
| 35 | 孩子能由他人生氣的情緒預測當事人會出現的行為，像是：罵同學或老師、瞪他人、手握拳頭、丟東西、破壞物品……等 | | | | | |
| 36 | 孩子能由他人難過的情緒預測當事人會出現的行為，像是：嘆氣、吵鬧、皺眉、不說話、流眼淚……等 | | | | | |

（續上表）

| 題號 | 項目 | 檢核結果 | | | | |
|---|---|---|---|---|---|---|
| | | 總是能 | 經常能 | 偶爾能 | 完全不能 | 無法回答（不知道） |
| 37 | 孩子能由他人害怕的情緒預測當事人會出現的行為，像是：沒有反應、搖頭、尖叫、全身發抖、冒冷汗……等 | | | | | |
| 38 | 孩子能由他人驚訝的情緒預測當事人會出現的行為，像是：說「你怎麼會知道」、「誰告訴你的」……等 | | | | | |
| 39 | 孩子能由他人擔心的情緒預測當事人會出現的行為，像是：「走來走去」、說「你怎麼了？有沒有發生什麼事？」、「你為什麼不告訴我？」、「害我等很久」……等 | | | | | |
| 40 | 孩子能由他人愧疚的情緒預測當事人會出現的行為，像是：說「真不好意思」、向對方道歉……等 | | | | | |
| 41 | 孩子能由他人尷尬的情緒預測當事人會出現的行為，像是：吐舌頭、抓抓頭、尷尬的笑一笑、臉紅……等 | | | | | |
| 42 | 孩子能由他人羨慕的情緒預測當事人會出現的行為，像是：說「好好喔，好羨慕你」、「你真好，可以養小狗」……等 | | | | | |
| 四、由行為預測結果 | | | | | | |
| 43 | 他人表現出遵守規定／合作／協助等行為時，孩子能預測可能會有什麼後果（例如：讓人喜歡……等） | | | | | |
| 44 | 他人表現出讚美／禮貌／安慰／尊敬等行為時，孩子能預測可能會有什麼後果（例如：贏得他人友誼……等） | | | | | |
| 45 | 他人表現出適當的情緒表達時，孩子能預測可能會有什麼後果（例如：贏得他人關心或協助……等） | | | | | |

（續上表）

| 題號 | 項目 | 檢核結果 | | | | |
|------|------|------|------|------|------|------|
| | | 總是能 | 經常能 | 偶爾能 | 完全不能 | 無法回答（不知道） |
| 46 | 他人表現緩和情緒（如深呼吸、數數等）的行為時，孩子能預測可能會有什麼後果（例如：得到他人關心或協助……等） | | | | | |
| 47 | 他人表現出打人／罵人／踢人／亂丟東西／破壞物品等行為時，孩子能預測可能會有什麼後果（例如：讓人害怕、討厭、生氣……等） | | | | | |
| 48 | 他人表現出大叫／大哭／吵鬧／頂嘴等行為時，孩子能預測可能會有什麼後果（例如：讓人討厭……等） | | | | | |
| 49 | 他人表現出不合作／違規等行為時，孩子能預測可能會有什麼後果（例如：失去友誼……等） | | | | | |
| 50 | 他人表現出認為自己不行／沒有用／一定失敗等行為時，孩子能預測可能會有什麼後果（例如：令人擔心……等） | | | | | |
| 五、對選擇的行為負責 | | | | | | |
| 51 | 孩子能接受自己選擇的行為所衍生的後果 | | | | | |
| 52 | 孩子能避免自己選擇的行為所衍生的負面後果，並願意改變 | | | | | |
| 53 | 孩子能根據行為負面的後果進行行為調整 | | | | | |
| 54 | 孩子能根據行為負面的後果進行情緒調整 | | | | | |

part 1

part 2

part 3

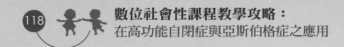

附錄
**10** 影片版學習單

| 層次 | 單元序號 | 情緒 | 影片單元名稱 |
|---|---|---|---|
| 情境 | 1 | 高興 | 我得獎了 |
| | 2 | 高興 | 多一包薯條 |
| | 3 | 生氣 | 國語考卷 |
| | 4 | 生氣 | 拼圖少一塊 |
| | 5 | 害怕 | 我生病了 |
| | 6 | 難過 | 大會舞 |
| | 7 | 難過 | 買肉包 |
| 想望 | 8 | 高興 | 幫忙做晚餐 |
| | 9 | 難過 | 我想要電子手錶 |
| | 10 | 難過 | 校外教學 |
| | 11 | 難過 | 我想要搭高鐵 |
| | 12 | 害怕 | 桌球考試 |
| 信念 | 13 | 高興 | 整潔比賽 |
| | 14 | 高興 | 錢包遺失 |
| | 15 | 難過 | 查字典 |
| | 16 | 害怕 | 大隊接力 |
| 初級錯誤信念 | 17 | 難過 | 故事書 |
| | 18 | 高興 | 蘿蔔湯 |
| 次級錯誤信念 | 19 | 焦慮／驚訝／愧疚／不屑 | 換教室 |
| | 20 | 慶幸 | 考跳繩 |
| 複雜情緒 | 21 | 尷尬 | 大掃除 |
| | 22 | 尷尬 | 數學考試 |
| | 23 | 慶幸 | 洗碗 |
| | 24 | 愧疚 | 借圍巾 |
| | 25 | 尷尬 | 你考幾分 |

## 影片版學習單【我得獎了】

日期：_____年_____月_____日　　　　姓名：_____

1. 你有沒有類似剛才的經驗？
   ☐ 有　　　　☐ 沒有

2. 你覺得自己清楚了解影片內容嗎？
   ☐ 很清楚　　☐ 還好　　☐ 不太清楚

3. 你覺得他的心情如何？
   ☐ 高興　　☐ 生氣　　☐ 難過　　☐ 害怕

4. 你會選擇哪一個行為呢？
   ☐ 行為 1　　☐ 行為 2　　☐ 行為 3

5. 你認為你剛才的選擇，它的行為後果可以得到幾分呢？
   ☐ 100 分　☐ 99～80 分　☐ 79～60 分　☐ 59～40 分　☐ 39～20 分

6. 事實上，你得到幾分？
   ☐ 100 分　☐ 99～80 分　☐ 79～60 分　☐ 59～40 分　☐ 39～20 分

7. 你願意接受你的分數或結果嗎？
   ☐ 接受　　　☐ 不接受

8. 看完全部的影片後，你想選擇的行為是哪一個呢？【可複選】
   ☐ 行為 1　　☐ 行為 2　　☐ 行為 3

9. 看完整個事件後，有沒有讓你想起類似剛才的經驗？有的話請說說看！
   ☐ 有　　　　☐ 沒有

part 1　part 2　part 3

## 影片版學習單【多一包薯條】

日期：＿＿＿年＿＿＿月＿＿＿日　　　　　姓名：＿＿＿＿＿＿＿＿＿＿

1. 你有沒有類似剛才的經驗？
   □ 有　　　　□ 沒有

2. 你覺得自己清楚了解影片內容嗎？
   □ 很清楚　　□ 還好　　□ 不太清楚

3. 你覺得他的心情如何？
   □ 高興　　　□ 生氣　　□ 難過　　□ 害怕

4. 你會選擇哪一個行為呢？
   □ 行為 1　　□ 行為 2　　□ 行為 3

5. 你認為你剛才的選擇，它的行為後果可以得到幾分呢？
   □ 100 分　□ 99～80 分　□ 79～60 分　□ 59～40 分　□ 39～20 分

6. 事實上，你得到幾分？
   □ 100 分　□ 99～80 分　□ 79～60 分　□ 59～40 分　□ 39～20 分

7. 你願意接受你的分數或結果嗎？
   □ 接受　　　□ 不接受

8. 看完全部的影片後，你想選擇的行為是哪一個呢？【可複選】
   □ 行為 1　　□ 行為 2　　□ 行為 3

9. 看完整個事件後，有沒有讓你想起類似剛才的經驗？有的話請說說看！
   □ 有　　　　□ 沒有

## 影片版學習單【國語考卷】

日期：＿＿＿＿年＿＿＿＿月＿＿＿＿日　　　　姓名：＿＿＿＿＿＿＿＿＿＿

1. 你有沒有類似剛才的經驗？
　　□ 有　　　　□ 沒有

2. 你覺得自己清楚了解影片內容嗎？
　　□ 很清楚　　□ 還好　　　□ 不太清楚

3. 你覺得他的心情如何？
　　□ 高興　　　□ 生氣　　　□ 難過　　　□ 害怕

4. 你會選擇哪一個行為呢？
　　□ 行為 1　　□ 行為 2　　□ 行為 3

5. 你認為你剛才的選擇，它的行為後果可以得到幾分呢？
　　□ 100 分　□ 99〜80 分　□ 79〜60 分　□ 59〜40 分　□ 39〜20 分

6. 事實上，你得到幾分？
　　□ 100 分　□ 99〜80 分　□ 79〜60 分　□ 59〜40 分　□ 39〜20 分

7. 你願意接受你的分數或結果嗎？
　　□ 接受　　　□ 不接受

8. 看完全部的影片後，你想選擇的行為是哪一個呢？【可複選】
　　□ 行為 1　　□ 行為 2　　□ 行為 3

9. 看完整個事件後，有沒有讓你想起類似剛才的經驗？有的話請說說看！
　　□ 有　　　　□ 沒有

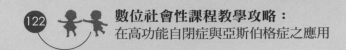

## 影片版學習單【拼圖少一塊】

日期：_____年_____月_____日　　　　　姓名：_____

1. 你有沒有類似剛才的經驗？
   □ 有　　　　　□ 沒有

2. 你覺得自己清楚了解影片內容嗎？
   □ 很清楚　　□ 還好　　□ 不太清楚

3. 你覺得他的心情如何？
   □ 高興　　　□ 生氣　　　□ 難過　　　□ 害怕

4. 你會選擇哪一個行為呢？
   □ 行為 1　　□ 行為 2　　□ 行為 3

5. 你認為你剛才的選擇，它的行為後果可以得到幾分呢？
   □ 100 分　□ 99～80 分　□ 79～60 分　□ 59～40 分　□ 39～20 分

6. 事實上，你得到幾分？
   □ 100 分　□ 99～80 分　□ 79～60 分　□ 59～40 分　□ 39～20 分

7. 你願意接受你的分數或結果嗎？
   □ 接受　　　□ 不接受

8. 看完全部的影片後，你想選擇的行為是哪一個呢？【可複選】
   □ 行為 1　　□ 行為 2　　□ 行為 3

9. 看完整個事件後，有沒有讓你想起類似剛才的經驗？有的話請說說看！
   □ 有　　　　□ 沒有

# 影片版學習單【我生病了】

日期：_____年_____月_____日　　　　　姓名：_____

1. 你有沒有類似剛才的經驗？
　　☐ 有　　　　☐ 沒有

2. 你覺得自己清楚了解影片內容嗎？
　　☐ 很清楚　　☐ 還好　　　☐ 不太清楚

3. 你覺得他的心情如何？
　　☐ 高興　　　☐ 生氣　　　☐ 難過　　　☐ 害怕

4. 你會選擇哪一個行為呢？
　　☐ 行為1　　☐ 行為2　　☐ 行為3

5. 你認為你剛才的選擇，它的行為後果可以得到幾分呢？
　　☐ 100分　☐ 99～80分　☐ 79～60分　☐ 59～40分　☐ 39～20分

6. 事實上，你得到幾分？
　　☐ 100分　☐ 99～80分　☐ 79～60分　☐ 59～40分　☐ 39～20分

7. 你願意接受你的分數或結果嗎？
　　☐ 接受　　　☐ 不接受

8. 看完全部的影片後，你想選擇的行為是哪一個呢？【可複選】
　　☐ 行為1　　☐ 行為2　　☐ 行為3

9. 看完整個事件後，有沒有讓你想起類似剛才的經驗？有的話請說說看！
　　☐ 有　　　　☐ 沒有

part 1

part 2

part 3

## 影片版學習單【大會舞】

日期：_____年_____月_____日　　　　　姓名：_____

1. 你有沒有類似剛才的經驗？
   □ 有　　　　　□ 沒有

2. 你覺得自己清楚了解影片內容嗎？
   □ 很清楚　　　□ 還好　　　□ 不太清楚

3. 你覺得他的心情如何？
   □ 高興　　　　□ 生氣　　　□ 難過　　　□ 害怕

4. 你會選擇哪一個行為呢？
   □ 行為 1　　　□ 行為 2　　　□ 行為 3

5. 你認為你剛才的選擇，它的行為後果可以得到幾分呢？
   □ 100 分　□ 99～80 分　□ 79～60 分　□ 59～40 分　□ 39～20 分

6. 事實上，你得到幾分？
   □ 100 分　□ 99～80 分　□ 79～60 分　□ 59～40 分　□ 39～20 分

7. 你願意接受你的分數或結果嗎？
   □ 接受　　　　□ 不接受

8. 看完全部的影片後，你想選擇的行為是哪一個呢？【可複選】
   □ 行為 1　　　□ 行為 2　　　□ 行為 3

9. 看完整個事件後，有沒有讓你想起類似剛才的經驗？有的話請說說看！
   □ 有　　　　　□ 沒有

# 影片版學習單【買肉包】

日期：_____年_____月_____日　　　　　姓名：_____

1. 你有沒有類似剛才的經驗？
　　□ 有　　　　□ 沒有

2. 你覺得自己清楚了解影片內容嗎？
　　□ 很清楚　　□ 還好　　□ 不太清楚

3. 你覺得他的心情如何？
　　□ 高興　　　□ 生氣　　□ 難過　　□ 害怕

4. 你會選擇哪一個行為呢？
　　□ 行為 1　　□ 行為 2　　□ 行為 3

5. 你認為你剛才的選擇，它的行為後果可以得到幾分呢？
　　□ 100 分　　□ 99～80 分　　□ 79～60 分　　□ 59～40 分　　□ 39～20 分

6. 事實上，你得到幾分？
　　□ 100 分　　□ 99～80 分　　□ 79～60 分　　□ 59～40 分　　□ 39～20 分

7. 你願意接受你的分數或結果嗎？
　　□ 接受　　　□ 不接受

8. 看完全部的影片後，你想選擇的行為是哪一個呢？【可複選】
　　□ 行為 1　　□ 行為 2　　□ 行為 3

9. 看完整個事件後，有沒有讓你想起類似剛才的經驗？有的話請說說看！
　　□ 有　　　　□ 沒有

part 1　part 2　part 3

## 影片版學習單【幫忙做晚餐】

日期：_____年_____月_____日　　　　　姓名：_____

1. 你有沒有類似剛才的經驗？
　　☐ 有　　　　☐ 沒有

2. 你覺得自己清楚了解影片內容嗎？
　　☐ 很清楚　　☐ 還好　　☐ 不太清楚

3. 你覺得他的心情如何？
　　☐ 高興　　☐ 生氣　　☐ 難過　　☐ 害怕

4. 你會選擇哪一個行為呢？
　　☐ 行為 1　　☐ 行為 2　　☐ 行為 3

5. 你認為你剛才的選擇，它的行為後果可以得到幾分呢？
　　☐ 100 分　☐ 99～80 分　☐ 79～60 分　☐ 59～40 分　☐ 39～20 分

6. 事實上，你得到幾分？
　　☐ 100 分　☐ 99～80 分　☐ 79～60 分　☐ 59～40 分　☐ 39～20 分

7. 你願意接受你的分數或結果嗎？
　　☐ 接受　　　☐ 不接受

8. 看完全部的影片後，你想選擇的行為是哪一個呢？【可複選】
　　☐ 行為 1　　☐ 行為 2　　☐ 行為 3

9. 看完整個事件後，有沒有讓你想起類似剛才的經驗？有的話請說說看！
　　☐ 有　　　　☐ 沒有

## 影片版學習單【我想要電子手錶】

日期：＿＿＿年＿＿＿月＿＿＿日　　　　　　　姓名：＿＿＿＿＿＿＿＿＿

1. 你有沒有類似剛才的經驗？
   □ 有　　　　□ 沒有

2. 你覺得自己清楚了解影片內容嗎？
   □ 很清楚　　□ 還好　　□ 不太清楚

3. 你覺得他的心情如何？
   □ 高興　　　□ 生氣　　□ 難過　　　□ 害怕

4. 你會選擇哪一個行為呢？
   □ 行為 1　　□ 行為 2　　□ 行為 3

5. 你認為你剛才的選擇，它的行為後果可以得到幾分呢？
   □ 100 分　□ 99〜80 分　□ 79〜60 分　□ 59〜40 分　□ 39〜20 分

6. 事實上，你得到幾分？
   □ 100 分　□ 99〜80 分　□ 79〜60 分　□ 59〜40 分　□ 39〜20 分

7. 你願意接受你的分數或結果嗎？
   □ 接受　　　□ 不接受

8. 看完全部的影片後，你想選擇的行為是哪一個呢？【可複選】
   □ 行為 1　　□ 行為 2　　□ 行為 3

9. 看完整個事件後，有沒有讓你想起類似剛才的經驗？有的話請說說看！
   □ 有　　　　□ 沒有

part 1

part 2

part 3

## 影片版學習單【校外教學】

日期：＿＿＿＿年＿＿＿＿月＿＿＿＿日　　　　　姓名：＿＿＿＿＿＿＿＿＿＿

1. 你有沒有類似剛才的經驗？
　　□ 有　　　　　□ 沒有

2. 你覺得自己清楚了解影片內容嗎？
　　□ 很清楚　　　□ 還好　　　□ 不太清楚

3. 你覺得他的心情如何？
　　□ 高興　　　□ 生氣　　　□ 難過　　　□ 害怕

4. 你會選擇哪一個行為呢？
　　□ 行為 1　　　□ 行為 2　　　□ 行為 3

5. 你認為你剛才的選擇，它的行為後果可以得到幾分呢？
　　□ 100 分　□ 99～80 分　□ 79～60 分　□ 59～40 分　□ 39～20 分

6. 事實上，你得到幾分？
　　□ 100 分　□ 99～80 分　□ 79～60 分　□ 59～40 分　□ 39～20 分

7. 你願意接受你的分數或結果嗎？
　　□ 接受　　　　□ 不接受

8. 看完全部的影片後，你想選擇的行為是哪一個呢？【可複選】
　　□ 行為 1　　　□ 行為 2　　　□ 行為 3

9. 看完整個事件後，有沒有讓你想起類似剛才的經驗？有的話請說說看！
　　□ 有　　　　　□ 沒有

# 影片版學習單【我想要搭高鐵】

日期：＿＿＿年＿＿＿月＿＿＿日　　　　姓名：＿＿＿＿＿＿＿＿＿

1. 你有沒有類似剛才的經驗？
　□ 有　　　　□ 沒有

2. 你覺得自己清楚了解影片內容嗎？
　□ 很清楚　　□ 還好　　□ 不太清楚

3. 你覺得他的心情如何？
　□ 高興　　　□ 生氣　　□ 難過　　　□ 害怕

4. 你會選擇哪一個行為呢？
　□ 行為 1　　□ 行為 2　　□ 行為 3

5. 你認為你剛才的選擇，它的行為後果可以得到幾分呢？
　□ 100 分　□ 99～80 分　□ 79～60 分　□ 59～40 分　□ 39～20 分

6. 事實上，你得到幾分？
　□ 100 分　□ 99～80 分　□ 79～60 分　□ 59～40 分　□ 39～20 分

7. 你願意接受你的分數或結果嗎？
　□ 接受　　　□ 不接受

8. 看完全部的影片後，你想選擇的行為是哪一個呢？【可複選】
　□ 行為 1　　□ 行為 2　　□ 行為 3

9. 看完整個事件後，有沒有讓你想起類似剛才的經驗？有的話請說說看！
　□ 有　　　　□ 沒有

part 1

part 2

part 3

# 影片版學習單【桌球考試】

日期：_____年_____月_____日　　　　　姓名：_____

1. 你有沒有類似剛才的經驗？
   □ 有　　　　　□ 沒有

2. 你覺得自己清楚了解影片內容嗎？
   □ 很清楚　　　□ 還好　　　□ 不太清楚

3. 你覺得他的心情如何？
   □ 高興　　　□ 生氣　　　□ 難過　　　　□ 害怕

4. 你會選擇哪一個行為呢？
   □ 行為 1　　　□ 行為 2　　　□ 行為 3

5. 你認為你剛才的選擇，它的行為後果可以得到幾分呢？
   □ 100 分　□ 99～80 分　□ 79～60 分　□ 59～40 分　□ 39～20 分

6. 事實上，你得到幾分？
   □ 100 分　□ 99～80 分　□ 79～60 分　□ 59～40 分　□ 39～20 分

7. 你願意接受你的分數或結果嗎？
   □ 接受　　　　□ 不接受

8. 看完全部的影片後，你想選擇的行為是哪一個呢？【可複選】
   □ 行為 1　　　□ 行為 2　　　□ 行為 3

9. 看完整個事件後，有沒有讓你想起類似剛才的經驗？有的話請說說看！
   □ 有　　　　　□ 沒有

# 影片版學習單【整潔比賽】

日期：＿＿＿＿年＿＿＿＿月＿＿＿＿日　　　　　　姓名：＿＿＿＿＿＿＿＿＿＿

1. 你有沒有類似剛才的經驗？
   □ 有　　　　□ 沒有

2. 你覺得自己清楚了解影片內容嗎？
   □ 很清楚　　□ 還好　　□ 不太清楚

3. 你覺得他的心情如何？
   □ 高興　　□ 生氣　　□ 難過　　□ 害怕

4. 你會選擇哪一個行為呢？
   □ 行為 1　　□ 行為 2　　□ 行為 3

5. 你認為你剛才的選擇，它的行為後果可以得到幾分呢？
   □ 100 分　□ 99～80 分　□ 79～60 分　□ 59～40 分　□ 39～20 分

6. 事實上，你得到幾分？
   □ 100 分　□ 99～80 分　□ 79～60 分　□ 59～40 分　□ 39～20 分

7. 你願意接受你的分數或結果嗎？
   □ 接受　　□ 不接受

8. 看完全部的影片後，你想選擇的行為是哪一個呢？【可複選】
   □ 行為 1　　□ 行為 2　　□ 行為 3

9. 看完整個事件後，有沒有讓你想起類似剛才的經驗？有的話請說說看！
   □ 有　　　　□ 沒有

part 1

part 2

part 3

# 影片版學習單【錢包遺失】

日期：＿＿＿＿年＿＿＿＿月＿＿＿＿日　　　　姓名：＿＿＿＿＿＿＿＿＿＿

1. 你有沒有類似剛才的經驗？
　　□ 有　　　　□ 沒有

2. 你覺得自己清楚了解影片內容嗎？
　　□ 很清楚　　□ 還好　　□ 不太清楚

3. 你覺得他的心情如何？
　　□ 高興　　　□ 生氣　　□ 難過　　　□ 害怕

4. 你會選擇哪一個行為呢？
　　□ 行為 1　　□ 行為 2　　□ 行為 3

5. 你認為你剛才的選擇，它的行為後果可以得到幾分呢？
　　□ 100 分　□ 99～80 分　□ 79～60 分　□ 59～40 分　□ 39～20 分

6. 事實上，你得到幾分？
　　□ 100 分　□ 99～80 分　□ 79～60 分　□ 59～40 分　□ 39～20 分

7. 你願意接受你的分數或結果嗎？
　　□ 接受　　　□ 不接受

8. 看完全部的影片後，你想選擇的行為是哪一個呢？【可複選】
　　□ 行為 1　　□ 行為 2　　□ 行為 3

9. 看完整個事件後，有沒有讓你想起類似剛才的經驗？有的話請說說看！
　　□ 有　　　　□ 沒有

# 影片版學習單【查字典】

日期：＿＿＿年＿＿＿月＿＿＿日　　　　　姓名：＿＿＿＿＿＿＿＿＿

1. 你有沒有類似剛才的經驗？
　　☐ 有　　　　　☐ 沒有

2. 你覺得自己清楚了解影片內容嗎？
　　☐ 很清楚　　　☐ 還好　　　☐ 不太清楚

3. 你覺得他的心情如何？
　　☐ 高興　　　☐ 生氣　　　☐ 難過　　　☐ 害怕

4. 你會選擇哪一個行為呢？
　　☐ 行為1　　　☐ 行為2　　　☐ 行為3

5. 你認為你剛才的選擇，它的行為後果可以得到幾分呢？
　　☐ 100分　☐ 99～80分　☐ 79～60分　☐ 59～40分　☐ 39～20分

6. 事實上，你得到幾分？
　　☐ 100分　☐ 99～80分　☐ 79～60分　☐ 59～40分　☐ 39～20分

7. 你願意接受你的分數或結果嗎？
　　☐ 接受　　　☐ 不接受

8. 看完全部的影片後，你想選擇的行為是哪一個呢？【可複選】
　　☐ 行為1　　　☐ 行為2　　　☐ 行為3

9. 看完整個事件後，有沒有讓你想起類似剛才的經驗？有的話請說說看！
　　☐ 有　　　☐ 沒有

part 1

part 2

part 3

## 影片版學習單【大隊接力】

日期：＿＿＿＿年＿＿＿＿月＿＿＿＿日　　　　姓名：＿＿＿＿＿＿＿＿＿＿＿＿

1. 你有沒有類似剛才的經驗？
　□ 有　　　　□ 沒有

2. 你覺得自己清楚了解影片內容嗎？
　□ 很清楚　　□ 還好　　□ 不太清楚

3. 你覺得他的心情如何？
　□ 高興　　　□ 生氣　　□ 難過　　　□ 害怕

4. 你會選擇哪一個行為呢？
　□ 行為 1　　□ 行為 2　　□ 行為 3

5. 你認為你剛才的選擇，它的行為後果可以得到幾分呢？
　□ 100 分　□ 99～80 分　□ 79～60 分　□ 59～40 分　□ 39～20 分

6. 事實上，你得到幾分？
　□ 100 分　□ 99～80 分　□ 79～60 分　□ 59～40 分　□ 39～20 分

7. 你願意接受你的分數或結果嗎？
　□ 接受　　　□ 不接受

8. 看完全部的影片後，你想選擇的行為是哪一個呢？【可複選】
　□ 行為 1　　□ 行為 2　　□ 行為 3

9. 看完整個事件後，有沒有讓你想起類似剛才的經驗？有的話請說說看！
　□ 有　　　　□ 沒有

# 影片版學習單【故事書】

日期：_____年_____月_____日　　　　　姓名：_____

1. 你有沒有類似剛才的經驗？
   ☐ 有　　　　　☐ 沒有

2. 你覺得自己清楚了解影片內容嗎？
   ☐ 很清楚　　　☐ 還好　　　　☐ 不太清楚

3. 一開始，小妤把故事書放在哪裡？
   ☐ 書包裡　　　☐ 小蘋的桌上　☐ 自己的桌上

4. 事實上，故事書現在在誰那裡？
   ☐ 小妤　　　　☐ 小嫻　　　　☐ 小蘋

5. 最後，小妤找不到自己的書，你覺得小妤的心情如何？
   ☐ 高興　　　☐ 羞愧　　　☐ 難過　　　☐ 尷尬

6. 你會選擇哪一個行為呢？
   ☐ 行為 1　　　☐ 行為 2　　　☐ 行為 3

7. 你認為你剛才的選擇，它的行為後果可以得到幾分呢？
   ☐ 100 分　☐ 99～80 分　☐ 79～60 分　☐ 59～40 分　☐ 39～20 分

8. 事實上，你得到幾分？
   ☐ 100 分　☐ 99～80 分　☐ 79～60 分　☐ 59～40 分　☐ 39～20 分

9. 你願意接受你的分數或結果嗎？
   ☐ 接受　　　　☐ 不接受

10. 看完全部的影片後，你想選擇的行為是哪一個呢？【可複選】
    ☐ 行為 1　　　☐ 行為 2　　　☐ 行為 3

11. 看完整個事件後，有沒有讓你想起類似剛才的經驗？有的話請說說看！
    ☐ 有　　　　　☐ 沒有

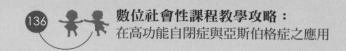
## 影片版學習單【蘿蔔湯】

日期：＿＿＿年＿＿＿月＿＿＿日　　　　　　姓名：＿＿＿＿＿＿＿＿＿

1. 你有沒有類似剛才的經驗？
   □ 有　　　　　□ 沒有

2. 你覺得自己清楚了解影片內容嗎？
   □ 很清楚　　　□ 還好　　　　□ 不太清楚

3. 一開始，媽媽要煮的是什麼湯？
   □菜頭湯　　　□玉米湯　　　□蘿蔔湯

4. 事實上，桌上現在是什麼湯？
   □蘿蔔湯　　　□菜頭湯　　　□玉米湯

5. 最後，小好看到桌上的湯，你覺得小好的心情如何？
   □高興　　　　□羞愧　　　　□難過　　　　□尷尬

6. 你會選擇哪一個行為呢？
   □ 行為1　　　□ 行為2　　　□ 行為3

7. 你認為你剛才的選擇，它的行為後果可以得到幾分呢？
   □100 分　□99～80 分　□79～60 分　□59～40 分　□39～20 分

8. 事實上，你得到幾分？
   □100 分　□99～80 分　□79～60 分　□59～40 分　□39～20 分

9. 你願意接受你的分數或結果嗎？
   □接受　　　　□不接受

10. 看完全部的影片後，你想選擇的行為是哪一個呢？【可複選】
    □ 行為1　　　□ 行為2　　　□ 行為3

11. 看完整個事件後，有沒有讓你想起類似剛才的經驗？有的話請說說看！
    □ 有　　　　　□ 沒有

# 影片版學習單【換教室】

日期：＿＿＿＿年＿＿＿＿月＿＿＿＿日　　　　　　姓名：＿＿＿＿＿＿＿＿＿＿

1. 你有沒有類似剛才的經驗？
　　☐ 有　　　　　☐ 沒有

2. 你覺得自己清楚了解影片內容嗎？
　　☐ 很清楚　　　☐ 還好　　　　☐ 不太清楚

3. 小好認為小嫻上完廁所後，會去哪裡上課？
　　☐ 自己的教室　　　☐ 美勞教室　　　☐ 視聽教室

4. 事實上，小嫻現在在哪裡？
　　☐ 自己的教室　　　☐ 美勞教室　　　☐ 視聽教室

5. 當小嫻知道更改地點時，小好在哪裡？
　　☐ 自己的教室　　　☐ 美勞教室　　　☐ 視聽教室

6. 一開始，小嫻跟小好約好到哪裡上課？
　　☐ 自己的教室　　　☐ 美勞教室　　　☐ 視聽教室

7. 最後，當小好等不到小嫻時，小好的心情如何？
　　☐ 焦慮　　　☐ 生氣　　　☐ 驚訝　　　☐ 高興

8. 當小好說「你怎麼來了也不講，我等你很久了耶！」這句話時，小嫻的心情如何？（情境一）
　　☐ 驚訝　　　☐ 愧疚　　　☐ 尷尬　　　☐ 焦慮

9. 當小好說「你怎麼知道？我在這裡等你很久了耶！」這句話時，小好的心情如何？（情境二）
　　☐ 驚訝　　　☐ 生氣　　　☐ 尷尬　　　☐ 焦慮

10. 當小嫻說「想也知道去哪裡！」這句話時，小嫻的心情如何？（情境三-1）
　　☐ 驚訝　　　☐ 不屑　　　☐ 尷尬　　　☐ 焦慮

11. 當小嫻說「想也知道去哪裡！」這句話是什麼意思？（情境三-2）
　　☐ 小嫻不想讓小好知道自己去哪了
　　☐ 小嫻認為小好明知故問
　　☐ 小嫻在罵小好太笨

12. 看完整個事件後，有沒有讓你想起類似剛才的經驗？有的話請說說看！
　　☐ 有　　　　　☐ 沒有

## 影片版學習單【考跳繩】

日期：＿＿＿年＿＿＿月＿＿＿日　　　　　　姓名：＿＿＿＿＿＿＿＿＿＿

1. 你有沒有類似剛才的經驗？
　　□ 有　　　　　□ 沒有

2. 你覺得自己清楚了解影片內容嗎？
　　□ 很清楚　　　□ 還好　　　□ 不太清楚

3. 假如小寶碰到小好，跟小好說這件事情，小寶會覺得小好的心情如何？
　　□ 羞愧　　　　□ 尷尬　　　□ 慶幸　　　□ 羨慕

4. 小寶覺得小好認為體育課要上什麼？
　　□跳繩　　　　□樂樂棒球　　□賽跑

5. 事實上，今天體育課要上什麼？
　　□跳繩　　　　□樂樂棒球　　□賽跑

6. 一開始，體育課要上什麼？
　　□跳繩　　　　□樂樂棒球　　□賽跑

7. 看完全部的影片後，你想選擇的行為是哪一個呢？【可複選】
　　□ 行為1　　　□ 行為2　　　□ 行為3

8. 你認為你剛才的選擇，它的行為後果可以得到幾分呢？
　　□100 分　□99～80 分　□79～60 分　□59～40 分　□39～20 分

9. 事實上，你得到幾分？
　　□100 分　□99～80 分　□79～60 分　□59～40 分　□39～20 分

10. 你願意接受你的分數或結果嗎？
　　□接受　　　　□不接受

11. 【行為一】請問，小寶說「做事情不能太僥倖」，這句話是什麼意思？
　　□小寶認為小好考試不能只想靠運氣
　　□小寶認為小好很幸運
　　□小寶認為小好考試不需要練習

12. 看完整個事件後，有沒有讓你想起類似剛才的經驗？有的話請說說看！
　　□ 有　　　　　□ 沒有

## 影片版學習單【大掃除】

日期：_____年_____月_____日　　　　姓名：_____

1. 你有沒有類似剛才的經驗？
   ☐ 有　　　　☐ 沒有

2. 你覺得自己清楚了解影片內容嗎？
   ☐ 很清楚　　☐ 還好　　☐ 不太清楚

3. 你覺得小好的心情如何？
   ☐ 愧疚　　☐ 生氣　　☐ 難過　　☐ 尷尬

4. 老師說：「你的工作櫃都快可以種田了吧！」是什麼意思？
   ☐ 老師要小好去種田
   ☐ 老師要買一塊田
   ☐ 小好的櫃子很髒

5. 你會選擇哪一個行為呢？
   ☐ 行為 1　　☐ 行為 2　　☐ 行為 3

6. 看完整個事件後，有沒有讓你想起類似剛才的經驗？有的話請說說看！
   ☐ 有　　　　☐ 沒有

part 1

part 2

part 3

## 影片版學習單【數學考試】

日期：＿＿＿＿年＿＿＿＿月＿＿＿＿日　　　　　　姓名：＿＿＿＿＿＿＿＿＿＿＿＿

1. 你有沒有類似剛才的經驗？
   □ 有　　　　□ 沒有

2. 你覺得自己清楚了解影片內容嗎？
   □ 很清楚　　□ 還好　　□ 不太清楚

3. 你覺得小好的心情如何？
   □ 尷尬　　□ 愧疚　　□ 難過　　□ 緊張

4. 老師說：「妳真不簡單！」是什麼意思？
   □ 老師誇獎小好真厲害
   □ 老師糗小好考不好
   □ 考卷很簡單

5. 你會選擇哪一個行為呢？
   □ 行為 1　　□ 行為 2　　□ 行為 3

6. 看完整個事件後，有沒有讓你想起類似剛才的經驗？有的話請說說看！
   □ 有　　　　□ 沒有

# 影片版學習單【洗碗】

日期：_____年_____月_____日　　　　　　姓名：_____

1. 你有沒有類似剛才的經驗？
   □ 有　　　　　□ 沒有

2. 你覺得自己清楚了解影片內容嗎？
   □ 很清楚　　□ 還好　　　□ 不太清楚

3. 你覺得妹妹的心情如何？
   □ 緊張　　　□ 尷尬　　　□ 慶幸　　　□ 害怕

4. 你會選擇哪一個行為呢？
   □ 行為 1　　□ 行為 2　　□ 行為 3

5. 你認為你剛才的選擇，它的行為後果可以得到幾分呢？
   □ 100 分　□ 99～80 分　□ 79～60 分　□ 59～40 分　□ 39～20 分

6. 事實上，你得到幾分？
   □ 100 分　□ 99～80 分　□ 79～60 分　□ 59～40 分　□ 39～20 分

7. 你願意接受你的分數或結果嗎？
   □ 接受　　　□ 不接受

8. 看完全部的影片後，你想選擇的行為是哪一個呢？【可複選】
   □ 行為 1　　□ 行為 2　　□ 行為 3

9. 看完整個事件後，有沒有讓你想起類似剛才的經驗？有的話請說說看！
   □ 有　　　　　□ 沒有

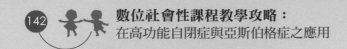
## 影片版學習單【借圍巾】

日期：＿＿＿＿年＿＿＿＿月＿＿＿＿日　　　　姓名：＿＿＿＿＿＿＿＿＿＿

1. 你有沒有類似剛才的經驗？
   □ 有　　　　　　□ 沒有

2. 你覺得自己清楚了解影片內容嗎？
   □ 很清楚　　　□ 還好　　　□ 不太清楚

3. 你覺得妹妹的心情如何？
   □ 高興　　　　□ 愧疚　　　□ 生氣　　　□ 尷尬

4. 你會選擇哪一個行為呢？
   □ 行為 1　　　□ 行為 2　　　□ 行為 3

5. 你認為你剛才的選擇，它的行為後果可以得到幾分呢？
   □ 100 分　□ 99～80 分　□ 79～60 分　□ 59～40 分　□ 39～20 分

6. 事實上，你得到幾分？
   □ 100 分　□ 99～80 分　□ 79～60 分　□ 59～40 分　□ 39～20 分

7. 你願意接受你的分數或結果嗎？
   □ 接受　　　□ 不接受

8. 看完全部的影片後，你想選擇的行為是哪一個呢？【可複選】
   □ 行為 1　　　□ 行為 2　　　□ 行為 3

9. 看完整個事件後，有沒有讓你想起類似剛才的經驗？有的話請說說看！
   □ 有　　　　　□ 沒有

# 影片版學習單【你考幾分】

日期：_____年_____月_____日　　　　姓名：_____

1. 你有沒有類似剛才的經驗？
　　☐ 有　　　　☐ 沒有

2. 你覺得自己清楚了解影片內容嗎？
　　☐ 很清楚　　☐ 還好　　　☐ 不太清楚

3. 你覺得阿福的心情如何？
　　☐ 尷尬　　　☐ 驚訝　　　☐ 害怕　　　☐ 驚喜

4. 你會選擇哪一個行為呢？
　　☐ 行為 1　　☐ 行為 2　　☐ 行為 3

5. 你認為你剛才的選擇，它的行為後果可以得到幾分呢？
　　☐ 100 分　☐ 99～80 分　☐ 79～60 分　☐ 59～40 分　☐ 39～20 分

6. 事實上，你得到幾分？
　　☐ 100 分　☐ 99～80 分　☐ 79～60 分　☐ 59～40 分　☐ 39～20 分

7. 你願意接受你的分數或結果嗎？
　　☐ 接受　　　☐ 不接受

8. 看完全部的影片後，你想選擇的行為是哪一個呢？【可複選】
　　☐ 行為 1　　☐ 行為 2　　☐ 行為 3

9. 看完整個事件後，有沒有讓你想起類似剛才的經驗？有的話請說說看！
　　☐ 有　　　　☐ 沒有

part 1

part 2

part 3

附錄
11

# 動畫版學習單

| 層次 | 單元序號 | 情緒 | 影片單元名稱 |
|------|----------|------|--------------|
| 情境 | 1 | 高興 | 新蠟筆 |
| | 2 | 難過 | 釣魚 |
| | 3 | 生氣 | 萬聖節 |
| | 4 | 害怕 | 說故事 |
| | 5 | 害怕 | 同學送的生日禮物 |
| | 6 | 害怕 | 一個人睡覺 |
| 想望 | 7 | 難過 | 討厭青椒 |
| | 8 | 高興 | 撲克牌 |
| | 9 | 難過 | 我想吃雞腿飯 |
| | 10 | 難過 | 放風箏 |
| 信念 | 11 | 生氣 | 打電動 |
| | 12 | 生氣 | 一起去騎腳踏車 |
| | 13 | 害怕 | 打躲避球 |
| | 14 | 難過 | 分組活動 |
| | 15 | 難過 | 滔滔不絕 |
| | 16 | 害怕 | 大會操 |
| 初級<br>錯誤信念 | 17 | 高興／焦慮 | 自然考卷 |
| | 18 | 討厭 | 分組打球 |
| | 19 | 高興／疑惑 | 巧克力蛋糕 |
| 次級<br>錯誤信念 | 20 | 焦慮／愧疚／驚訝<br>委屈／生氣／尷尬 | 樹下乘涼 |
| | 21 | 焦慮 | 中正紀念堂 |
| 複雜情緒 | 22 | 愧疚 | 借蠟筆 |
| | 23 | 慶幸 | 檢查作業 |

## 動畫版學習單【新蠟筆】

日期：_____年_____月_____日          姓名：_____

1. 你有沒有類似剛才的經驗？
   □ 有          □ 沒有

2. 你覺得自己清楚了解影片內容嗎？
   □ 很清楚      □ 還好      □ 不太清楚

3. 你覺得他的心情如何？
   □ 高興        □ 生氣        □ 難過        □ 害怕

4. 你會選擇哪一個行為呢？
   □ 行為1        □ 行為2        □ 行為3        □ 行為4

5. 你認為你剛才的選擇，它的行為後果可以得到幾分呢？
   □ 100分  □ 99～80分  □ 79～60分  □ 59～40分  □ 39～20分

6. 事實上，你得到幾分？
   □ 100分  □ 99～80分  □ 79～60分  □ 59～40分  □ 39～20分

7. 你願意接受你的分數或結果嗎？
   □ 接受        □ 不接受

8. 看完全部的影片後，你想選擇的行為是哪一個呢？【可複選】
   □ 行為1        □ 行為2        □ 行為3        □ 行為4

9. 看完整個事件後，有沒有讓你想起類似剛才的經驗？有的話請說說看！
   □ 有          □ 沒有

# 動畫版學習單【釣魚】

日期：＿＿＿＿年＿＿＿＿月＿＿＿＿日　　　　　姓名：＿＿＿＿＿＿＿＿＿＿＿＿

1. 你有沒有類似剛才的經驗？
   □ 有　　　　□ 沒有

2. 你覺得自己清楚了解影片內容嗎？
   □ 很清楚　　□ 還好　　　□ 不太清楚

3. 你覺得他的心情如何？
   □ 高興　　　□ 生氣　　　□ 難過　　　□ 害怕

4. 你會選擇哪一個行為呢？
   □ 行為1　　□ 行為2　　□ 行為3　　□ 行為4

5. 你認為你剛才的選擇，它的行為後果可以得到幾分呢？
   □ 100分　□ 99～80分　□ 79～60分　□ 59～40分　□ 39～20分

6. 事實上，你得到幾分？
   □ 100分　□ 99～80分　□ 79～60分　□ 59～40分　□ 39～20分

7. 你願意接受你的分數或結果嗎？
   □ 接受　　　□ 不接受

8. 看完全部的影片後，你想選擇的行為是哪一個呢？【可複選】
   □ 行為1　　□ 行為2　　□ 行為3　　□ 行為4

9. 看完整個事件後，有沒有讓你想起類似剛才的經驗？有的話請說說看！
   □ 有　　　　□ 沒有

# 動畫版學習單【萬聖節】

日期：＿＿＿＿年＿＿＿＿月＿＿＿＿日　　　　　　姓名：＿＿＿＿＿＿＿＿＿＿

1. 你有沒有類似剛才的經驗？
   □ 有　　　　□ 沒有

2. 你覺得自己清楚了解影片內容嗎？
   □ 很清楚　　□ 還好　　□ 不太清楚

3. 你覺得他的心情如何？
   □ 高興　　□ 生氣　　□ 難過　　□ 害怕

4. 你會選擇哪一個行為呢？
   □ 行為1　　□ 行為2　　□ 行為3　　□ 行為4

5. 你認為你剛才的選擇，它的行為後果可以得到幾分呢？
   □ 100分　□ 99～80分　□ 79～60分　□ 59～40分　□ 39～20分

6. 事實上，你得到幾分？
   □ 100分　□ 99～80分　□ 79～60分　□ 59～40分　□ 39～20分

7. 你願意接受你的分數或結果嗎？
   □ 接受　　□ 不接受

8. 看完全部的影片後，你想選擇的行為是哪一個呢？【可複選】
   □ 行為1　　□ 行為2　　□ 行為3　　□ 行為4

9. 看完整個事件後，有沒有讓你想起類似剛才的經驗？有的話請說說看！
   □ 有　　　　□ 沒有

part 1
part 2
part 3

## 動畫版學習單【說故事】

日期：_____年_____月_____日　　　　姓名：_____

1. 你有沒有類似剛才的經驗？
　　□ 有　　　　□ 沒有

2. 你覺得自己清楚了解影片內容嗎？
　　□ 很清楚　　□ 還好　　□ 不太清楚

3. 你覺得他的心情如何？
　　□ 高興　　□ 生氣　　□ 難過　　□ 害怕

4. 你會選擇哪一個行為呢？
　　□ 行為1　　□ 行為2　　□ 行為3　　□ 行為4

5. 你認為你剛才的選擇，它的行為後果可以得到幾分呢？
　　□ 100分　□ 99～80分　□ 79～60分　□ 59～40分　□ 39～20分

6. 事實上，你得到幾分？
　　□ 100分　□ 99～80分　□ 79～60分　□ 59～40分　□ 39～20分

7. 你願意接受你的分數或結果嗎？
　　□ 接受　　　□ 不接受

8. 看完全部的影片後，你想選擇的行為是哪一個呢？【可複選】
　　□ 行為1　　□ 行為2　　□ 行為3　　□ 行為4

9. 看完整個事件後，有沒有讓你想起類似剛才的經驗？有的話請說說看！
　　□ 有　　　　□ 沒有

## 動畫版學習單【同學送的生日禮物】

日期：_____年_____月_____日　　　　姓名：_____

1. 你有沒有類似剛才的經驗？
　□ 有　　　　□ 沒有

2. 你覺得自己清楚了解影片內容嗎？
　□ 很清楚　　□ 還好　　□ 不太清楚

3. 你覺得他的心情如何？
　□ 高興　　　□ 生氣　　□ 難過　　□ 害怕

4. 你會選擇哪一個行為呢？
　□ 行為 1　　□ 行為 2　　□ 行為 3　　□ 行為 4

5. 你認為你剛才的選擇，它的行為後果可以得到幾分呢？
　□ 100 分　□ 99～80 分　□ 79～60 分　□ 59～40 分　□ 39～20 分

6. 事實上，你得到幾分？
　□ 100 分　□ 99～80 分　□ 79～60 分　□ 59～40 分　□ 39～20 分

7. 你願意接受你的分數或結果嗎？
　□ 接受　　　□ 不接受

8. 看完全部的影片後，你想選擇的行為是哪一個呢？【可複選】
　□ 行為 1　　□ 行為 2　　□ 行為 3　　□ 行為 4

9. 看完整個事件後，有沒有讓你想起類似剛才的經驗？有的話請說說看！
　□ 有　　　　□ 沒有

part 1

part 2

part 3

## 動畫版學習單【一個人睡覺】

日期：＿＿＿＿年＿＿＿＿月＿＿＿＿日　　　　　　　姓名：＿＿＿＿＿＿＿＿＿＿

1. 你有沒有類似剛才的經驗？
   □ 有　　　　　□ 沒有

2. 你覺得自己清楚了解影片內容嗎？
   □ 很清楚　　　□ 還好　　　□ 不太清楚

3. 你覺得他的心情如何？
   □ 高興　　　　□ 生氣　　　□ 難過　　　□ 害怕

4. 你會選擇哪一個行為呢？
   □ 行為 1　　　□ 行為 2　　　□ 行為 3　　　□ 行為 4

5. 你認為你剛才的選擇，它的行為後果可以得到幾分呢？
   □ 100 分　　□ 99〜80 分　　□ 79〜60 分　　□ 59〜40 分　　□ 39〜20 分

6. 事實上，你得到幾分？
   □ 100 分　　□ 99〜80 分　　□ 79〜60 分　　□ 59〜40 分　　□ 39〜20 分

7. 你願意接受你的分數或結果嗎？
   □ 接受　　　　□ 不接受

8. 看完全部的影片後，你想選擇的行為是哪一個呢？【可複選】
   □ 行為 1　　　□ 行為 2　　　□ 行為 3　　　□ 行為 4

9. 看完整個事件後，有沒有讓你想起類似剛才的經驗？有的話請說說看！
   □ 有　　　　　□ 沒有

# 動畫版學習單【討厭青椒】

日期：_____年_____月_____日　　　　姓名：_____

1. 你有沒有類似剛才的經驗？
　□ 有　　　　□ 沒有

2. 你覺得自己清楚了解影片內容嗎？
　□ 很清楚　　□ 還好　　□ 不太清楚

3. 你覺得他的心情如何？
　□ 高興　　　□ 生氣　　□ 難過　　□ 害怕

4. 你會選擇哪一個行為呢？
　□ 行為 1　　□ 行為 2　　□ 行為 3　　□ 行為 4

5. 你認為你剛才的選擇，它的行為後果可以得到幾分呢？
　□ 100 分　□ 99～80 分　□ 79～60 分　□ 59～40 分　□ 39～20 分

6. 事實上，你得到幾分？
　□ 100 分　□ 99～80 分　□ 79～60 分　□ 59～40 分　□ 39～20 分

7. 你願意接受你的分數或結果嗎？
　□ 接受　　　□ 不接受

8. 看完全部的影片後，你想選擇的行為是哪一個呢？【可複選】
　□ 行為 1　　□ 行為 2　　□ 行為 3　　□ 行為 4

9. 看完整個事件後，有沒有讓你想起類似剛才的經驗？有的話請說說看！
　□ 有　　　　□ 沒有

part 1

part 2

part 3

## 動畫版學習單【撲克牌】

日期：_____年_____月_____日　　　　姓名：_____

1. 你有沒有類似剛才的經驗？
□ 有　　　　□ 沒有

2. 你覺得自己清楚了解影片內容嗎？
□ 很清楚　　□ 還好　　□ 不太清楚

3. 你覺得他的心情如何？
□ 高興　　□ 生氣　　□ 難過　　□ 害怕

4. 你會選擇哪一個行為呢？
□ 行為 1　　□ 行為 2　　□ 行為 3　　□ 行為 4

5. 你認為你剛才的選擇，它的行為後果可以得到幾分呢？
□ 100 分　□ 99～80 分　□ 79～60 分　□ 59～40 分　□ 39～20 分

6. 事實上，你得到幾分？
□ 100 分　□ 99～80 分　□ 79～60 分　□ 59～40 分　□ 39～20 分

7. 你願意接受你的分數或結果嗎？
□ 接受　　□ 不接受

8. 看完全部的影片後，你想選擇的行為是哪一個呢？【可複選】
□ 行為 1　　□ 行為 2　　□ 行為 3　　□ 行為 4

9. 看完整個事件後，有沒有讓你想起類似剛才的經驗？有的話請說說看！
□ 有　　　　□ 沒有

## 動畫版學習單【我想吃雞腿飯】

日期：_____ 年_____ 月_____ 日　　　　姓名：_____

1. 你有沒有類似剛才的經驗？
   □ 有　　　　　□ 沒有

2. 你覺得自己清楚了解影片內容嗎？
   □ 很清楚　　　□ 還好　　　　□ 不太清楚

3. 你覺得他的心情如何？
   □ 高興　　　　□ 生氣　　　　□ 難過　　　　□ 害怕

4. 你會選擇哪一個行為呢？
   □ 行為 1　　　□ 行為 2　　　□ 行為 3　　　□ 行為 4

5. 你認為你剛才的選擇，它的行為後果可以得到幾分呢？
   □ 100 分　□ 99～80 分　□ 79～60 分　□ 59～40 分　□ 39～20 分

6. 事實上，你得到幾分？
   □ 100 分　□ 99～80 分　□ 79～60 分　□ 59～40 分　□ 39～20 分

7. 你願意接受你的分數或結果嗎？
   □ 接受　　　　□ 不接受

8. 看完全部的影片後，你想選擇的行為是哪一個呢？【可複選】
   □ 行為 1　　　□ 行為 2　　　□ 行為 3　　　□ 行為 4

9. 看完整個事件後，有沒有讓你想起類似剛才的經驗？有的話請說說看！
   □ 有　　　　　□ 沒有

part 1

part 2

part 3

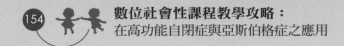

## 動畫版學習單【放風箏】

日期：_____年_____月_____日　　　　　　姓名：_____

1. 你有沒有類似剛才的經驗？
   ☐ 有　　　　☐ 沒有

2. 你覺得自己清楚了解影片內容嗎？
   ☐ 很清楚　　☐ 還好　　☐ 不太清楚

3. 你覺得他的心情如何？
   ☐ 高興　　　☐ 生氣　　☐ 難過　　　☐ 害怕

4. 你會選擇哪一個行為呢？
   ☐ 行為1　　☐ 行為2　　☐ 行為3　　☐ 行為4

5. 你認為你剛才的選擇，它的行為後果可以得到幾分呢？
   ☐ 100分　☐ 99～80分　☐ 79～60分　☐ 59～40分　☐ 39～20分

6. 事實上，你得到幾分？
   ☐ 100分　☐ 99～80分　☐ 79～60分　☐ 59～40分　☐ 39～20分

7. 你願意接受你的分數或結果嗎？
   ☐ 接受　　　☐ 不接受

8. 看完全部的影片後，你想選擇的行為是哪一個呢？【可複選】
   ☐ 行為1　　☐ 行為2　　☐ 行為3　　☐ 行為4

9. 看完整個事件後，有沒有讓你想起類似剛才的經驗？有的話請說說看！
   ☐ 有　　　　☐ 沒有

## 動畫版學習單【打電動】

日期：＿＿＿＿年＿＿＿＿月＿＿＿＿日　　　　姓名：＿＿＿＿＿＿＿＿＿

1. 你有沒有類似剛才的經驗？
   □ 有　　　　□ 沒有

2. 你覺得自己清楚了解影片內容嗎？
   □ 很清楚　　□ 還好　　　□ 不太清楚

3. 你覺得他的心情如何？
   □ 高興　　　□ 生氣　　　□ 難過　　　□ 害怕

4. 你會選擇哪一個行為呢？
   □ 行為 1　　□ 行為 2　　□ 行為 3　　□ 行為 4

5. 你認為你剛才的選擇，它的行為後果可以得到幾分呢？
   □ 100 分　□ 99～80 分　□ 79～60 分　□ 59～40 分　□ 39～20 分

6. 事實上，你得到幾分？
   □ 100 分　□ 99～80 分　□ 79～60 分　□ 59～40 分　□ 39～20 分

7. 你願意接受你的分數或結果嗎？
   □ 接受　　　□ 不接受

8. 看完全部的影片後，你想選擇的行為是哪一個呢？【可複選】
   □ 行為 1　　□ 行為 2　　□ 行為 3　　□ 行為 4

9. 看完整個事件後，有沒有讓你想起類似剛才的經驗？有的話請說說看！
   □ 有　　　　□ 沒有

## 動畫版學習單【一起去騎腳踏車】

日期：_____年_____月_____日　　　　　姓名：_____

1. 你有沒有類似剛才的經驗？
　　□ 有　　　　　□ 沒有

2. 你覺得自己清楚了解影片內容嗎？
　　□ 很清楚　　□ 還好　　□ 不太清楚

3. 你覺得他的心情如何？
　　□ 高興　　　□ 生氣　　□ 難過　　　□ 害怕

4. 你會選擇哪一個行為呢？
　　□ 行為 1　　□ 行為 2　　□ 行為 3　　□ 行為 4

5. 你認為你剛才的選擇，它的行為後果可以得到幾分呢？
　　□ 100 分　□ 99～80 分　□ 79～60 分　□ 59～40 分　□ 39～20 分

6. 事實上，你得到幾分？
　　□ 100 分　□ 99～80 分　□ 79～60 分　□ 59～40 分　□ 39～20 分

7. 你願意接受你的分數或結果嗎？
　　□ 接受　　　□ 不接受

8. 看完全部的影片後，你想選擇的行為是哪一個呢？【可複選】
　　□ 行為 1　　□ 行為 2　　□ 行為 3　　□ 行為 4

9. 看完整個事件後，有沒有讓你想起類似剛才的經驗？有的話請說說看！
　　□ 有　　　　　□ 沒有

# 動畫版學習單【打躲避球】

日期：＿＿＿＿年＿＿＿＿月＿＿＿＿日　　　　　姓名：＿＿＿＿＿＿＿＿＿＿＿＿

1. 你有沒有類似剛才的經驗？
   □ 有　　　　　□ 沒有

2. 你覺得自己清楚了解影片內容嗎？
   □ 很清楚　　　□ 還好　　　□ 不太清楚

3. 你覺得他的心情如何？
   □ 高興　　　　□ 生氣　　　□ 難過　　　□ 害怕

4. 你會選擇哪一個行為呢？
   □ 行為 1　　　□ 行為 2　　　□ 行為 3　　　□ 行為 4

5. 你認為你剛才的選擇，它的行為後果可以得到幾分呢？
   □ 100 分　□ 99～80 分　□ 79～60 分　□ 59～40 分　□ 39～20 分

6. 事實上，你得到幾分？
   □ 100 分　□ 99～80 分　□ 79～60 分　□ 59～40 分　□ 39～20 分

7. 你願意接受你的分數或結果嗎？
   □ 接受　　　　□ 不接受

8. 看完全部的影片後，你想選擇的行為是哪一個呢？【可複選】
   □ 行為 1　　　□ 行為 2　　　□ 行為 3　　　□ 行為 4

9. 看完整個事件後，有沒有讓你想起類似剛才的經驗？有的話請說說看！
   □ 有　　　　　□ 沒有

part 1

part 2

part 3

## 動畫版學習單【分組活動】

日期：_____年_____月_____日　　　　　　姓名：_____

1. 你有沒有類似剛才的經驗？
   □ 有　　　　　□ 沒有

2. 你覺得自己清楚了解影片內容嗎？
   □ 很清楚　　　□ 還好　　　□ 不太清楚

3. 你覺得他的心情如何？
   □ 高興　　　　□ 生氣　　　□ 難過　　　□ 害怕

4. 你會選擇哪一個行為呢？
   □ 行為 1　　　□ 行為 2　　□ 行為 3　　□ 行為 4

5. 你認為你剛才的選擇，它的行為後果可以得到幾分呢？
   □ 100 分　□ 99～80 分　□ 79～60 分　□ 59～40 分　□ 39～20 分

6. 事實上，你得到幾分？
   □ 100 分　□ 99～80 分　□ 79～60 分　□ 59～40 分　□ 39～20 分

7. 你願意接受你的分數或結果嗎？
   □ 接受　　　　□ 不接受

8. 看完全部的影片後，你想選擇的行為是哪一個呢？【可複選】
   □ 行為 1　　　□ 行為 2　　□ 行為 3　　□ 行為 4

9. 看完整個事件後，有沒有讓你想起類似剛才的經驗？有的話請說說看！
   □ 有　　　　　□ 沒有

# 動畫版學習單【滔滔不絕】

日期：＿＿＿年＿＿＿月＿＿＿日　　　　　姓名：＿＿＿＿＿＿＿＿＿

1. 你有沒有類似剛才的經驗？
   ☐ 有　　　　　☐ 沒有

2. 你覺得自己清楚了解影片內容嗎？
   ☐ 很清楚　　　☐ 還好　　　☐ 不太清楚

3. 你覺得他的心情如何？
   ☐ 高興　　　　☐ 生氣　　　☐ 難過　　　☐ 害怕

4. 你會選擇哪一個行為呢？
   ☐ 行為1　　　☐ 行為2　　　☐ 行為3　　　☐ 行為4

5. 你認為你剛才的選擇，它的行為後果可以得到幾分呢？
   ☐ 100分　☐ 99～80分　☐ 79～60分　☐ 59～40分　☐ 39～20分

6. 事實上，你得到幾分？
   ☐ 100分　☐ 99～80分　☐ 79～60分　☐ 59～40分　☐ 39～20分

7. 你願意接受你的分數或結果嗎？
   ☐ 接受　　　☐ 不接受

8. 看完全部的影片後，你想選擇的行為是哪一個呢？【可複選】
   ☐ 行為1　　　☐ 行為2　　　☐ 行為3　　　☐ 行為4

9. 看完整個事件後，有沒有讓你想起類似剛才的經驗？有的話請說說看！
   ☐ 有　　　　☐ 沒有

part 1　part 2　part 3

## 動畫版學習單【大會操】

日期：_____年_____月_____日　　　　　姓名：_____

1. 你有沒有類似剛才的經驗？
   □ 有　　　　□ 沒有

2. 你覺得自己清楚了解影片內容嗎？
   □ 很清楚　　□ 還好　　□ 不太清楚

3. 你覺得他的心情如何？
   □ 高興　　□ 生氣　　□ 難過　　□ 害怕

4. 你會選擇哪一個行為呢？
   □ 行為 1　　□ 行為 2　　□ 行為 3　　□ 行為 4

5. 你認為你剛才的選擇，它的行為後果可以得到幾分呢？
   □ 100 分　□ 99～80 分　□ 79～60 分　□ 59～40 分　□ 39～20 分

6. 事實上，你得到幾分？
   □ 100 分　□ 99～80 分　□ 79～60 分　□ 59～40 分　□ 39～20 分

7. 你願意接受你的分數或結果嗎？
   □ 接受　　□ 不接受

8. 看完全部的影片後，你想選擇的行為是哪一個呢？【可複選】
   □ 行為 1　　□ 行為 2　　□ 行為 3　　□ 行為 4

9. 看完整個事件後，有沒有讓你想起類似剛才的經驗？有的話請說說看！
   □ 有　　□ 沒有

# 動畫版學習單【自然考卷】

日期：_____年_____月_____日　　　　　姓名：_____

1. 你有沒有類似剛才的經驗？
   ☐ 有　　　　☐ 沒有

2. 你覺得自己清楚了解影片內容嗎？
   ☐ 很清楚　　☐ 還好　　☐ 不太清楚

3. 你覺得小寶的心情如何？
   ☐ 高興　　☐ 生氣　　☐ 難過　　☐ 害怕

4. 請問小寶認為自然考卷裡面有問答題嗎 ？
   ☐ 有　　　　☐ 沒有　　☐ 不知道

5. 事實上，自然考卷有沒有問答題？
   ☐ 有　　　　☐ 沒有　　☐ 不知道

6. 一開始，小寶認為自然考卷是什麼題型 ？
   ☐ 問答題　　☐ 選擇題　　☐ 問答題+選擇題

7. 事實上，自然考卷出現什麼題型？
   ☐ 問答題　　☐ 選擇題　　☐ 問答題+選擇題

8. 最後，小寶看到桌上的考卷，你覺得小寶的心情如何？
   ☐ 焦慮　　☐ 慶幸　　☐ 羨慕　　☐ 尷尬

9. 你會選擇哪一個行為呢？
   ☐ 行為 1　　☐ 行為 2　　☐ 行為 3　　☐ 行為 4

10. 你認為你剛才的選擇，它的行為後果可以得到幾分呢？
    ☐ 100 分　☐ 99～80 分　☐ 79～60 分　☐ 59～40 分　☐ 39～20 分

11. 事實上，你得到幾分？
    ☐ 100 分　☐ 99～80 分　☐ 79～60 分　☐ 59～40 分　☐ 39～20 分

12. 你願意接受你的分數或結果嗎？
    ☐ 接受　　☐ 不接受

13. 看完全部的影片後，你想選擇的行為是哪一個呢？【可複選】
    ☐ 行為 1　　☐ 行為 2　　☐ 行為 3　　☐ 行為 4

14. 看完整個事件後，有沒有讓你想起類似剛才的經驗？有的話請說說看！
    ☐ 有　　　　☐ 沒有

part 1

part 2

part 3

## 動畫版學習單【分組打球】

日期：＿＿＿＿年＿＿＿＿月＿＿＿＿日　　　　　姓名：＿＿＿＿＿＿＿＿＿＿

1. 你有沒有類似剛才的經驗？
   □ 有　　　　　□ 沒有

2. 你覺得自己清楚了解影片內容嗎？
   □ 很清楚　　□ 還好　　□ 不太清楚

3. 小寶認為小美跟自己一組嗎？
   □ 同一組　　□ 不同組　　□ 不知道

4. 事實上，小美和小寶同一組嗎？
   □ 同一組　　□ 不同組　　□ 不知道

5. 你覺得小寶的心情如何？
   □ 焦慮　　　□ 慶幸　　　□ 緊張　　　□ 討厭

6. 你會選擇哪一個行為呢？
   □ 行為1　　□ 行為2　　□ 行為3　　□ 行為4

7. 你認為你剛才的選擇，它的行為後果可以得到幾分呢？
   □ 100分　□ 99～80分　□ 79～60分　□ 59～40分　□ 39～20分

8. 事實上，你得到幾分？
   □ 100分　□ 99～80分　□ 79～60分　□ 59～40分　□ 39～20分

9. 你願意接受你的分數或結果嗎？
   □ 接受　　　□ 不接受

10. 看完全部的影片後，你想選擇的行為是哪一個呢？【可複選】
    □ 行為1　　□ 行為2　　□ 行為3　　□ 行為4

11. 看完整個事件後，有沒有讓你想起類似剛才的經驗？有的話請說說看！
    □ 有　　　　　□ 沒有

# 動畫版學習單【巧克力蛋糕】

日期：_____年_____月_____日　　　　　姓名：_____

1. 你有沒有類似剛才的經驗？
   ☐ 有　　　　☐ 沒有

2. 你覺得自己清楚了解影片內容嗎？
   ☐ 很清楚　　☐ 還好　　☐ 不太清楚

3. 這時候，小寶的心情會是怎麼樣的？
   ☐ 高興　　☐ 疑惑　　☐ 難過　　☐ 害怕

4. 你覺得小寶會去哪裡找蛋糕？
   ☐ 冰箱裡　　☐ 桌上　　☐ 廚房

5. 一開始，小寶認為巧克力蛋糕在哪裡？
   ☐ 冰箱　　☐ 桌上　　☐ 廚房

6. 事實上，巧克力蛋糕現在在哪裡？
   ☐ 冰箱　　☐ 桌上　　☐ 廚房

7. 最後，小寶洗完澡出來找蛋糕，你覺得小寶的心情如何？
   ☐ 高興　　☐ 疑惑　　☐ 難過　　☐ 尷尬

8. 你會選擇哪一個行為呢？
   ☐ 行為 1　　☐ 行為 2　　☐ 行為 3

9. 你認為你剛才的選擇，它的行為後果可以得到幾分呢？
   ☐ 100 分　☐ 99～80 分　☐ 79～60 分　☐ 59～40 分　☐ 39～20 分

10. 事實上，你得到幾分？
   ☐ 100 分　☐ 99～80 分　☐ 79～60 分　☐ 59～40 分　☐ 39～20 分

11. 你願意接受你的分數或結果嗎？
   ☐ 接受　　☐ 不接受

12. 看完全部的影片後，你想選擇的行為是哪一個呢？【可複選】
   ☐ 行為 1　　☐ 行為 2　　☐ 行為 3

13. 看完整個事件後，有沒有讓你想起類似剛才的經驗？有的話請說說看！
   ☐ 有　　　　☐ 沒有

part 1

part 2

part 3

## 動畫版學習單【樹下乘涼】

日期：_____年_____月_____日　　　　姓名：_____

1. 你有沒有類似剛才的經驗？
   □ 有　　　　□ 沒有

2. 你覺得自己清楚了解影片內容嗎？
   □ 很清楚　　□ 還好　　　□ 不太清楚

3. 小寶認為阿福買完飲料後，會去哪裡找自己？
   □ 樹下　　　□ 籃球場　　□ 草地

4. 事實上，阿福會到哪裡找小寶？
   □ 樹下　　　□ 籃球場　　□ 草地

5. 當阿福知道更改地點時，小寶在哪裡？
   □ 樹下　　　□ 路上　　　□ 草地

6. 一開始，小寶、阿福和小胖約好在哪休息？
   □ 樹下　　　□ 籃球場　　□ 草地

7. 當小寶找不到阿福時，小寶的心情如何？
   □ 焦慮　　　□ 生氣　　　□ 驚訝　　□ 高興

8. 【情境一】當阿福說「不是說在樹下休息嗎？」這句話時，小寶的心情如何？
   □ 驚訝　　　□ 高興　　　□ 尷尬　　□ 生氣

9. 【情境二】當小寶說「你是去太平洋買飲料唷！」這句話時，小寶的心情如何？
   □ 驚訝　　　□ 生氣　　　□ 尷尬　　□ 焦慮

10. 【情境二】小寶說「你是去太平洋買飲料唷？」這句話是什麼意思？
   □ 認為阿福很辛苦　　　□ 太平洋很遠　　　□ 認為阿福買太久

11. 【情境三】當小寶說「你怎麼去這麼久啊！」這句話時，阿福的心情如何？
   □ 驚訝　　　□ 愧疚　　　□ 尷尬　　□ 高興

12. 【情境四】當小寶說：「你真是莫名奇妙！我們不是約在草地上嗎？你幹嘛亂跑啊！」這句話時，阿福的心情如何？
   □ 驚訝　　　□ 委屈　　　□ 尷尬　　□ 高興

13. 【情境四】當阿福回應小寶：「我剛剛碰到小胖，他說你在這裡啊！」這句話時，小寶的心情如何？
   □ 焦慮　　　□ 愧疚　　　□ 尷尬　　□ 高興

14. 看完整個事件後，有沒有讓你想起類似剛才的經驗？有的話請說說看！
   □ 有　　　　□ 沒有

# 動畫版學習單【中正紀念堂】

日期：_____年_____月_____日　　　　姓名：_____

1. 你有沒有類似剛才的經驗？
   □ 有　　　　□ 沒有

2. 你覺得自己清楚了解影片內容嗎？
   □ 很清楚　　□ 還好　　□ 不太清楚

3. 哥哥買完飼料後，會去哪裡找小寶？
   □ 紀念館　　□ 魚池　　□ 大廣場

4. 事實上，小寶現在在哪裡？
   □ 紀念館　　□ 魚池　　□ 大廣場

5. 一開始的時候，爸爸說要在哪裡集合？
   □ 紀念館　　□ 魚池　　□ 大廣場

6. 當哥哥找不到小寶時，哥哥的心情如何？
   □ 焦慮　　□ 尷尬　　□ 愧疚　　□ 生氣

7. 你會選擇哪一個行為呢？
   □ 行為 1　　□ 行為 2　　□ 行為 3

8. 你認為你剛才的選擇，它的行為後果可以得到幾分呢？
   □ 100 分　□ 99～80 分　□ 79～60 分　□ 59～40 分　□ 39～20 分

9. 事實上，你得到幾分？
   □ 100 分　□ 99～80 分　□ 79～60 分　□ 59～40 分　□ 39～20 分

10. 你願意接受你的分數或結果嗎？
    □ 接受　　□ 不接受

11. 看完全部的影片後，你想選擇的行為是哪一個呢？【可複選】
    □ 行為 1　　□ 行為 2　　□ 行為 3

12. 看完整個事件後，有沒有讓你想起類似剛才的經驗？有的話請說說看！
    □ 有　　　　□ 沒有

part 1

part 2

part 3

## 動畫版學習單【借蠟筆】

日期：＿＿＿＿年＿＿＿＿月＿＿＿＿日　　　　姓名：＿＿＿＿＿＿＿＿＿＿＿＿

1. 你有沒有類似剛才的經驗？
   □ 有　　　　□ 沒有

2. 你覺得自己清楚了解影片內容嗎？
   □ 很清楚　　□ 還好　　□ 不太清楚

3. 你覺得他的心情如何？
   □ 高興　　　□ 驚訝　　□ 愧疚　　　□ 焦慮

4. 你會選擇哪一個行為呢？
   □ 行為1　　□ 行為2　　□ 行為3　　□ 行為4

5. 你認為你剛才的選擇，它的行為後果可以得到幾分呢？
   □ 100分　□ 99～80分　□ 79～60分　□ 59～40分　□ 39～20分

6. 事實上，你得到幾分？
   □ 100分　□ 99～80分　□ 79～60分　□ 59～40分　□ 39～20分

7. 你願意接受你的分數或結果嗎？
   □ 接受　　　□ 不接受

8. 看完全部的影片後，你想選擇的行為是哪一個呢？【可複選】
   □ 行為1　　□ 行為2　　□ 行為3　　□ 行為4

9. 看完整個事件後，有沒有讓你想起類似剛才的經驗？有的話請說說看！
   □ 有　　　　□ 沒有

# 動畫版學習單【檢查作業】

日期：_____年_____月_____日　　　　姓名：_____

1. 你有沒有類似剛才的經驗？
   ☐ 有　　　　☐ 沒有

2. 你覺得自己清楚了解影片內容嗎？
   ☐ 很清楚　　☐ 還好　　☐ 不太清楚

3. 你覺得他的心情如何？
   ☐ 高興　　☐ 生氣　　☐ 難過　　☐ 害怕

4. 你會選擇哪一個行為呢？
   ☐ 行為1　　☐ 行為2　　☐ 行為3　　☐ 行為4

5. 你認為你剛才的選擇，它的行為後果可以得到幾分呢？
   ☐ 100分　☐ 99～80分　☐ 79～60分　☐ 59～40分　☐ 39～20分

6. 事實上，你得到幾分？
   ☐ 100分　☐ 99～80分　☐ 79～60分　☐ 59～40分　☐ 39～20分

7. 你願意接受你的分數或結果嗎？
   ☐ 接受　　☐ 不接受

8. 看完全部的影片後，你想選擇的行為是哪一個呢？【可複選】
   ☐ 行為1　　☐ 行為2　　☐ 行為3　　☐ 行為4

9. 看完整個事件後，有沒有讓你想起類似剛才的經驗？有的話請說說看！
   ☐ 有　　　　☐ 沒有

part 1

part 2

part 3

## 附錄 12　影片單元教學目標檢核表

單元名稱：我得獎了（1）　　　　　　教學日期：　　年　　月　　日
主教老師：　　　　　　　　　　　　觀察記錄者：

| 1 | | 我得獎了（情境） | 學生姓名 | | | | |
|---|---|---|---|---|---|---|---|
| 向度　　層次 | | 當處於參與比賽得獎的情境 | | | | | |
| 預測情緒 | 1 | 能說出「高興」的情緒（題3） | | | | | |
| | 2 | 能由自己或他人過去「得獎」或類似經驗，說出「高興」情緒 | | | | | |
| 由情緒預測行為 | 3 | 能由三個行為中選出一個行為（題4） | | | | | |
| | 4 | 能說出為什麼選擇「表達感謝」的行為 | | | | | |
| | 5 | 能說出為什麼選擇「太過驕傲」的行為 | | | | | |
| | 6 | 能說出為什麼選擇「炫耀」的行為 | | | | | |
| 由行為預測結果 | 7 | 能說出「表達感謝」行為的適當性 | | | | | |
| | 8 | 能說出「太過驕傲」行為的適當性 | | | | | |
| | 9 | 能說出「炫耀」行為的適當性 | | | | | |
| | 10 | 能預測所選行為的得分（題5） | | | | | |
| | 11 | 能說出「表達感謝」的行為後果 | | | | | |
| | 12 | 能說出「太過驕傲」的行為後果 | | | | | |
| | 13 | 能說出「炫耀」的行為後果 | | | | | |
| 對選擇的行為負責 | 14 | 能接受自己所選擇行為的後果（得分）（題7） | | | | | |
| 由結果逆推行為的選擇 | 15 | 有不適當行為時，願意修正不適當的想法與行為（題8） | | | | | |
| | 16 | 有不適當行為時，能將行為修正為「表達感謝」或其他適當表現 | | | | | |

評量標準：
　　5：能獨立表現或說出，且內容適當完整
　　4：能獨立表現或說出，內容與主題有關但不完整
　　3：能獨立表現或說出，但內容與主題無關
　　2：在少量提示、協助下表現此能力
　　1：在大量提示、協助下表現此能力
　　0：無法表現此能力或不反應
　　N：不適宜評量（含老師未問此問題或未讓該生發表）

單元名稱：多一包薯條（2）　　　　　　　教學日期：　　年　　月　　日

主教老師：　　　　　　　　　　　　　　　觀察記錄者：

| 2 | | 多一包薯條（情境） | 學生姓名 | | | | |
|---|---|---|---|---|---|---|---|
| 層次＼向度 | | 當處於獲得喜歡的薯條的情境時 | | | | | |
| 層次預測情緒 | 1 | 能說出「高興」的情緒（題3） | | | | | |
| | 2 | 能由自己或他人過去「處於獲得喜歡事物」的經驗，說出「高興」的情緒 | | | | | |
| 由情緒預測行為 | 3 | 能由三個行為中選出一個行為（題4） | | | | | |
| | 4 | 能說出為什麼選擇「分享」的行為 | | | | | |
| | 5 | 能說出為什麼選擇「囂張」的行為 | | | | | |
| | 6 | 能說出為什麼選擇「炫耀」的行為 | | | | | |
| 由行為預測結果 | 7 | 能說出「分享」行為的適當性 | | | | | |
| | 8 | 能說出「囂張」行為的適當性 | | | | | |
| | 9 | 能說出「炫耀」行為的適當性 | | | | | |
| | 10 | 能預測所選行為的得分（題5） | | | | | |
| | 11 | 能說出「分享」的行為後果 | | | | | |
| | 12 | 能說出「囂張」的行為後果 | | | | | |
| | 13 | 能說出「炫耀」的行為後果 | | | | | |
| 對選擇的行為負責 | 14 | 能接受自己所選擇行為的後果（得分）（題7） | | | | | |
| 由結果逆推行為的選擇 | 15 | 有不適當行為時，願意修正不適當的想法與行為（題8） | | | | | |
| | 16 | 有不適當行為時，能將行為修正為「分享喜悅」或其他適當表現 | | | | | |

評量標準：

　　5：能獨立表現或說出，且內容適當完整

　　4：能獨立表現或說出，內容與主題有關但不完整

　　3：能獨立表現或說出，但內容與主題無關

　　2：在少量提示、協助下表現此能力

　　1：在大量提示、協助下表現此能力

　　0：無法表現此能力或不反應

　　N：不適宜評量（含老師未問此問題或未讓該生發表）

part 1

part 2

part 3

單元名稱：國語考卷（3）　　　　　　教學日期：　　年　　月　　日
主教老師：　　　　　　　　　　　　觀察記錄者：

| 3 | | 國語考卷（情境） | 學生姓名 | | | |
|---|---|---|---|---|---|---|
| 層次／向度 | | 當處於考試不會寫的情境時 | | | | |
| 預測情緒 | 1 | 能說出「生氣」的情緒（題3） | | | | |
| | 2 | 能由自己或他人過去「考試不會寫」的經驗，說出「生氣／難過」的情緒 | | | | |
| 由情緒預測行為 | 3 | 能由三個行為中選出一個行為（題4） | | | | |
| | 4 | 能說出為什麼選擇「逃避」的行為 | | | | |
| | 5 | 能說出為什麼選擇「尋求協助」的行為 | | | | |
| | 6 | 能說出為什麼選擇「撕考卷」的行為 | | | | |
| 由行為預測結果 | 7 | 能說出「逃避」行為的適當性 | | | | |
| | 8 | 能說出「尋求協助」行為的適當性 | | | | |
| | 9 | 能說出「撕考卷」行為的適當性 | | | | |
| | 10 | 能預測所選行為的得分（題5） | | | | |
| | 11 | 能說出「逃避」的行為後果 | | | | |
| | 12 | 能說出「尋求協助」的行為後果 | | | | |
| | 13 | 能說出「撕考卷」的行為後果 | | | | |
| 對選擇的行為負責 | 14 | 能接受自己所選擇行為的後果（得分）（題7） | | | | |
| 由結果逆推行為的選擇 | 15 | 有不適當行為時，願意修正不適當的想法與行為（題8） | | | | |
| | 16 | 有不適當行為時，能將行為修正為「尋求協助」或其他適當表現 | | | | |

評量標準：

　　5：能獨立表現或說出，且內容適當完整
　　4：能獨立表現或說出，內容與主題有關但不完整
　　3：能獨立表現或說出，但內容與主題無關
　　2：在少量提示、協助下表現此能力
　　1：在大量提示、協助下表現此能力
　　0：無法表現此能力或不反應
　　N：不適宜評量（含老師未問此問題或未讓該生發表）

單元名稱：拼圖少一塊（4）　　　教學日期：　　年　　月　　日
主教老師：　　　　　　　　　　觀察記錄者：

| 4 | | 拼圖少一塊（情境） | 學生姓名 | | | | |
|---|---|---|---|---|---|---|---|
| 層次＼向度 | | 當處於玩拼圖卻少了最後一塊的情境時 | | | | | |
| 預測情緒 | 1 | 能說出「生氣」的情緒（題3） | | | | | |
| | 2 | 能由自己或他人過去「找不到最後一塊拼圖」的經驗，說出「生氣」的情緒 | | | | | |
| 由情緒預測行為 | 3 | 能由三個行為中選出一個行為（題4） | | | | | |
| | 4 | 能說出為什麼選擇「怪罪他人」的行為 | | | | | |
| | 5 | 能說出為什麼選擇「亂扔東西」的行為 | | | | | |
| | 6 | 能說出為什麼選擇「尋求協助」的行為 | | | | | |
| 由行為預測結果 | 7 | 能說出「怪罪他人」行為的適當性 | | | | | |
| | 8 | 能說出「亂扔東西」行為的適當性 | | | | | |
| | 9 | 能說出「尋求協助」行為的適當性 | | | | | |
| | 10 | 能預測所選行為的得分（題5） | | | | | |
| | 11 | 能說出「怪罪他人」的行為後果 | | | | | |
| | 12 | 能說出「亂扔東西」的行為後果 | | | | | |
| | 13 | 能說出「尋求協助」的行為後果 | | | | | |
| 對選擇的行為負責 | 14 | 能接受自己所選擇行為的後果（得分）（題7） | | | | | |
| 由結果逆推行為的選擇 | 15 | 有不適當行為時，願意修正不適當的想法與行為（題8） | | | | | |
| | 16 | 有不適當行為時，能將行為修正為「尋求協助」或其他適當表現 | | | | | |

評量標準：
5：能獨立表現或說出，且內容適當完整
4：能獨立表現或說出，內容與主題有關但不完整
3：能獨立表現或說出，但內容與主題無關
2：在少量提示、協助下表現此能力
1：在大量提示、協助下表現此能力
0：無法表現此能力或不反應
N：不適宜評量（含老師未問此問題或未讓該生發表）

單元名稱：我生病了（5）　　　　　　　　　教學日期：　　年　　月　　日
主教老師：　　　　　　　　　　　　　　　　觀察記錄者：

| 5 | | 我生病了（情境） | 學生姓名 | | | | |
|---|---|---|---|---|---|---|---|
| 向度＼層次 | | 當處於生病需要打針的情境時 | | | | | |
| 預測情緒 | 1 | 能說出「害怕」的情緒（題3） | | | | | |
| | 2 | 能由自己或他人過去「生病打針」的經驗，說出「害怕」的情緒 | | | | | |
| 由情緒預測行為 | 3 | 能由三個行為中選出一個行為（題4） | | | | | |
| | 4 | 能說出為什麼選擇「任性」的行為 | | | | | |
| | 5 | 能說出為什麼選擇「怪罪他人」的行為 | | | | | |
| | 6 | 能說出為什麼選擇「適當表達情緒」的行為 | | | | | |
| 由行為預測結果 | 7 | 能說出「任性」的行為適當性 | | | | | |
| | 8 | 能說出「怪罪他人」的行為適當性 | | | | | |
| | 9 | 能說出「適當表達情緒」的行為適當性 | | | | | |
| | 10 | 能預測所選行為的得分（題5） | | | | | |
| | 11 | 能說出「任性」的行為後果 | | | | | |
| | 12 | 能說出「怪罪他人」的行為後果 | | | | | |
| | 13 | 能說出「適當表達情緒」的行為後果 | | | | | |
| 對選擇的行為負責 | 14 | 能接受自己所選擇行為的後果（得分）（題7） | | | | | |
| 由結果逆推行為的選擇 | 15 | 有不適當行為時，願意修正不適當的想法與行為（題8） | | | | | |
| | 16 | 有不適當行為時，能將行為修正為「適當表達情緒」或其他適當表現 | | | | | |

評量標準：

　　5：能獨立表現或說出，且內容適當完整
　　4：能獨立表現或說出，內容與主題有關但不完整
　　3：能獨立表現或說出，但內容與主題無關
　　2：在少量提示、協助下表現此能力
　　1：在大量提示、協助下表現此能力
　　0：無法表現此能力或不反應
　　N：不適宜評量（含老師未問此問題或未讓該生發表）

單元名稱：大會舞（6）　　　　　　　教學日期：　　年　　月　　日
主教老師：　　　　　　　　　　　　觀察記錄者：

| 6 | 大會舞（情境） | | 學生姓名 | | | | |
|---|---|---|---|---|---|---|---|
| 向度＼層次 | 當處於疲累的情境時 | | | | | | |
| 預測情緒 | 1 | 能說出「難過」的情緒（題3） | | | | | |
| | 2 | 能由自己或他人過去「處於疲累」的經驗，說出「難過」的情緒 | | | | | |
| 由情緒預測行為 | 3 | 能由三個行為中選出一個行為（題4） | | | | | |
| | 4 | 能說出為什麼選擇「表達意見」的行為 | | | | | |
| | 5 | 能說出為什麼選擇「哭鬧」的行為 | | | | | |
| | 6 | 能說出為什麼選擇「耍賴、逃避責任」的行為 | | | | | |
| 由行為預測結果 | 7 | 能說出「表達意見」行為的適當性 | | | | | |
| | 8 | 能說出「哭鬧」行為的適當性 | | | | | |
| | 9 | 能說出「耍賴、逃避責任」行為的適當性 | | | | | |
| | 10 | 能預測所選行為的得分（題5） | | | | | |
| | 11 | 能說出「表達意見」的行為後果 | | | | | |
| | 12 | 能說出「哭鬧」的行為後果 | | | | | |
| | 13 | 能說出「耍賴、逃避責任」的行為後果 | | | | | |
| 對選擇的行為負責 | 14 | 能接受自己所選擇行為的後果（得分）（題7） | | | | | |
| 由結果逆推行為的選擇 | 15 | 有不適當行為時，願意修正不適當的想法與行為（題8） | | | | | |
| | 16 | 有不適當行為時，能將行為修正為「表達意見」或其他適當表現 | | | | | |

評量標準：

5：能獨立表現或說出，且內容適當完整
4：能獨立表現或說出，內容與主題有關但不完整
3：能獨立表現或說出，但內容與主題無關
2：在少量提示、協助下表現此能力
1：在大量提示、協助下表現此能力
0：無法表現此能力或不反應
N：不適宜評量（含老師未問此問題或未讓該生發表）

單元名稱：買肉包（7）　　　　　教學日期：　　年　　月　　日
主教老師：　　　　　　　　　　觀察記錄者：

| 7 | 買肉包（情境） | 學生姓名 | | | | |
|---|---|---|---|---|---|---|
| 層次＼向度 | 被誤會的情境時 | | | | | |
| 預測情緒 | 1　能說出「難過」的情緒（題3） | | | | | |
| | 2　能由自己或他人過去「被誤會」的經驗，說出「難過」的情緒 | | | | | |
| 由情緒預測行為 | 3　能由三個行為中選出一個行為（題4） | | | | | |
| | 4　能說出為什麼選擇「生氣罵人」的行為 | | | | | |
| | 5　能說出為什麼選擇「難過的大哭」的行為 | | | | | |
| | 6　能說出為什麼選擇「找同學說清楚」的行為 | | | | | |
| 由行為預測結果 | 7　能說出「生氣罵人」行為的適當性 | | | | | |
| | 8　能說出「難過的大哭」行為的適當性 | | | | | |
| | 9　能說出「找同學說清楚」行為的適當性 | | | | | |
| | 10　能預測所選行為的得分（題5） | | | | | |
| | 11　能說出「生氣罵人」的行為後果 | | | | | |
| | 12　能說出「難過的大哭」的行為後果 | | | | | |
| | 13　能說出「找同學說清楚」的行為後果 | | | | | |
| 對選擇的行為負責 | 14　能接受自己所選擇行為的後果（得分）（題7） | | | | | |
| 由結果逆推行為的選擇 | 15　有不適當行為時，願意修正不適當的想法與行為（題8） | | | | | |
| | 16　有不適當行為時，能將行為修正為「嘗試解決問題、克服難處」或其他適當表現 | | | | | |

評量標準：
　　5：能獨立表現或說出，且內容適當完整
　　4：能獨立表現或說出，內容與主題有關但不完整
　　3：能獨立表現或說出，但內容與主題無關
　　2：在少量提示、協助下表現此能力
　　1：在大量提示、協助下表現此能力
　　0：無法表現此能力或不反應
　　N：不適宜評量（含老師未問此問題或未讓該生發表）

單元名稱：幫忙做晚餐（8）　　　　　　　教學日期：　　年　　月　　日
主教老師：　　　　　　　　　　　　　　　觀察記錄者：

| 8 | | 幫忙做晚餐（想望） | 學生姓名 | | | | |
|---|---|---|---|---|---|---|---|
| 層次／向度 | | 不用吃不喜歡的食物的情境 | | | | | |
| 預測情緒 | 1 | 能說出「高興」的情緒（題3） | | | | | |
| | 2 | 能由自己或他人過去「不用吃不喜歡的食物」的經驗，說出「高興」的情緒 | | | | | |
| 由情緒預測行為 | 3 | 能由三個行為中選出一個行為（題4） | | | | | |
| | 4 | 能說出為什麼選擇「覺得開心不用吃苦瓜」的行為 | | | | | |
| | 5 | 能說出為什麼選擇「得意的認為媽媽知道自己不愛苦瓜」的行為 | | | | | |
| | 6 | 能說出為什麼選擇「開心的忘記要幫忙」的行為 | | | | | |
| 由行為預測結果 | 7 | 能說出「覺得開心不用吃苦瓜」的行為適當性 | | | | | |
| | 8 | 能說出「得意的認為媽媽知道自己不愛苦瓜」的行為適當性 | | | | | |
| | 9 | 能說出「開心的忘記要幫忙」的行為適當性 | | | | | |
| | 10 | 能預測所選行為的得分（題5） | | | | | |
| | 11 | 能說出「覺得開心不用吃苦瓜」的行為後果 | | | | | |
| | 12 | 能說出「得意的認為媽媽知道自己不愛苦瓜」的行為後果 | | | | | |
| | 13 | 能說出「開心的忘記要幫忙」的行為後果 | | | | | |
| 對選擇的行為負責 | 14 | 能接受自己所選擇行為的後果（得分）（題7） | | | | | |
| 由結果逆推行為的選擇 | 15 | 有不適當行為時，願意修正不適當的想法與行為（題8） | | | | | |
| | 16 | 有不適當行為時，能將行為修正為「表達情緒或意見」或其他適當表現 | | | | | |

評量標準：
　　5：能獨立表現或說出，且內容適當完整
　　4：能獨立表現或說出，內容與主題有關但不完整
　　3：能獨立表現或說出，但內容與主題無關
　　2：在少量提示、協助下表現此能力
　　1：在大量提示、協助下表現此能力
　　0：無法表現此能力或不反應
　　N：不適宜評量（含老師未問此問題或未讓該生發表）

part 1

part 2

part 3

單元名稱：我想要電子手錶（9）　　　　教學日期：　　年　　月　　日
主教老師：　　　　　　　　　　　　　觀察記錄者：

| 9 | | 我想要電子手錶（想望） | 學生姓名 | | | | |
|---|---|---|---|---|---|---|---|
| 層次＼向度 | | 當得不到想要的電子錶時 | | | | | |
| 預測情緒 | 1 | 能說出「難過」的情緒（題3） | | | | | |
| | 2 | 由自己或他人過去「因為得不到想要的事物」的經驗，說出「難過」的情緒 | | | | | |
| 由情緒預測行為 | 3 | 能由三個行為中選出一個行為（題4） | | | | | |
| | 4 | 能說出為什麼選擇「說氣話」的行為 | | | | | |
| | 5 | 能說出為什麼選擇「搶走他人東西」的行為 | | | | | |
| | 6 | 能說出為什麼選擇「亂丟物品」的行為 | | | | | |
| 由行為預測結果 | 7 | 能知道「說氣話」的行為適當性 | | | | | |
| | 8 | 能知道「搶走他人東西」的行為適當性 | | | | | |
| | 9 | 能知道「亂丟物品」的行為適當性 | | | | | |
| | 10 | 能預測所選行為的得分（題5） | | | | | |
| | 11 | 能說出「說氣話」的行為後果 | | | | | |
| | 12 | 能說出「搶走他人東西」的行為後果 | | | | | |
| | 13 | 能說出「亂丟物品」的行為後果 | | | | | |
| 對選擇的行為負責 | 14 | 能接受自己所選擇行為的後果（得分）（題7） | | | | | |
| 由結果逆推行為的選擇 | 15 | 有不適當行為時，願意修正不適當的想法與行為（題8） | | | | | |
| | 16 | 有不適當行為時，能將行為修正為「表達情緒或意見」或其他適當表現 | | | | | |

評量標準：

　　5：能獨立表現或說出，且內容適當完整
　　4：能獨立表現或說出，內容與主題有關但不完整
　　3：能獨立表現或說出，但內容與主題無關
　　2：在少量提示、協助下表現此能力
　　1：在大量提示、協助下表現此能力
　　0：無法表現此能力或不反應
　　N：不適宜評量（含老師未問此問題或未讓該生發表）

單元名稱：校外教學（10）　　　　　教學日期：　　　年　　　月　　　日
主教老師：　　　　　　　　　　　　觀察記錄者：

| 10 | | 校外教學（想望） | 學生姓名 | | | |
|---|---|---|---|---|---|---|
| 層次╲向度 | | 當得不到想去的動物園，卻要去不想去的天文館時 | | | | |
| 預測情緒 | 1 | 能說出「難過」的情緒（題3） | | | | |
| | 2 | 能由自己或他人過去「得到不想要的事物」的經驗，說出「難過」的情緒 | | | | |
| 由情緒預測行為 | 3 | 能由三個行為中選出一個行為（題4） | | | | |
| | 4 | 能說出為什麼選擇「表達意見」的行為 | | | | |
| | 5 | 能說出為什麼選擇「耍賴」的行為 | | | | |
| | 6 | 能說出為什麼選擇「嫌棄」的行為 | | | | |
| 由行為預測結果 | 7 | 能知道「表達意見」的行為適當性 | | | | |
| | 8 | 能知道「耍賴」的行為適當性 | | | | |
| | 9 | 能知道「嫌棄」的行為適當性 | | | | |
| | 10 | 能預測所選行為的得分（題5） | | | | |
| | 11 | 能說出「表達意見」的行為後果 | | | | |
| | 12 | 能說出「耍賴」的行為後果 | | | | |
| | 13 | 能說出「嫌棄」的行為後果 | | | | |
| 對選擇的行為負責 | 14 | 能接受自己所選擇行為的後果（得分）（題7） | | | | |
| 由結果逆推行為的選擇 | 15 | 有不適當行為時，願意修正不適當的想法與行為（題8） | | | | |
| | 16 | 有不適當行為時，能將行為修正為「表達情緒或意見」或其他適當表現 | | | | |

評量標準：
　　5：能獨立表現或說出，且內容適當完整
　　4：能獨立表現或說出，內容與主題有關但不完整
　　3：能獨立表現或說出，但內容與主題無關
　　2：在少量提示、協助下表現此能力
　　1：在大量提示、協助下表現此能力
　　0：無法表現此能力或不反應
　　N：不適宜評量（含老師未問此問題或未讓該生發表）

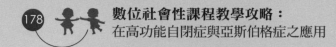
單元名稱：我想要搭高鐵（11）　　　　　教學日期：　　年　　月　　日

主教老師：　　　　　　　　　　　　　　觀察記錄者：

| 11 | | 我想要搭高鐵（想望） | 學生姓名 | | | |
|---|---|---|---|---|---|---|
| 向度＼層次 | | 當想搭高鐵而媽媽說臺鐵比較便宜時 | | | | |
| 預測情緒 | 1 | 能說出「難過」的情緒（題3） | | | | |
| | 2 | 能由自己或他人過去「沒有得到想要的事物」的經驗，說出「難過」的情緒 | | | | |
| 由情緒預測行為 | 3 | 能由三個行為中選出一個行為（題4） | | | | |
| | 4 | 能說出為什麼選擇「商量」的行為 | | | | |
| | 5 | 能說出為什麼選擇「撒嬌」的行為 | | | | |
| | 6 | 能說出為什麼選擇「頂嘴」的行為 | | | | |
| 由行為預測結果 | 7 | 能說出「商量」的行為適當性 | | | | |
| | 8 | 能說出「撒嬌」的行為適當性 | | | | |
| | 9 | 能說出「頂嘴」的行為適當性 | | | | |
| | 10 | 能預測所選行為的得分（題5） | | | | |
| | 11 | 能說出「商量」的行為後果 | | | | |
| | 12 | 能說出「撒嬌」的行為後果 | | | | |
| | 13 | 能說出「頂嘴」的行為後果 | | | | |
| 對選擇的行為負責 | 14 | 能接受自己所選擇行為的後果（得分）（題7） | | | | |
| 由結果逆推行為的選擇 | 15 | 有不適當行為時，願意修正不適當的想法與行為（題8） | | | | |
| | 16 | 有不適當行為時，能將行為修正為「適當說服」或其他適當表現 | | | | |

評量標準：

　　5：能獨立表現或說出，且內容適當完整

　　4：能獨立表現或說出，內容與主題有關但不完整

　　3：能獨立表現或說出，但內容與主題無關

　　2：在少量提示、協助下表現此能力

　　1：在大量提示、協助下表現此能力

　　0：無法表現此能力或不反應

　　N：不適宜評量（含老師未問此問題或未讓該生發表）

單元名稱：桌球考試（12）　　　　　　　教學日期：　　　年　　月　　日
主教老師：　　　　　　　　　　　　　　觀察記錄者：

| 12 | | 桌球考試（想望） | 學生姓名 | | | | |
|---|---|---|---|---|---|---|---|
| 層次<br>向度 | | 當不想打桌球而老師又要考試時 | | | | | |
| 預測情緒 | 1 | 能說出「害怕」的情緒（題3） | | | | | |
| | 2 | 能由自己或他人過去「不想做而又必須做」的經驗，說出「害怕」的情緒 | | | | | |
| 由情緒預測行為 | 3 | 能由三個行為中選出一個行為（題4） | | | | | |
| | 4 | 能說出為什麼選擇「怪罪他人」的行為 | | | | | |
| | 5 | 能說出為什麼選擇「表達情緒」的行為 | | | | | |
| | 6 | 能說出為什麼選擇「說不打了」的行為 | | | | | |
| 由行為預測結果 | 7 | 能知道「怪罪他人」的行為適當性 | | | | | |
| | 8 | 能知道「表達情緒」的行為適當性 | | | | | |
| | 9 | 能知道「說不打了」的行為適當性 | | | | | |
| | 10 | 能預測所選行為的得分（題5） | | | | | |
| | 11 | 能知道表現「怪罪他人」的行為後果 | | | | | |
| | 12 | 能知道表現「表達情緒」的行為後果 | | | | | |
| | 13 | 能知道表現「說不打了」的行為後果 | | | | | |
| 對選擇的行為負責 | 14 | 能接受自己所選擇行為的後果（得分）（題7） | | | | | |
| 由結果逆推行為的選擇 | 15 | 有不適當行為時，願意修正不適當的想法與行為（題8） | | | | | |
| | 16 | 有不適當行為時，能將行為修正為「表達情緒」或其他適當表現 | | | | | |

評量標準：

　　　　5：能獨立表現或說出，且內容適當完整
　　　　4：能獨立表現或說出，內容與主題有關但不完整
　　　　3：能獨立表現或說出，但內容與主題無關
　　　　2：在少量提示、協助下表現此能力
　　　　1：在大量提示、協助下表現此能力
　　　　0：無法表現此能力或不反應
　　　　N：不適宜評量（含老師未問此問題或未讓該生發表）

單元名稱：整潔比賽（13）　　　　　　　教學日期：　　年　　月　　日
主教老師：　　　　　　　　　　　　　　觀察記錄者：

| 13 | | 整潔比賽（信念） | 學生姓名 | | | | |
|---|---|---|---|---|---|---|---|
| 層次＼向度 | | 當認為可能贏得整潔比賽名次，而真的得名時 | | | | | |
| 預測情緒 | 1 | 能說出「高興」的情緒（題3） | | | | | |
| | 2 | 能由自己或他人過去「認為的事成真（心想事成）」的經驗，說出「高興」的情緒 | | | | | |
| 由情緒預測行為 | 3 | 能由三個行為中選出一個行為（題4） | | | | | |
| | 4 | 能說出為什麼選擇「囂張」的行為 | | | | | |
| | 5 | 能說出為什麼選擇「怪罪同學」的行為 | | | | | |
| | 6 | 能說出為什麼選擇「表達喜悅」的行為 | | | | | |
| 由行為預測結果 | 7 | 能知道「囂張」的行為適當性 | | | | | |
| | 8 | 能知道「怪罪同學」的行為適當性 | | | | | |
| | 9 | 能知道「表達喜悅」的行為適當性 | | | | | |
| | 10 | 能預測所選行為的得分（題5） | | | | | |
| | 11 | 能知道「囂張」的行為後果 | | | | | |
| | 12 | 能知道「怪罪同學」的行為後果 | | | | | |
| | 13 | 能知道「表達喜悅」的行為後果 | | | | | |
| 對選擇的行為負責 | 14 | 能接受自己所選擇行為的後果（得分）（題7） | | | | | |
| 由結果逆推行為的選擇 | 15 | 有不適當行為時，願意修正不適當的想法與行為（題8） | | | | | |
| | 16 | 有不適當行為時，能將行為修正為「表達喜悅」或其他適當表現 | | | | | |

評量標準：

5：能獨立表現或說出，且內容適當完整
4：能獨立表現或說出，內容與主題有關但不完整
3：能獨立表現或說出，但內容與主題無關
2：在少量提示、協助下表現此能力
1：在大量提示、協助下表現此能力
0：無法表現此能力或不反應
N：不適宜評量（含老師未問此問題或未讓該生發表）

單元名稱：錢包遺失（14）　　　　　　　教學日期：　　年　　月　　日
主教老師：　　　　　　　　　　　　　　觀察記錄者：

| 14 | | 錢包遺失（信念） | 學生姓名 | | | | |
|---|---|---|---|---|---|---|---|
| 向度 ＼ 層次 | | 當認為錢包不見，卻失而復得的情境 | | | | | |
| 預測情緒 | 1 | 能說出「高興」的情緒（題3） | | | | | |
| | 2 | 能由自己或他人過去「認為東西掉了卻找回來」的經驗，說出「高興」的情緒 | | | | | |
| 由情緒預測行為 | 3 | 能由三個行為中選出一個行為（題4） | | | | | |
| | 4 | 能說出為什麼選擇「表達感謝」的行為 | | | | | |
| | 5 | 能說出為什麼選擇「很高興但未道謝」的行為 | | | | | |
| | 6 | 能說出為什麼選擇「怪罪別人」的行為 | | | | | |
| 由行為預測結果 | 7 | 能知道「表達感謝」的行為適當性 | | | | | |
| | 8 | 能知道「很高興但未道謝」的行為適當性 | | | | | |
| | 9 | 能知道「怪罪別人」的行為適當性 | | | | | |
| | 10 | 能預測所選行為的得分（題5） | | | | | |
| | 11 | 能知道「表達感謝」的行為後果 | | | | | |
| | 12 | 能知道「很高興但未道謝」的行為後果 | | | | | |
| | 13 | 能知道「怪罪別人」的行為後果 | | | | | |
| 對選擇的行為負責 | 14 | 能接受自己所選擇行為的後果（得分）（題7） | | | | | |
| 由結果逆推行為的選擇 | 15 | 有不適當行為時，願意修正不適當的想法與行為（題8） | | | | | |
| | 16 | 有不適當行為時，能將行為修正為「表達感謝」或其他適當表現 | | | | | |

評量標準：
　　5：能獨立表現或說出，且內容適當完整
　　4：能獨立表現或說出，內容與主題有關但不完整
　　3：能獨立表現或說出，但內容與主題無關
　　2：在少量提示、協助下表現此能力
　　1：在大量提示、協助下表現此能力
　　0：無法表現此能力或不反應
　　N：不適宜評量（含老師未問此問題或未讓該生發表）

單元名稱：查字典（15）　　　　　　　教學日期：　　年　　月　　日
主教老師：　　　　　　　　　　　　　觀察記錄者：

| 15 | | 查字典（信念） | 學生姓名 | | | | |
|---|---|---|---|---|---|---|---|
| 層次＼向度 | | 當認為自己查字典很厲害，但結果不是如此時 | | | | | |
| 預測情緒 | 1 | 能說出「難過」的情緒（題3） | | | | | |
| | 2 | 由自己或他人過去「認為的和事實不符（晴天霹靂）」的經驗，說出「難過」的情緒 | | | | | |
| 由情緒預測行為 | 3 | 能由三個行為中選出一個行為（題4） | | | | | |
| | 4 | 能說出為什麼選擇「適當表達情緒」的行為 | | | | | |
| | 5 | 能說出為什麼選擇「撕本子」的行為 | | | | | |
| | 6 | 能說出為什麼選擇「罵老師」的行為 | | | | | |
| 由行為預測結果 | 7 | 能知道「適當表達情緒」的行為適當性 | | | | | |
| | 8 | 能知道「撕本子」的行為適當性 | | | | | |
| | 9 | 能知道「罵老師」的行為適當性 | | | | | |
| | 10 | 能預測所選行為的得分（題5） | | | | | |
| | 11 | 能說出「適當表達情緒」的行為後果 | | | | | |
| | 12 | 能說出「撕本子」的行為後果 | | | | | |
| | 13 | 能說出「罵老師」的行為後果 | | | | | |
| 對選擇的行為負責 | 14 | 能接受自己所選擇行為的後果（得分）（題7） | | | | | |
| 由結果逆推行為的選擇 | 15 | 有不適當行為時，願意修正不適當的想法與行為（題8） | | | | | |
| | 16 | 有不適當行為時，能將行為修正為「適當表達情緒」或其他適當表現 | | | | | |

評量標準：

5：能獨立表現或說出，且內容適當完整
4：能獨立表現或說出，內容與主題有關但不完整
3：能獨立表現或說出，但內容與主題無關
2：在少量提示、協助下表現此能力
1：在大量提示、協助下表現此能力
0：無法表現此能力或不反應
N：不適宜評量（含老師未問此問題或未讓該生發表）

單元名稱：大隊接力（16）　　　　　教學日期：　　年　　月　　日
主教老師：　　　　　　　　　　　　觀察記錄者：

| 16 | | 大隊接力（信念） | 學生姓名 | | | | |
|---|---|---|---|---|---|---|---|
| 向度 \ 層次 | | 當認為可能要面臨不想參與的大隊接力，而真的被要求時 | | | | | |
| 預測情緒 | 1 | 能說出「害怕」的情緒（題3） | | | | | |
| | 2 | 能由自己或他人過去「不想參與而真的被要求」的經驗，說出「害怕」的情緒 | | | | | |
| 由情緒預測行為 | 3 | 能由三個行為中選出一個行為（題4） | | | | | |
| | 4 | 能說出為什麼選擇「尋求協助」的行為 | | | | | |
| | 5 | 能說出為什麼選擇「逃避」的行為 | | | | | |
| | 6 | 能說出為什麼選擇「自我傷害」的行為 | | | | | |
| 由行為預測結果 | 7 | 能知道「尋求協助」的行為適當性 | | | | | |
| | 8 | 能知道「逃避」的行為適當性 | | | | | |
| | 9 | 能知道「自我傷害」的行為適當性 | | | | | |
| | 10 | 能預測所選行為的得分（題5） | | | | | |
| | 11 | 能說出「尋求協助」的行為後果 | | | | | |
| | 12 | 能說出「逃避」的行為後果 | | | | | |
| | 13 | 能說出「自我傷害」的行為後果 | | | | | |
| 對選擇的行為負責 | 14 | 能接受自己所選擇行為的後果（得分）（題7） | | | | | |
| 由結果逆推行為的選擇 | 15 | 有不適當行為時，願意修正不適當的想法與行為（題8） | | | | | |
| | 16 | 有不適當行為時，能將行為修正為「尋求協助」或其他適當表現 | | | | | |

評量標準：

5：能獨立表現或說出，且內容適當完整
4：能獨立表現或說出，內容與主題有關但不完整
3：能獨立表現或說出，但內容與主題無關
2：在少量提示、協助下表現此能力
1：在大量提示、協助下表現此能力
0：無法表現此能力或不反應
N：不適宜評量（含老師未問此問題或未讓該生發表）

part 1

part 2

part 3

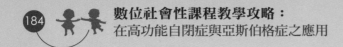
單元名稱：故事書（17）　　　　　　教學日期：　　年　　月　　日
主教老師：　　　　　　　　　　　　觀察記錄者：

| 17 | | 故事書（初級） | 學生姓名 | | | | |
|---|---|---|---|---|---|---|---|
| 層次＼向度 | | 當原先預期在桌上的故事書不見時 | | | | | |
| 預測情緒 | 1 | 能說出「難過」的情緒（題5） | | | | | |
| | 2 | 能由自己或他人過去「原先預期與事實不符」的經驗，說出「難過」的情緒 | | | | | |
| 由情緒預測行為 | 3 | 能由三個行為中選出一個行為（題6） | | | | | |
| | 4 | 能說出為什麼選擇「尋求協助」的行為 | | | | | |
| | 5 | 能說出為什麼選擇「罵人」的行為 | | | | | |
| | 6 | 能說出為什麼選擇「怪罪他人」的行為 | | | | | |
| 由行為預測結果 | 7 | 能知道「尋求協助」的行為適當性 | | | | | |
| | 8 | 能知道「罵人」的行為適當性 | | | | | |
| | 9 | 能知道「怪罪他人」的行為適當性 | | | | | |
| | 10 | 能預測所選行為的得分（題7） | | | | | |
| | 11 | 能說出「尋求協助」的行為後果 | | | | | |
| | 12 | 能說出「罵人」的行為後果 | | | | | |
| | 13 | 能說出「怪罪他人」的行為後果 | | | | | |
| 對選擇的行為負責 | 14 | 能接受自己所選擇行為的後果（得分）（題9） | | | | | |
| 由結果逆推行為的選擇 | 15 | 有不適當行為時，願意修正不適當的想法與行為（題10） | | | | | |
| | 16 | 有不適當行為時，能將行為修正為「尋求協助」或其他適當表現 | | | | | |

評量標準：

　　　　5：能獨立表現或說出，且內容適當完整
　　　　4：能獨立表現或說出，內容與主題有關但不完整
　　　　3：能獨立表現或說出，但內容與主題無關
　　　　2：在少量提示、協助下表現此能力
　　　　1：在大量提示、協助下表現此能力
　　　　0：無法表現此能力或不反應
　　　　N：不適宜評量（含老師未問此問題或未讓該生發表）

單元名稱：蘿蔔湯（18）　　　　　　　　教學日期：　　年　　月　　日
主教老師：　　　　　　　　　　　　　　觀察記錄者：

| 18 | | 蘿蔔湯（初級） | 學生姓名 | | | | |
|---|---|---|---|---|---|---|---|
| 層次<br>向度 | | 當原先預期討厭的蘿蔔湯變成玉米湯時 | | | | | |
| 預測情緒 | 1 | 能說出「高興」的情緒（題5） | | | | | |
| | 2 | 能由自己或他人過去「原先預期與事實不符（喜出望外）」的經驗，說出「高興」的情緒 | | | | | |
| 由情緒預測行為 | 3 | 能由三個行為中選出一個行為（題6） | | | | | |
| | 4 | 能說出為什麼選擇「問媽媽為什麼不是紅蘿蔔湯」的行為 | | | | | |
| | 5 | 能說出為什麼選擇「把湯拿起來搖晃」的行為 | | | | | |
| | 6 | 能說出為什麼選擇「跳來跳去撞到媽媽」的行為 | | | | | |
| 由行為預測結果 | 7 | 能說出「表達意見」的行為適當性 | | | | | |
| | 8 | 能說出「得意忘形」的行為適當性 | | | | | |
| | 9 | 能預測所選擇的行為得分（題7） | | | | | |
| | 10 | 能說出「表達意見」的行為後果 | | | | | |
| | 11 | 能說出「得意忘形」的行為後果 | | | | | |
| 對選擇的行為負責 | 12 | 能接受自己所選擇行為的後果（得分）（題9） | | | | | |
| 由結果逆推行為的選擇 | 13 | 有不適當行為時，願意修正不適當的想法與行為（題10） | | | | | |
| | 14 | 有不適當行為時，能將行為修正為「表達意見」或其他適當表現 | | | | | |

評量標準：

　　5：能獨立表現或說出，且內容適當完整
　　4：能獨立表現或說出，內容與主題有關但不完整
　　3：能獨立表現或說出，但內容與主題無關
　　2：在少量提示、協助下表現此能力
　　1：在大量提示、協助下表現此能力
　　0：無法表現此能力或不反應
　　N：不適宜評量（含老師未問此問題或未讓該生發表）

part 1

part 2

part 3

單元名稱：換教室（19）　　　　　　教學日期：　　年　　月　　日
主教老師：　　　　　　　　　　　　觀察記錄者：

| 19 | | 換教室（次級） | 學生姓名 | | | |
|---|---|---|---|---|---|---|
| 向度＼層次 | | 當甲、乙相約在某地集合，卻因故更換場地而引發誤會時 | | | | |
| 預測情緒 | 1 | 當原先預期的上課地點改變，卻不知道他人已知道時，能說出「焦慮」的情緒 | | | | |
| | 2 | 當原先預期的上課地點改變，卻發現他人已知道時，能說出「驚訝」的情緒 | | | | |
| | 3 | 當原先預期的上課地點改變，卻不知道他人未被告知時，能說出「愧疚」的情緒 | | | | |
| | 4 | 當原先預期的上課地點改變，卻認為他人應知道時，能說出「不屑」的情緒 | | | | |
| 其他 | 5 | 能說出／指出一開始上課地點（記憶問題） | | | | |
| | 6 | 能說出小好因為錯過，所以不知道小嫻已經知道上課地點改在視聽教室（站在第二者的立場去預測第三人的想法） | | | | |
| | 7 | 能說出小嫻因為遇見老師，跟著老師到視聽教室（現實狀況） | | | | |
| | 8 | 能夠說出小好因為不知道小嫻已經在視聽教室，以為小嫻會回到美勞教室，於是小好一直在美勞教室等（站在第二者的立場去預測第三人的想法） | | | | |
| | 9 | 能說出當看到「小好進教室很大聲的質問小嫻」時，他們自己的看法 | | | | |

評量標準：
　　5：能獨立表現或說出，且內容適當完整
　　4：能獨立表現或說出，內容與主題有關但不完整
　　3：能獨立表現或說出，但內容與主題無關
　　2：在少量提示、協助下表現此能力
　　1：在大量提示、協助下表現此能力
　　0：無法表現此能力或不反應
　　N：不適宜評量（含老師未問此問題或未讓該生發表）

單元名稱：考跳繩（20）　　　　　　　教學日期：　　年　　月　　日

主教老師：　　　　　　　　　　　　　觀察記錄者：

| 20 | | 考跳繩（次級） | 學生姓名 | | | | |
|---|---|---|---|---|---|---|---|
| 向度 ＼ 層次 | | 當原先害怕的考跳繩臨時取消時 | | | | | |
| 預測情緒 | 1 | 當原先害怕的體育課——考跳繩取消，且第三者卻不知道時，能以第二人立場預測第三人「慶幸」的情緒 | | | | | |
| 由情緒預測行為 | 2 | 能由三個行為中選出一個行為 | | | | | |
| | 3 | 能說出為什麼選擇「說自己太幸運」的行為 | | | | | |
| | 4 | 能說出為什麼選擇「老師不早告訴他」的行為 | | | | | |
| | 5 | 能說出為什麼選擇「請阿福教我們跳」的行為 | | | | | |
| 由行為預測結果 | 6 | 能說出「說自己太幸運」的行為適當性 | | | | | |
| | 7 | 能說出「老師不早告訴他」的行為適當性 | | | | | |
| | 8 | 能說出「請阿福教我們跳」的行為適當性 | | | | | |
| | 9 | 能預測所選擇的行為得分 | | | | | |
| | 10 | 能說出「說自己太幸運」的行為後果 | | | | | |
| | 11 | 能說出「老師不早告訴他」的行為後果 | | | | | |
| | 12 | 能說出「請阿福教我們跳」的行為後果 | | | | | |
| 對選擇的行為負責 | 13 | 能接受自己所選擇行為的後果 | | | | | |
| | 14 | 有不適當行為時，能願意修正不適當的想法與行為 | | | | | |
| 由結果逆推行為的選擇 | 15 | 有不適當行為時，能將行為修正為「尋求協助」或其他適當表現 | | | | | |
| 其他 | 16 | 能說出小實在路上遇到阿福，知道考跳繩取消，但小好剛好錯過，所以小實認為小好不知道考跳繩取消（看到即知道原則——站在第二者的立場去預測第三人的想法） | | | | | |
| | 17 | 能說出小好因為錯過，所以小實覺得小好認為要考跳繩（信念問題——站在第二者的立場去預測第三人的想法） | | | | | |
| | 18 | 能說出小實因為遇見阿福，所以知道體育課考跳繩改成樂樂棒球（真實問題） | | | | | |
| | 19 | 能說出／指出一開始體育課的活動（記憶問題） | | | | | |
| | 20 | 能說出「做事不能太僥倖」這句話真正意義是要努力不能只靠運氣 | | | | | |

評量標準：

5：能獨立表現或說出，且內容適當完整　　　　0：無法表現此能力或不反應

4：能獨立表現或說出，內容與主題有關但不完整　　N：不適宜評量（含老師未問此問題或未讓

3：能獨立表現或說出，但內容與主題無關　　　　　　該生發表）

2：在少量提示、協助下表現此能力

1：在大量提示、協助下表現此能力

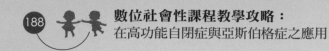

單元名稱：大掃除（21）　　　　　　　教學日期：　　年　　月　　日
主教老師：　　　　　　　　　　　　　觀察記錄者：

| 21 | | 大掃除（複雜情緒） | 學生姓名 | | | | |
|---|---|---|---|---|---|---|---|
| 層次＼向度 | | 當所屬環境髒亂而他人反諷時 | | | | | |
| 預測情緒 | 1 | 能說出「尷尬」的情緒（題3） | | | | | |
| | 2 | 能由自己或他人過去「被諷刺」的經驗，說出「尷尬」的情緒 | | | | | |
| | 3 | 能說出「你的櫃子都可以種田」的意思是「灰塵太多太髒了」 | | | | | |
| 由情緒預測行為 | 4 | 能由三個行為中選出一個行為（題4） | | | | | |
| | 5 | 能說出為什麼選擇「適當表達情緒」的行為 | | | | | |
| | 6 | 能說出為什麼選擇「搞不清狀況」的行為 | | | | | |
| | 7 | 能說出為什麼選擇「質問老師」的行為 | | | | | |
| 由行為預測結果 | 8 | 能知道「適當表達情緒」的行為適當性 | | | | | |
| | 9 | 能知道「搞不清狀況」的行為適當性 | | | | | |
| | 10 | 能知道「質問老師」的行為適當性 | | | | | |

評量標準：

5：能獨立表現或說出，且內容適當完整
4：能獨立表現或說出，內容與主題有關但不完整
3：能獨立表現或說出，但內容與主題無關
2：在少量提示、協助下表現此能力
1：在大量提示、協助下表現此能力
0：無法表現此能力或不反應
N：不適宜評量（含老師未問此問題或未讓該生發表）

單元名稱：數學考試（22）　　　　　教學日期：　　年　　月　　日
主教老師：　　　　　　　　　　　　觀察記錄者：

| 22 | | 數學考試（複雜情緒） | 學生姓名 | | | | | |
|---|---|---|---|---|---|---|---|---|
| 層次＼向度 | | 當考試成績不佳而他人反諷時 | | | | | | |
| 預測情緒 | 1 | 能說出「尷尬」的情緒（題3） | | | | | | |
| | 2 | 能根據他人面臨「考試成績不佳而被反諷時」所引發「尷尬」情緒 | | | | | | |
| 由情緒預測行為 | 3 | 能由三個行為中選出一個行為（題5） | | | | | | |
| | 4 | 能說出為什麼選擇「適當表達情緒」的行為 | | | | | | |
| | 5 | 能說出為什麼選擇「質問老師」的行為 | | | | | | |
| | 6 | 能說出為什麼選擇「驕傲自大」的行為 | | | | | | |
| 由行為預測結果 | 7 | 能知道「適當表達情緒」的行為適當性 | | | | | | |
| | 8 | 能知道「質問老師」的行為適當性 | | | | | | |
| | 9 | 能知道「驕傲自大」的行為適當性 | | | | | | |

評量標準：

　　5：能獨立表現或說出，且內容適當完整
　　4：能獨立表現或說出，內容與主題有關但不完整
　　3：能獨立表現或說出，但內容與主題無關
　　2：在少量提示、協助下表現此能力
　　1：在大量提示、協助下表現此能力
　　0：無法表現此能力或不反應
　　N：不適宜評量（含老師未問此問題或未讓該生發表）

part 1

part 2

part 3

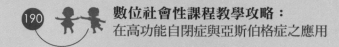
單元名稱：洗碗（23）　　　　　　　教學日期：　　　年　　　月　　　日
主教老師：　　　　　　　　　　　　觀察記錄者：

| 23 | | 洗碗（複雜情緒） | 學生姓名 | | | | | |
|---|---|---|---|---|---|---|---|---|
| 層次＼向度 | | 當既定工作因突發事件而不用做時 | | | | | | |
| 預測情緒 | 1 | 能說出「慶幸」的情緒（題3） | | | | | | |
| | 2 | 能由自己或他人過去「既定工作因突發事件而不用做時」的經驗，說出「慶幸」的情緒 | | | | | | |
| 由情緒預測行為 | 3 | 能由三個行為中選出一個行為（題4） | | | | | | |
| | 4 | 能說出為什麼選擇「僥倖不知反省」的行為 | | | | | | |
| | 5 | 能說出為什麼選擇「怪別人愛告狀」的行為 | | | | | | |
| | 6 | 能說出為什麼選擇「反省自己」的行為 | | | | | | |
| 由行為預測結果 | 7 | 能知道「僥倖不知反省」的行為適當性 | | | | | | |
| | 8 | 能知道「怪別人愛告狀」的行為適當性 | | | | | | |
| | 9 | 能知道「反省自己」的行為適當性 | | | | | | |
| | 10 | 能預測所選行為的得分（題5） | | | | | | |
| | 11 | 能說出「僥倖不知反省」的行為後果 | | | | | | |
| | 12 | 能說出「怪別人愛告狀」的行為後果 | | | | | | |
| | 13 | 能說出「反省自己」的行為後果 | | | | | | |
| 對選擇的行為負責 | 14 | 能接受自己所選擇行為的後果（得分）（題7） | | | | | | |
| 由結果逆推行為的選擇 | 15 | 有不適當行為時，願意修正不適當的想法與行為（題8） | | | | | | |
| | 16 | 有不適當行為時，能將行為修正為「反省認錯」或其他適當表現 | | | | | | |

評量標準：
　　5：能獨立表現或說出，且內容適當完整
　　4：能獨立表現或說出，內容與主題有關但不完整
　　3：能獨立表現或說出，但內容與主題無關
　　2：在少量提示、協助下表現此能力
　　1：在大量提示、協助下表現此能力
　　0：無法表現此能力或不反應
　　N：不適宜評量（含老師未問此問題或未讓該生發表）

單元名稱：借圍巾（24）　　　　　　　教學日期：　　年　　月　　日
主教老師：　　　　　　　　　　　　　觀察記錄者：

| 24 | | 借圍巾（複雜情緒） | 學生姓名 | | | | |
|---|---|---|---|---|---|---|---|
| 層次＼向度 | | 弄丟向他人借用物品的情境 | | | | | |
| 預測情緒 | 1 | 能說出「愧疚」的情緒（題3） | | | | | |
| | 2 | 能由自己或他人過去「弄丟向他人借用的物品」的經驗，說出「愧疚」的情緒 | | | | | |
| 由情緒預測行為 | 3 | 能由三個行為中選出一個行為（題4） | | | | | |
| | 4 | 能說出為什麼選擇「道歉」的行為 | | | | | |
| | 5 | 能說出為什麼選擇「說姊姊大小聲」的行為 | | | | | |
| | 6 | 能說出為什麼選擇「說自己上次不是弄丟圍巾」的行為 | | | | | |
| 由行為預測結果 | 7 | 能知道「道歉」的行為適當性 | | | | | |
| | 8 | 能知道「說姊姊大小聲」的行為適當性 | | | | | |
| | 9 | 能知道「說自己上次不是弄丟圍巾」的行為適當性 | | | | | |
| | 10 | 能預測所選行為的得分（題5） | | | | | |
| | 11 | 能說出「道歉」的行為後果 | | | | | |
| | 12 | 能說出「說姊姊大小聲」的行為後果 | | | | | |
| | 13 | 能說出「說自己上次不是弄丟圍巾」的行為後果 | | | | | |
| 對選擇的行為負責 | 14 | 能接受自己所選擇行為的後果（得分）（題7） | | | | | |
| 由結果逆推行為的選擇 | 15 | 有不適當行為時，願意修正不適當的想法與行為（題8） | | | | | |
| | 16 | 有不適當行為時，能將行為修正為「反省認錯」或其他適當表現 | | | | | |

評量標準：
　　5：能獨立表現或說出，且內容適當完整
　　4：能獨立表現或說出，內容與主題有關但不完整
　　3：能獨立表現或說出，但內容與主題無關
　　2：在少量提示、協助下表現此能力
　　1：在大量提示、協助下表現此能力
　　0：無法表現此能力或不反應
　　N：不適宜評量（含老師未問此問題或未讓該生發表）

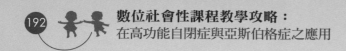

單元名稱：你考幾分（25）　　　　教學日期：　　年　　月　　日
主教老師：　　　　　　　　　　　觀察記錄者：

| 25 | | 你考幾分（複雜情緒） | 學生姓名 | | | | |
|---|---|---|---|---|---|---|---|
| 向度＼層次 | | 考不好被同學嘲笑的情境 | | | | | |
| 預測情緒 | 1 | 能說出「尷尬」的情緒（題3） | | | | | |
| | 2 | 能由自己或他人過去「考不好被同學嘲笑的情境」的經驗，說出「尷尬」的情緒 | | | | | |
| 由情緒預測行為 | 3 | 能由三個行為中選出一個行為（題4） | | | | | |
| | 4 | 能說出為什麼選擇「說小寶很過分」的行為 | | | | | |
| | 5 | 能說出為什麼選擇「說小寶討厭鬼」的行為 | | | | | |
| | 6 | 能說出為什麼選擇「說不關小寶的事」的行為 | | | | | |
| 由行為預測結果 | 7 | 能知道「說小寶很過分」的行為適當性 | | | | | |
| | 8 | 能知道「說小寶討厭鬼」的行為適當性 | | | | | |
| | 9 | 能知道「說不關小寶的事」的行為適當性 | | | | | |
| | 10 | 能預測所選行為的得分（題5） | | | | | |
| | 11 | 能說出「說小寶很過分」的行為後果 | | | | | |
| | 12 | 能說出「說小寶討厭鬼」的行為後果 | | | | | |
| | 13 | 能說出「說不關小寶的事」的行為後果 | | | | | |
| 對選擇的行為負責 | 14 | 能接受自己所選擇行為的後果（得分）（題7） | | | | | |
| 由結果逆推行為的選擇 | 15 | 有不適當行為時，願意修正不適當的想法與行為（題8） | | | | | |
| | 16 | 有不適當行為時，能將行為修正為「表達情緒或意見」或其他適當表現 | | | | | |

評量標準：

　　5：能獨立表現或說出，且內容適當完整
　　4：能獨立表現或說出，內容與主題有關但不完整
　　3：能獨立表現或說出，但內容與主題無關
　　2：在少量提示、協助下表現此能力
　　1：在大量提示、協助下表現此能力
　　0：無法表現此能力或不反應
　　N：不適宜評量（含老師未問此問題或未讓該生發表）

# 動畫單元教學目標檢核表

單元名稱：新蠟筆（1）　　　　　教學日期：　　年　　月　　日

主教老師：　　　　　　　　　　　觀察記錄者：

| 1 | | 新蠟筆（情境） | 學生姓名 | | | |
|---|---|---|---|---|---|---|
| 層次＼向度 | | 當處於得到東西、失而復得的情境 | | | | |
| 預測情緒 | 1 | 能說出「高興」的情緒（題3） | | | | |
| | 2 | 能由自己或他人過去「東西壞了而重新得到新的」或類似經驗，說出「高興」情緒 | | | | |
| 由情緒預測行為 | 3 | 能由四個行為中選出一個行為（題4） | | | | |
| | 4 | 能說出為什麼選擇「適當表達（情緒或意見）」的行為 | | | | |
| | 5 | 能說出為什麼選擇「感謝／感激」的行為 | | | | |
| | 6 | 能說出為什麼選擇「得意忘形」的行為 | | | | |
| | 7 | 能說出為什麼選擇「言不由衷」的行為 | | | | |
| 由行為預測結果 | 8 | 能說出「適當表達（情緒或意見）」行為的適當性 | | | | |
| | 9 | 能說出「感謝／感激」行為的適當性 | | | | |
| | 10 | 能說出「得意忘形」行為的適當性 | | | | |
| | 11 | 能說出「言不由衷」的行為的適當性 | | | | |
| | 12 | 能預測所選行為的得分（題5） | | | | |
| | 13 | 能說出「適當表達（情緒或意見）」的行為後果 | | | | |
| | 14 | 能說出「感謝／感激」的行為後果 | | | | |
| | 15 | 能說出「得意忘形」的行為後果 | | | | |
| | 16 | 能說出「言不由衷」的行為後果 | | | | |
| 對選擇的行為負責 | 17 | 能接受自己所選擇行為的後果（得分）（題7） | | | | |
| 由結果逆推行為的選擇 | 18 | 有不適當行為時，願意修正不適當的想法與行為（題8） | | | | |
| | 19 | 有不適當行為時，能將行為修正為「適當表達（情緒或意見）、感激／感謝」或其他適當表現 | | | | |

評量標準：5：能獨立表現或說出，且內容適當完整

　　　　　4：能獨立表現或說出，內容與主題有關但不完整

　　　　　3：能獨立表現或說出，但內容與主題無關

　　　　　2：在少量提示、協助下表現此能力

　　　　　1：在大量提示、協助下表現此能力

　　　　　0：無法表現此能力或不反應

　　　　　N：不適宜評量（含老師未問此問題或未讓該生發表）

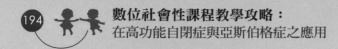
單元名稱：釣魚（2）　　　　　教學日期：　　年　　月　　日
主教老師：　　　　　　　　　　觀察記錄者：

| 2 | | 釣魚（情境） | 學生姓名 | | | | |
|---|---|---|---|---|---|---|---|
| 向度 層次 | | 當處於失落狀態的情境 | | | | | |
| 預測情緒 | 1 | 能說出「難過」的情緒（題3） | | | | | |
| | 2 | 能由自己或他人過去「玩遊戲輸掉」或類似經驗，說出「難過」情緒 | | | | | |
| 由情緒預測行為 | 3 | 能由四個行為中選出一個行為（題4） | | | | | |
| | 4 | 能說出為什麼選擇「適當表達（情緒、意見）」的行為 | | | | | |
| | 5 | 能說出為什麼選擇「負向思考（行動）」的行為 | | | | | |
| | 6 | 能說出為什麼選擇「動作攻擊」的行為 | | | | | |
| | 7 | 能說出為什麼選擇「努力（克服難處）」的行為 | | | | | |
| 由行為預測結果 | 8 | 能說出「適當表達（情緒、意見）」行為的適當性 | | | | | |
| | 9 | 能說出「負向思考（行動）」行為的適當性 | | | | | |
| | 10 | 能說出「動作攻擊」行為的適當性 | | | | | |
| | 11 | 能說出「努力（克服難處）」行為的適當性 | | | | | |
| | 12 | 能預測所選行為的得分（題5） | | | | | |
| | 13 | 能說出「適當表達（情緒、意見）」的行為後果 | | | | | |
| | 14 | 能說出「負向思考（行動）」的行為後果 | | | | | |
| | 15 | 能說出「動作攻擊」的行為後果 | | | | | |
| | 16 | 能說出「努力（克服難處）」的行為後果 | | | | | |
| 對選擇的行為負責 | 17 | 能接受自己所選擇行為的後果（得分）（題7） | | | | | |
| 由結果逆推行為的選擇 | 18 | 有不適當行為時，願意修正不適當的想法與行為（題8） | | | | | |
| | 19 | 有不適當行為時，能將行為修正為「適當表達（情緒、意見）、努力（克服難處）」或其他適當表現 | | | | | |

評量標準：

　　5：能獨立表現或說出，且內容適當完整
　　4：能獨立表現或說出，內容與主題有關但不完整
　　3：能獨立表現或說出，但內容與主題無關
　　2：在少量提示、協助下表現此能力
　　1：在大量提示、協助下表現此能力
　　0：無法表現此能力或不反應
　　N：不適宜評量（含老師未問此問題或未讓該生發表）

單元名稱：萬聖節（3）　　　　　　　　教學日期：　　　年　　月　　日

主教老師：　　　　　　　　　　　　　觀察記錄者：

| 3 | 萬聖節（情境） | 學生姓名 | | | | |
|---|---|---|---|---|---|---|
| 層次 向度 | 當處於生氣的情境 | | | | | |
| 預測情緒 | 1　能說出「害怕／生氣」的情緒（題3） | | | | | |
| | 2　能由自己或他人過去「被惡作劇」或類似經驗，說出「害怕／生氣」情緒 | | | | | |
| 由情緒預測行為 | 3　能由四個行為中選出一個行為（題4） | | | | | |
| | 4　能說出為什麼選擇「破壞〔物品（故意的）〕」的行為 | | | | | |
| | 5　能說出為什麼選擇「表達情緒意見」的行為 | | | | | |
| | 6　能說出為什麼選擇「攻擊他人」的行為 | | | | | |
| | 7　能說出為什麼選擇「適度發洩情緒」的行為 | | | | | |
| 由行為預測結果 | 8　能說出「破壞〔物品（故意的）〕」行為的適當性 | | | | | |
| | 9　能說出「表達情緒意見」行為的適當性 | | | | | |
| | 10　能說出「攻擊他人」行為的適當性 | | | | | |
| | 11　能說出「適度發洩情緒」行為的適當性 | | | | | |
| | 12　能預測所選行為的得分（題5） | | | | | |
| | 13　能說出「破壞〔物品（故意的）〕」的行為後果 | | | | | |
| | 14　能說出「表達情緒意見」的行為後果 | | | | | |
| | 15　能說出「攻擊他人」的行為後果 | | | | | |
| | 16　能說出「適度發洩情緒」的行為後果 | | | | | |
| 對選擇的行為負責 | 17　能接受自己所選擇行為的後果（得分）（題7） | | | | | |
| 由結果逆推行為的選擇 | 18　有不適當行為時，願意修正不適當的想法與行為（題8） | | | | | |
| | 19　有不適當行為時，能將行為修正為「適度表達（情緒）、尋求他人協助」或其他適當表現 | | | | | |

評量標準：

　　5：能獨立表現或說出，且內容適當完整

　　4：能獨立表現或說出，內容與主題有關但不完整

　　3：能獨立表現或說出，但內容與主題無關

　　2：在少量提示、協助下表現此能力

　　1：在大量提示、協助下表現此能力

　　0：無法表現此能力或不反應

　　N：不適宜評量（含老師未問此問題或未讓該生發表）

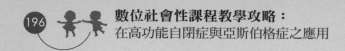

單元名稱：說故事（4）　　　　　　　教學日期：　　年　　月　　日

主教老師：　　　　　　　　　　　　觀察記錄者：

| 4 | | 說故事（情境） | 學生姓名 | | | | |
|---|---|---|---|---|---|---|---|
| 向度 層次 | | 當處於害怕的情境 | | | | | |
| 預測情緒 | 1 | 能說出「緊張／害怕」的情緒（題3） | | | | | |
| | 2 | 能由自己或他人過去「上臺演講」或類似經驗，說出「緊張／害怕」情緒 | | | | | |
| 由情緒預測行為 | 3 | 能由四個行為中選出一個行為（題4） | | | | | |
| | 4 | 能說出為什麼選擇「發洩情緒」的行為 | | | | | |
| | 5 | 能說出為什麼選擇「緩和情緒、放鬆行為」的行為 | | | | | |
| | 6 | 能說出為什麼選擇「逃避問題」的行為 | | | | | |
| | 7 | 能說出為什麼選擇「自我傷害」的行為 | | | | | |
| 由行為預測結果 | 8 | 能說出「發洩情緒」行為的適當性 | | | | | |
| | 9 | 能說出「緩和情緒、放鬆行為」行為的適當性 | | | | | |
| | 10 | 能說出「逃避問題」行為的適當性 | | | | | |
| | 11 | 能說出「自我傷害」行為的適當性 | | | | | |
| | 12 | 能預測所選行為的得分（題5） | | | | | |
| | 13 | 能說出「發洩情緒」的行為後果 | | | | | |
| | 14 | 能說出「緩和情緒、放鬆行為」的行為後果 | | | | | |
| | 15 | 能說出「逃避問題」的行為後果 | | | | | |
| | 16 | 能說出「自我傷害」的行為後果 | | | | | |
| 對選擇的行為負責 | 17 | 能接受自己所選擇行為的後果（得分）（題7） | | | | | |
| 由結果逆推行為的選擇 | 18 | 有不適當行為時，願意修正不適當的想法與行為（題8） | | | | | |
| | 19 | 有不適當行為時，能將行為修正為「發洩情緒、緩和情緒、放鬆行為」或其他適當表現 | | | | | |

評量標準：

　　5：能獨立表現或說出，且內容適當完整

　　4：能獨立表現或說出，內容與主題有關但不完整

　　3：能獨立表現或說出，但內容與主題無關

　　2：在少量提示、協助下表現此能力

　　1：在大量提示、協助下表現此能力

　　0：無法表現此能力或不反應

　　N：不適宜評量（含老師未問此問題或未讓該生發表）

單元名稱：同學送的生日禮物（5）　　　　教學日期：　　　年　　月　　日

主教老師：　　　　　　　　　　　　　　觀察記錄者：

| 5 | 同學送的生日禮物（情境） | 學生姓名 | | | | |
|---|---|---|---|---|---|---|
| 向度＼層次 | 當處於害怕的情境 | | | | | |
| 預測情緒 | 1 | 能說出「害怕」的情緒（題3） | | | | |
| | 2 | 能由自己或他人過去「被惡作劇」或類似經驗，說出「害怕」情緒 | | | | |
| 由情緒預測行為 | 3 | 能由四個行為中選出一個行為（題4） | | | | |
| | 4 | 能說出為什麼選擇「離開現場」的行為 | | | | |
| | 5 | 能說出為什麼選擇「緩和情緒」的行為 | | | | |
| | 6 | 能說出為什麼選擇「哭鬧、大叫」的行為 | | | | |
| | 7 | 能說出為什麼選擇「攻擊他人」的行為 | | | | |
| 由行為預測結果 | 8 | 能說出「離開現場」行為的適當性 | | | | |
| | 9 | 能說出「緩和情緒」行為的適當性 | | | | |
| | 10 | 能說出「哭鬧、大叫」行為的適當性 | | | | |
| | 11 | 能說出「攻擊他人」行為的適當性 | | | | |
| | 12 | 能預測所選行為的得分（題5） | | | | |
| | 13 | 能說出「離開現場」的行為後果 | | | | |
| | 14 | 能說出「緩和情緒」的行為後果 | | | | |
| | 15 | 能說出「哭鬧、大叫」的行為後果 | | | | |
| | 16 | 能說出「攻擊他人」的行為後果 | | | | |
| 對選擇的行為負責 | 17 | 能接受自己所選行為的後果（得分）（題7） | | | | |
| 由結果逆推行為的選擇 | 18 | 有不適當行為時，願意修正不適當的想法與行為（題8） | | | | |
| | 19 | 有不適當行為時，能將行為修正為「離開現場、緩和情緒」或其他適當表現 | | | | |

評量標準：

　　5：能獨立表現或說出，且內容適當完整

　　4：能獨立表現或說出，內容與主題有關但不完整

　　3：能獨立表現或說出，但內容與主題無關

　　2：在少量提示、協助下表現此能力

　　1：在大量提示、協助下表現此能力

　　0：無法表現此能力或不反應

　　N：不適宜評量（含老師未問此問題或未讓該生發表）

part 1

part 2

part 3

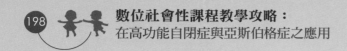
單元名稱：一個人睡覺（6）　　　　　　教學日期：　　　年　　月　　日
主教老師：　　　　　　　　　　　　　　觀察記錄者：

| 6 | 一個人睡覺（情境） | | 學生姓名 | | | | |
|---|---|---|---|---|---|---|---|
| 層次＼向度 | 當處於害怕的情境 | | | | | | |
| 預測情緒 | 1 | 能說出「害怕」的情緒（題3） | | | | | |
| | 2 | 能由自己或他人過去「一個人睡覺」或類似經驗，說出「害怕」情緒 | | | | | |
| 由情緒預測行為 | 3 | 能由四個行為中選出一個行為（題4） | | | | | |
| | 4 | 能說出為什麼選擇「努力（克服難處）」的行為 | | | | | |
| | 5 | 能說出為什麼選擇「怪罪他人」的行為 | | | | | |
| | 6 | 能說出為什麼選擇「嘗試解決問題」的行為 | | | | | |
| | 7 | 能說出為什麼選擇「負向思考」的行為 | | | | | |
| 由行為預測結果 | 8 | 能說出「努力（克服難處）」行為的適當性 | | | | | |
| | 9 | 能說出「怪罪他人」行為的適當性 | | | | | |
| | 10 | 能說出「嘗試解決問題」行為的適當性 | | | | | |
| | 11 | 能說出「負向思考」行為的適當性 | | | | | |
| | 12 | 能預測所選行為的得分（題5） | | | | | |
| | 13 | 能說出「努力（克服難處）」的行為後果 | | | | | |
| | 14 | 能說出「怪罪他人」的行為後果 | | | | | |
| | 15 | 能說出「嘗試解決問題」的行為後果 | | | | | |
| | 16 | 能說出「負向思考」的行為後果 | | | | | |
| 對選擇的行為負責 | 17 | 能接受自己所選擇行為的後果（得分）（題7） | | | | | |
| 由結果逆推行為的選擇 | 18 | 有不適當行為時，願意修正不適當的想法與行為（題8） | | | | | |
| | 19 | 有不適當行為時，能將行為修正為「努力（克服難處）、嘗試解決問題」或其他適當表現 | | | | | |

評量標準：

　　　　5：能獨立表現或說出，且內容適當完整
　　　　4：能獨立表現或說出，內容與主題有關但不完整
　　　　3：能獨立表現或說出，但內容與主題無關
　　　　2：在少量提示、協助下表現此能力
　　　　1：在大量提示、協助下表現此能力
　　　　0：無法表現此能力或不反應
　　　　N：不適宜評量（含老師未問此問題或未讓該生發表）

單元名稱：討厭青椒（7）　　　　　　　教學日期：　　　年　　月　　日

主教老師：　　　　　　　　　　　　　觀察記錄者：

| 7 | | 討厭青椒（想望） | 學生姓名 | | | | |
|---|---|---|---|---|---|---|---|
| 向度＼層次 | | 當處於難過的情境 | | | | | |
| 預測情緒 | 1 | 能說出「難過」的情緒（題3） | | | | | |
| | 2 | 能由自己或他人過去「吃到不想吃的食物時」或類似經驗，說出「難過」情緒 | | | | | |
| 由情緒預測行為 | 3 | 能由四個行為中選出一個行為（題4） | | | | | |
| | 4 | 能說出為什麼選擇「破壞事物」的行為 | | | | | |
| | 5 | 能說出為什麼選擇「怪罪老師」的行為 | | | | | |
| | 6 | 能說出為什麼選擇「尋求他人協助」的行為 | | | | | |
| | 7 | 能說出為什麼選擇「適當表達（情緒）」的行為 | | | | | |
| 由行為預測結果 | 8 | 能說出「破壞事物」行為的適當性 | | | | | |
| | 9 | 能說出「怪罪老師」行為的適當性 | | | | | |
| | 10 | 能說出「尋求他人協助」行為的適當性 | | | | | |
| | 11 | 能說出「適當表達（情緒）」行為的適當性 | | | | | |
| | 12 | 能預測所選行為的得分（題5） | | | | | |
| | 13 | 能說出「破壞事物」的行為後果 | | | | | |
| | 14 | 能說出「怪罪老師」的行為後果 | | | | | |
| | 15 | 能說出「尋求他人協助」的行為後果 | | | | | |
| | 16 | 能說出「適當表達（情緒）」的行為後果 | | | | | |
| 對選擇的行為負責 | 17 | 能接受自己所選擇行為的後果（得分）（題7） | | | | | |
| 由結果逆推行為的選擇 | 18 | 有不適當行為時，願意修正不適當的想法與行為（題8） | | | | | |
| | 19 | 有不適當行為時，能將行為修正為「尋求他人協助、適當表達（情緒）」或其他適當表現 | | | | | |

評量標準：

　　5：能獨立表現或說出，且內容適當完整

　　4：能獨立表現或說出，內容與主題有關但不完整

　　3：能獨立表現或說出，但內容與主題無關

　　2：在少量提示、協助下表現此能力

　　1：在大量提示、協助下表現此能力

　　0：無法表現此能力或不反應

　　N：不適宜評量（含老師未問此問題或未讓該生發表）

**數位社會性課程教學攻略：**
在高功能自閉症與亞斯伯格症之應用

單元名稱：撲克牌（8）　　　　　　　教學日期：　　年　　月　　日
主教老師：　　　　　　　　　　　　　觀察記錄者：

| 8 | | 撲克牌（想望） | 學生姓名 | | | | |
|---|---|---|---|---|---|---|---|
| 向度＼層次 | | 當處於得到想要的事物時的情境 | | | | | |
| 預測情緒 | 1 | 能說出「高興」的情緒（題3） | | | | | |
| | 2 | 能由自己或他人過去「想玩的遊戲被選中時」或類似經驗，說出「高興」情緒 | | | | | |
| 由情緒預測行為 | 3 | 能由四個行為中選出一個行為（題4） | | | | | |
| | 4 | 能說出為什麼選擇「合作或參與」的行為 | | | | | |
| | 5 | 能說出為什麼選擇「主動分享」的行為 | | | | | |
| | 6 | 能說出為什麼選擇「自大」的行為 | | | | | |
| | 7 | 能說出為什麼選擇「攻擊他人（口語攻擊）」的行為 | | | | | |
| 由行為預測結果 | 8 | 能說出「合作或參與」行為的適當性 | | | | | |
| | 9 | 能說出「主動分享」行為的適當性 | | | | | |
| | 10 | 能說出「自大」行為的適當性 | | | | | |
| | 11 | 能說出「攻擊他人（口語攻擊）」行為的適當性 | | | | | |
| | 12 | 能預測所選行為的得分（題5） | | | | | |
| | 13 | 能說出「合作或參與」的行為後果 | | | | | |
| | 14 | 能說出「主動分享」的行為後果 | | | | | |
| | 15 | 能說出「自大」的行為後果 | | | | | |
| | 16 | 能說出「攻擊他人（口語攻擊）」的行為後果 | | | | | |
| 對選擇的行為負責 | 17 | 能接受自己所選擇行為的後果（得分）（題7） | | | | | |
| 由結果逆推行為的選擇 | 18 | 有不適當行為時，願意修正不適當的想法與行為（題8） | | | | | |
| | 19 | 有不適當行為時，能將行為修正為「合作或參與、主動分享」或其他適當表現 | | | | | |

評量標準：

　　5：能獨立表現或說出，且內容適當完整
　　4：能獨立表現或說出，內容與主題有關但不完整
　　3：能獨立表現或說出，但內容與主題無關
　　2：在少量提示、協助下表現此能力
　　1：在大量提示、協助下表現此能力
　　0：無法表現此能力或不反應
　　N：不適宜評量（含老師未問此問題或未讓該生發表）

單元名稱：我想吃雞腿飯（9）　　　　　教學日期：　　　年　　月　　日

主教老師：　　　　　　　　　　　　　觀察記錄者：

| 9 | 我想吃雞腿飯（想望） | | 學生姓名 | | | | |
|---|---|---|---|---|---|---|---|
| 層次／向度 | 當處於得不到想要的事物時的情境 | | | | | | |
| 預測情緒 | 1 | 能說出「難過」的情緒（題3） | | | | | |
| | 2 | 能由自己或他人過去「想吃某種特定食物而未能得到時」或類似經驗，說出「難過」情緒 | | | | | |
| 由情緒預測行為 | 3 | 能由四個行為中選出一個行為（題4） | | | | | |
| | 4 | 能說出為什麼選擇「表達情緒」的行為 | | | | | |
| | 5 | 能說出為什麼選擇「換個角度想」的行為 | | | | | |
| | 6 | 能說出為什麼選擇「抱怨」的行為 | | | | | |
| | 7 | 能說出為什麼選擇「耍賴」的行為 | | | | | |
| 由行為預測結果 | 8 | 能說出「表達情緒」行為的適當性 | | | | | |
| | 9 | 能說出「換個角度想」行為的適當性 | | | | | |
| | 10 | 能說出「抱怨」行為的適當性 | | | | | |
| | 11 | 能說出「耍賴」行為的適當性 | | | | | |
| | 12 | 能預測所選行為的得分（題5） | | | | | |
| | 13 | 能說出「表達情緒」的行為後果 | | | | | |
| | 14 | 能說出「換個角度想」的行為後果 | | | | | |
| | 15 | 能說出「抱怨」的行為後果 | | | | | |
| | 16 | 能說出「耍賴」的行為後果 | | | | | |
| 對選擇的行為負責 | 17 | 能接受自己所選擇行為的後果（得分）（題7） | | | | | |
| 由結果逆推行為的選擇 | 18 | 有不適當行為時，願意修正不適當的想法與行為（題8） | | | | | |
| | 19 | 有不適當行為時，能將行為修正為「表達情緒、換個角度想」或其他適當表現 | | | | | |

評量標準：

　　5：能獨立表現或說出，且內容適當完整
　　4：能獨立表現或說出，內容與主題有關但不完整
　　3：能獨立表現或說出，但內容與主題無關
　　2：在少量提示、協助下表現此能力
　　1：在大量提示、協助下表現此能力
　　0：無法表現此能力或不反應
　　N：不適宜評量（含老師未問此問題或未讓該生發表）

part 1

part 2

part 3

單元名稱：放風箏（10）　　　　　　　教學日期：　　年　　月　　日
主教老師：　　　　　　　　　　　　　觀察記錄者：

| 10 | | 放風箏（想望） | 學生姓名 | | | | |
|---|---|---|---|---|---|---|---|
| 向度 層次 | | 當處於沒有得到想要的東西情境 | | | | | |
| 預測情緒 | 1 | 能說出「難過」的情緒（題3） | | | | | |
| | 2 | 能由自己或他人過去「想玩的玩具壞掉時」或類似經驗，說出「難過」情緒 | | | | | |
| 由情緒預測行為 | 3 | 能由四個行為中選出一個行為（題4） | | | | | |
| | 4 | 能說出為什麼選擇「努力嘗試解決問題」的行為 | | | | | |
| | 5 | 能說出為什麼選擇「接受事實」的行為 | | | | | |
| | 6 | 能說出為什麼選擇「怪罪他人」的行為 | | | | | |
| | 7 | 能說出為什麼選擇「哭鬧」的行為 | | | | | |
| 由行為預測結果 | 8 | 能說出「努力嘗試解決問題」行為的適當性 | | | | | |
| | 9 | 能說出「接受事實」行為的適當性 | | | | | |
| | 10 | 能說出「怪罪他人」行為的適當性 | | | | | |
| | 11 | 能說出「哭鬧」行為的適當性 | | | | | |
| | 12 | 能預測所選行為的得分（題5） | | | | | |
| | 13 | 能說出「努力嘗試解決問題」的行為後果 | | | | | |
| | 14 | 能說出「接受事實」的行為後果 | | | | | |
| | 15 | 能說出「怪罪他人」的行為後果 | | | | | |
| | 16 | 能說出「哭鬧」的行為後果 | | | | | |
| 對選擇的行為負責 | 17 | 能接受自己所選擇行為的後果（得分）（題7） | | | | | |
| 由結果逆推行為的選擇 | 18 | 有不適當行為時，願意修正不適當的想法與行為（題8） | | | | | |
| | 19 | 有不適當行為時，能將行為修正為「努力嘗試解決問題、接受事實」或其他適當表現 | | | | | |

評量標準：

5：能獨立表現或說出，且內容適當完整
4：能獨立表現或說出，內容與主題有關但不完整
3：能獨立表現或說出，但內容與主題無關
2：在少量提示、協助下表現此能力
1：在大量提示、協助下表現此能力
0：無法表現此能力或不反應
N：不適宜評量（含老師未問此問題或未讓該生發表）

單元名稱：打電動（11）　　　　　教學日期：　　年　　月　　日
主教老師：　　　　　　　　　　　觀察記錄者：

| 11 | | 打電動（信念） | 學生姓名 | | | | |
|---|---|---|---|---|---|---|---|
| 向度＼層次 | | 當處於認為可能得到期望中的事物卻沒得到時的情境 | | | | | |
| 預測情緒 | 1 | 能說出「生氣」的情緒（題3） | | | | | |
| | 2 | 能由自己或他人過去「認為能玩的東西壞掉時」或類似經驗，說出「生氣」情緒 | | | | | |
| 由情緒預測行為 | 3 | 能由四個行為中選出一個行為（題4） | | | | | |
| | 4 | 能說出為什麼選擇「破壞東西（故意的）」的行為 | | | | | |
| | 5 | 能說出為什麼選擇「遷怒、怪罪（長輩）」的行為 | | | | | |
| | 6 | 能說出為什麼選擇「適度表達情緒」的行為 | | | | | |
| | 7 | 能說出為什麼選擇「尋求他人協助」的行為 | | | | | |
| 由行為預測結果 | 8 | 能說出「破壞東西（故意的）」行為的適當性 | | | | | |
| | 9 | 能說出「遷怒、怪罪（長輩）」行為的適當性 | | | | | |
| | 10 | 能說出「適度表達情緒」行為的適當性 | | | | | |
| | 11 | 能說出「尋求他人協助」行為的適當性 | | | | | |
| | 12 | 能預測所選行為的得分（題5） | | | | | |
| | 13 | 能說出「破壞東西（故意的）」的行為後果 | | | | | |
| | 14 | 能說出「遷怒、怪罪（長輩）」的行為後果 | | | | | |
| | 15 | 能說出「適度表達情緒」的行為後果 | | | | | |
| | 16 | 能說出「尋求他人協助」的行為後果 | | | | | |
| 對選擇的行為負責 | 17 | 能接受自己所選擇行為的後果（得分）（題7） | | | | | |
| 由結果逆推行為的選擇 | 18 | 有不適當行為時，願意修正不適當的想法與行為（題8） | | | | | |
| | 19 | 有不適當行為時，能將行為修正為「適度表達情緒、尋求他人協助」或其他適當表現 | | | | | |

評量標準：

5：能獨立表現或說出，且內容適當完整
4：能獨立表現或說出，內容與主題有關但不完整
3：能獨立表現或說出，但內容與主題無關
2：在少量提示、協助下表現此能力
1：在大量提示、協助下表現此能力
0：無法表現此能力或不反應
N：不適宜評量（含老師未問此問題或未讓該生發表）

part 1
part 2
part 3

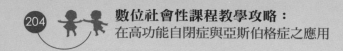

單元名稱：一起去騎腳踏車（12）　　　　　　教學日期：　　年　　月　　日

主教老師：　　　　　　　　　　　　　　　　觀察記錄者：

| 12 | | 一起去騎腳踏車（信念） | 學生姓名 | | | | |
|---|---|---|---|---|---|---|---|
| 向度　層次 | | 當處於認為可能得到期望中不想要的事物的情境 | | | | | |
| 預測情緒 | 1 | 能說出「生氣」的情緒（題3） | | | | | |
| | 2 | 能由自己或他人過去「相約出遊對方卻遲到」或類似經驗，說出「生氣」情緒 | | | | | |
| 由情緒預測行為 | 3 | 能由四個行為中選出一個行為（題4） | | | | | |
| | 4 | 能說出為什麼選擇「生氣不理人」的行為 | | | | | |
| | 5 | 能說出為什麼選擇「適度表達情緒」的行為 | | | | | |
| | 6 | 能說出為什麼選擇「破壞東西（故意的）」的行為 | | | | | |
| | 7 | 能說出為什麼選擇「攻擊他人（口語攻擊）」的行為 | | | | | |
| 由行為預測結果 | 8 | 能說出「生氣不理人」行為的適當性 | | | | | |
| | 9 | 能說出「適度表達情緒」行為的適當性 | | | | | |
| | 10 | 能說出「破壞東西（故意的）」行為的適當性 | | | | | |
| | 11 | 能說出「攻擊他人（口語攻擊）」行為的適當性 | | | | | |
| | 12 | 能預測所選行為的得分（題5） | | | | | |
| | 13 | 能說出「生氣不理人」的行為後果 | | | | | |
| | 14 | 能說出「適度表達情緒」的行為後果 | | | | | |
| | 15 | 能說出「破壞東西（故意的）」的行為後果 | | | | | |
| | 16 | 能說出「攻擊他人（口語攻擊）」的行為後果 | | | | | |
| 對選擇的行為負責 | 17 | 能接受自己所選擇行為的後果（得分）（題7） | | | | | |
| 由結果逆推行為的選擇 | 18 | 有不適當行為時，願意修正不適當的想法與行為（題8） | | | | | |
| | 19 | 有不適當行為時，能將行為修正為「適度表達情緒、離開現場」或其他適當表現 | | | | | |

評量標準：

　　5：能獨立表現或說出，且內容適當完整

　　4：能獨立表現或說出，內容與主題有關但不完整

　　3：能獨立表現或說出，但內容與主題無關

　　2：在少量提示、協助下表現此能力

　　1：在大量提示、協助下表現此能力

　　0：無法表現此能力或不反應

　　N：不適宜評量（含老師未問此問題或未讓該生發表）

單元名稱：打躲避球（13）　　　　　教學日期：　　年　　月　　日

主教老師：　　　　　　　　　　　　觀察記錄者：

| 13 | | 打躲避球（信念） | 學生姓名 | | | | |
|---|---|---|---|---|---|---|---|
| 層次＼向度 | | 當處於認為可能得到期望中不想要的事物的情境 | | | | | |
| 預測情緒 | 1 | 能說出「害怕」的情緒（題3） | | | | | |
| | 2 | 能由自己或他人過去「認為在場內一定會被打」或類似經驗，說出「害怕」情緒 | | | | | |
| 由情緒預測行為 | 3 | 能由四個行為中選出一個行為（題4） | | | | | |
| | 4 | 能說出為什麼選擇「適度的表達情緒」的行為 | | | | | |
| | 5 | 能說出為什麼選擇「換個角度想」的行為 | | | | | |
| | 6 | 能說出為什麼選擇「遷怒（長筆）」的行為 | | | | | |
| | 7 | 能說出為什麼選擇「破壞活動」的行為 | | | | | |
| 由行為預測結果 | 8 | 能說出「適度的表達情緒」行為的適當性 | | | | | |
| | 9 | 能說出「換個角度想」行為的適當性 | | | | | |
| | 10 | 能說出「遷怒（長筆）」行為的適當性 | | | | | |
| | 11 | 能說出「破壞活動」行為的適當性 | | | | | |
| | 12 | 能預測所選行為的得分（題5） | | | | | |
| | 13 | 能說出「適度的表達情緒」的行為後果 | | | | | |
| | 14 | 能說出「換個角度想」的行為後果 | | | | | |
| | 15 | 能說出「遷怒（長筆）」的行為後果 | | | | | |
| | 16 | 能說出「破壞活動」的行為後果 | | | | | |
| 對選擇的行為負責 | 17 | 能接受自己所選擇行為的後果（得分）（題7） | | | | | |
| 由結果逆推行為的選擇 | 18 | 有不適當行為時，願意修正不適當的想法與行為（題8） | | | | | |
| | 19 | 有不適當行為時，能將行為修正為「適度的表達情緒、換個角度想」或其他適當表現 | | | | | |

評量標準：

　　5：能獨立表現或說出，且內容適當完整

　　4：能獨立表現或說出，內容與主題有關但不完整

　　3：能獨立表現或說出，但內容與主題無關

　　2：在少量提示、協助下表現此能力

　　1：在大量提示、協助下表現此能力

　　0：無法表現此能力或不反應

　　N：不適宜評量（含老師未問此問題或未讓該生發表）

part 1

part 2

part 3

單元名稱：分組活動（14）　　　　　教學日期：　　　年　　月　　日
主教老師：　　　　　　　　　　　　觀察記錄者：

| 14 | | 分組活動（信念） | 學生姓名 | | | | |
|---|---|---|---|---|---|---|---|
| 層次<br>向度 | | 當處於認為可能得到期望中不想要的事物的情境 | | | | | |
| 預測情緒 | 1 | 能說出「難過」的情緒（題3） | | | | | |
| | 2 | 能由自己或他人過去「要分組卻認為自己一定又是一個人」或類似經驗，說出「難過」情緒 | | | | | |
| 由情緒預測行為 | 3 | 能由四個行為中選出一個行為（題4） | | | | | |
| | 4 | 能說出為什麼選擇「遷怒（長輩）」的行為 | | | | | |
| | 5 | 能說出為什麼選擇「發洩情緒」的行為 | | | | | |
| | 6 | 能說出為什麼選擇「遷怒（同儕）」的行為 | | | | | |
| | 7 | 能說出為什麼選擇「尋求他人協助」的行為 | | | | | |
| 由行為預測結果 | 8 | 能說出「遷怒（長輩）」行為的適當性 | | | | | |
| | 9 | 能說出「發洩情緒」行為的適當性 | | | | | |
| | 10 | 能說出「遷怒（同儕）」行為的適當性 | | | | | |
| | 11 | 能說出「尋求他人協助」行為的適當性 | | | | | |
| | 12 | 能預測所選行為的得分（題5） | | | | | |
| | 13 | 能說出「遷怒（長輩）」的行為後果 | | | | | |
| | 14 | 能說出「發洩情緒」的行為後果 | | | | | |
| | 15 | 能說出「遷怒（同儕）」的行為後果 | | | | | |
| | 16 | 能說出「尋求他人協助」的行為後果 | | | | | |
| 對選擇的行為負責 | 17 | 能接受自己所選擇行為的後果（得分）（題7） | | | | | |
| 由結果逆推行為的選擇 | 18 | 有不適當行為時，願意修正不適當的想法與行為（題8） | | | | | |
| | 19 | 有不適當行為時，能將行為修正為「尋求他人協助、發洩情緒」或其他適當表現 | | | | | |

評量標準：

　　　5：能獨立表現或說出，且內容適當完整
　　　4：能獨立表現或說出，內容與主題有關但不完整
　　　3：能獨立表現或說出，但內容與主題無關
　　　2：在少量提示、協助下表現此能力
　　　1：在大量提示、協助下表現此能力
　　　0：無法表現此能力或不反應
　　　N：不適宜評量（含老師未問此問題或未讓該生發表）

單元名稱：滔滔不絕（15）　　　　　　　　教學日期：　　　年　　　月　　　日
主教老師：　　　　　　　　　　　　　　　觀察記錄者：

| 15 | | 滔滔不絕（信念） | 學生姓名 | | | | |
|---|---|---|---|---|---|---|---|
| 向度 層次 | | 當處於認為可能得到期望中的事物卻沒有得到的情境 | | | | | |
| 預測情緒 | 1 | 能說出「難過」的情緒（題3） | | | | | |
| | 2 | 能由自己或他人過去「認為對方也喜歡而不斷談論」或類似經驗，說出「難過」情緒 | | | | | |
| 由情緒預測行為 | 3 | 能由四個行為中選出一個行為（題4） | | | | | |
| | 4 | 能說出為什麼選擇「發洩情緒」的行為 | | | | | |
| | 5 | 能說出為什麼選擇「負向思考」的行為 | | | | | |
| | 6 | 能說出為什麼選擇「破壞（故意的）」的行為 | | | | | |
| | 7 | 能說出為什麼選擇「換個角度想」的行為 | | | | | |
| 由行為預測結果 | 8 | 能說出「發洩情緒」行為的適當性 | | | | | |
| | 9 | 能說出「負向思考」行為的適當性 | | | | | |
| | 10 | 能說出「破壞（故意的）」行為的適當性 | | | | | |
| | 11 | 能說出「換個角度想」行為的適當性 | | | | | |
| | 12 | 能預測所選行為的得分（題5） | | | | | |
| | 13 | 能說出「發洩情緒」的行為後果 | | | | | |
| | 14 | 能說出「負向思考」的行為後果 | | | | | |
| | 15 | 能說出「破壞（故意的）」的行為後果 | | | | | |
| | 16 | 能說出「換個角度想」的行為後果 | | | | | |
| 對選擇的行為負責 | 17 | 能接受自己所選擇行為的後果（得分）（題7） | | | | | |
| 由結果逆推行為的選擇 | 18 | 有不適當行為時，願意修正不適當的想法與行為（題8） | | | | | |
| | 19 | 有不適當行為時，能將行為修正為「低調的發洩情緒、換個角度想」或其他適當表現 | | | | | |

評量標準：
　　　5：能獨立表現或說出，且內容適當完整
　　　4：能獨立表現或說出，內容與主題有關但不完整
　　　3：能獨立表現或說出，但內容與主題無關
　　　2：在少量提示、協助下表現此能力
　　　1：在大量提示、協助下表現此能力
　　　0：無法表現此能力或不反應
　　　N：不適宜評量（含老師未問此問題或未讓該生發表）

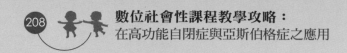

單元名稱：大會操（16）　　　　　　教學日期：　　　年　　月　　日
主教老師：　　　　　　　　　　　　觀察記錄者：

| 16 | | 大會操（信念） | 學生姓名 | | | |
|---|---|---|---|---|---|---|
| 向度 | 層次 | 當處於認為可能得到自己不想得到事物時的情境 | | | | |
| 預測情緒 | 1 | 能說出「害怕」的情緒（題3） | | | | |
| | 2 | 能由自己或他人過去「運動會要表演不擅長活動」或類似經驗，說出「害怕」情緒 | | | | |
| 由情緒預測行為 | 3 | 能由四個行為中選出一個行為（題4） | | | | |
| | 4 | 能說出為什麼選擇「適當的表達情緒」的行為 | | | | |
| | 5 | 能說出為什麼選擇「尋求他人協助」的行為 | | | | |
| | 6 | 能說出為什麼選擇「哭鬧」的行為 | | | | |
| | 7 | 能說出為什麼選擇「抱怨（長輩）」的行為 | | | | |
| 由行為預測結果 | 8 | 能說出「適當的表達情緒」行為的適當性 | | | | |
| | 9 | 能說出「尋求他人協助」行為的適當性 | | | | |
| | 10 | 能說出「哭鬧」行為的適當性 | | | | |
| | 11 | 能說出「抱怨（長輩）」行為的適當性 | | | | |
| | 12 | 能預測所選行為的得分（題5） | | | | |
| | 13 | 能說出「適當的表達情緒」的行為後果 | | | | |
| | 14 | 能說出「尋求他人協助」的行為後果 | | | | |
| | 15 | 能說出「哭鬧」的行為後果 | | | | |
| | 16 | 能說出「抱怨（長輩）」的行為後果 | | | | |
| 對選擇的行為負責 | 17 | 能接受自己所選擇行為的後果（得分）（題7） | | | | |
| 由結果逆推行為的選擇 | 18 | 有不適當行為時，願意修正不適當的想法與行為（題8） | | | | |
| | 19 | 有不適當行為時，能將行為修正為「適當的表達情緒、尋求他人協助」或其他適當表現 | | | | |

評量標準：
5：能獨立表現或說出，且內容適當完整
4：能獨立表現或說出，內容與主題有關但不完整
3：能獨立表現或說出，但內容與主題無關
2：在少量提示、協助下表現此能力
1：在大量提示、協助下表現此能力
0：無法表現此能力或不反應
N：不適宜評量（含老師未問此問題或未讓該生發表）

單元名稱：自然考卷（17）　　　　　教學日期：　　年　　月　　日

主教老師：　　　　　　　　　　　觀察記錄者：

| 17 | | 自然考卷（初級） | | 學生姓名 | | | |
|---|---|---|---|---|---|---|---|
| 向度＼層次 | | 當自己不知道的狀況下事情有了變動卻未被告知 | | | | | |
| 預測情緒 | 1 | 能由自己或他人過去「沒有得到不想要的事物」的經驗，說出「高興」的情緒 | | | | | |
| | 2 | 能說出「焦慮」的情緒（題8） | | | | | |
| | 3 | 能由自己或他人過去「幫老師拿簿子回來後，發現考試題目的題型與原先不同」的經驗，說出「焦慮」的情緒 | | | | | |
| 由情緒預測行為 | 4 | 能由四個行為中選出一個行為（題9） | | | | | |
| | 5 | 能說出為什麼選擇「尋求他人協助」的行為 | | | | | |
| | 6 | 能說出為什麼選擇「努力、嘗試解決」的行為 | | | | | |
| | 7 | 能說出為什麼選擇「遷怒（長輩）」的行為 | | | | | |
| | 8 | 能說出為什麼選擇「破壞物品」的行為 | | | | | |
| 由行為預測結果 | 9 | 能說出「尋求他人協助」的行為適當性 | | | | | |
| | 10 | 能說出「努力、嘗試解決」的行為適當性 | | | | | |
| | 11 | 能說出「遷怒（長輩）」的行為適當性 | | | | | |
| | 12 | 能說出「破壞物品」的行為適當性 | | | | | |
| | 13 | 能預測所選擇的行為得分（題10） | | | | | |
| | 14 | 能說出「尋求他人協助」的行為後果 | | | | | |
| | 15 | 能說出「努力、嘗試解決」的行為後果 | | | | | |
| | 16 | 能說出「遷怒（長輩）」的行為後果 | | | | | |
| | 17 | 能說出「破壞物品」的行為後果 | | | | | |
| 對選擇的行為負責 | 18 | 能接受自己所選擇行為的後果（得分）（題12） | | | | | |
| 由結果逆推行為的選擇 | 19 | 有不適當行為時，願意修正不適當的想法與行為（題13） | | | | | |
| | 20 | 有不適當行為時，能將行為修正為「尋求他人協助、換個角度想」或其他適當表現 | | | | | |

評量標準：

　　5：能獨立表現或說出，且內容適當完整

　　4：能獨立表現或說出，內容與主題有關但不完整

　　3：能獨立表現或說出，但內容與主題無關

　　2：在少量提示、協助下表現此能力

　　1：在大量提示、協助下表現此能力

　　0：無法表現此能力或不反應

　　N：不適宜評量（含老師未問此問題或未讓該生發表）

part 1

part 2

part 3

單元名稱：分組打球（18）　　　　　教學日期：　　年　　月　　日

主教老師：　　　　　　　　　　　　觀察記錄者：

| 18 | | 分組打球（初級） | 學生姓名 | | | | |
|---|---|---|---|---|---|---|---|
| 層次＼向度 | | 當自己不知道的狀況下事情有了變動卻未被告知 | | | | | |
| 預測情緒 | 1 | 能說出「討厭」的情緒（題5） | | | | | |
| | 2 | 能由自己或他人過去「在自己不知道的狀況下，和不喜歡的人一組」的經驗，說出「討厭」的情緒 | | | | | |
| 由情緒預測行為 | 3 | 能由四個行為中選出一個行為（題6） | | | | | |
| | 4 | 能說出為什麼選擇「合作或參與」的行為 | | | | | |
| | 5 | 能說出為什麼選擇「表達意見」的行為 | | | | | |
| | 6 | 能說出為什麼選擇「排擠」的行為 | | | | | |
| | 7 | 能說出為什麼選擇「嫌棄」的行為 | | | | | |
| 由行為預測結果 | 8 | 能說出「合作或參與」的行為適當性 | | | | | |
| | 9 | 能說出「表達意見」的行為適當性 | | | | | |
| | 10 | 能說出「排擠」的行為適當性 | | | | | |
| | 11 | 能說出「嫌棄」的行為適當性 | | | | | |
| | 12 | 能預測所選擇的行為得分（題7） | | | | | |
| | 13 | 能說出「合作或參與」的行為後果 | | | | | |
| | 14 | 能說出「表達意見」的行為後果 | | | | | |
| | 15 | 能說出「排擠」的行為後果 | | | | | |
| | 16 | 能說出「嫌棄」的行為後果 | | | | | |
| 對選擇的行為負責 | 17 | 能接受自己所選擇行為的後果（得分）（題9） | | | | | |
| 由結果逆推行為的選擇 | 18 | 有不適當行為時，願意修正不適當的想法與行為（題10） | | | | | |
| | 19 | 有不適當行為時，能將行為修正為「合作或參與、表達意見」或其他適當表現 | | | | | |

評量標準：

　　5：能獨立表現或說出，且內容適當完整

　　4：能獨立表現或說出，內容與主題有關但不完整

　　3：能獨立表現或說出，但內容與主題無關

　　2：在少量提示、協助下表現此能力

　　1：在大量提示、協助下表現此能力

　　0：無法表現此能力或不反應

　　N：不適宜評量（含老師未問此問題或未讓該生發表）

單元名稱：巧克力蛋糕（19）　　　　　教學日期：　　　年　　月　　日

主教老師：　　　　　　　　　　　　觀察記錄者：

| 19 | | 巧克力蛋糕（初級） | 學生姓名 | | | | |
|---|---|---|---|---|---|---|---|
| 向度 ＼ 層次 | | 在自己不知道的狀況下東西不見 | | | | | |
| 預測情緒 | 1 | 能由自己或他人過去「得到想要的東西」的經驗，說出「高興的」情緒（題3） | | | | | |
| | 2 | 能說出「疑惑」的情緒（題7） | | | | | |
| | 3 | 能由自己或他人過去「原先預期的巧克力蛋糕因改變位置而未被告知」的經驗，說出「疑惑」的情緒 | | | | | |
| 由情緒預測行為 | 4 | 能由三個行為中選出一個行為（題8） | | | | | |
| | 5 | 能說出為什麼選擇「尋求他人協助」的行為 | | | | | |
| | 6 | 能說出為什麼選擇「感謝／感激」的行為 | | | | | |
| | 7 | 能說出為什麼選擇「怪罪他人」的行為 | | | | | |
| 由行為預測結果 | 8 | 能說出「尋求他人協助」的行為適當性 | | | | | |
| | 9 | 能說出「感謝／感激」的行為適當性 | | | | | |
| | 10 | 能說出「怪罪他人」的行為適當性 | | | | | |
| | 11 | 能預測所選擇的行為得分（題9） | | | | | |
| | 12 | 能說出「尋求他人協助」的行為後果 | | | | | |
| | 13 | 能說出「感謝／感激」的行為後果 | | | | | |
| | 14 | 能說出「怪罪他人」的行為後果 | | | | | |
| 對選擇的行為負責 | 15 | 能接受自己所選擇行為的後果（得分）（題11） | | | | | |
| 由結果逆推行為的選擇 | 16 | 有不適當行為時，願意修正不適當的想法與行為（題12） | | | | | |
| | 17 | 有不適當行為時，能將行為修正為「尋求協助」、「感謝／感激」或其他適當表現 | | | | | |

評量標準：

5：能獨立表現或說出，且內容適當完整

4：能獨立表現或說出，內容與主題有關但不完整

3：能獨立表現或說出，但內容與主題無關

2：在少量提示、協助下表現此能力

1：在大量提示、協助下表現此能力

0：無法表現此能力或不反應

N：不適宜評量（含老師未問此問題或未讓該生發表）

part 1

part 2

part 3

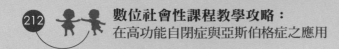
單元名稱：樹下乘涼（20）　　　　　教學日期：　　年　　月　　日
主教老師：　　　　　　　　　　　　觀察記錄者：

| 20 | | 樹下乘涼（次級） | 學生姓名 | | | | |
|---|---|---|---|---|---|---|---|
| 層次 向度 | | 原先已知第三者的事物或訊息因未知改變而與事實不同的情境 | | | | | |
| 預測情緒 | 1 | 當原先預期的休息地點改變，卻不知道他人已知道時，能說出「焦慮」的情緒（題7） | | | | | |
| | 2 | 當原先預期的休息地點改變，卻發現他人已知道時，能說出「驚訝」的情緒（題8） | | | | | |
| | 3 | 當原先預期的休息地點改變，回到原地找尋他人並等待太久時，能說出「生氣」的情緒（題9） | | | | | |
| | 4 | 當原先預期的休息地點改變，回到原地才發現他人找尋自己許久時，能說出「愧疚」的情緒（題11） | | | | | |
| | 5 | 當原先預期的休息地點改變，卻不知道他人已知道而錯怪他人時，能說出他人「委屈」的情緒（題12） | | | | | |
| | 6 | 當原先預期的休息地點改變，卻不知道他人已知道而錯怪他人時，能說出「尷尬」的情緒（題13） | | | | | |
| 其他 | 7 | 能說出小寶因為錯過，所以不知道阿福已經知道休息地點改在樹下（看到即知道原則：站在第二者的立場去預測第三人的想法）（題3） | | | | | |
| | 8 | 能夠說出小寶因為不知道小胖已經告訴阿福改成樹下休息，以為阿福會回到草地上，於是小寶跑回草地等（信念問題：站在第二者的立場去預測第三人的想法） | | | | | |
| | 9 | 能說出阿福因為遇見小胖，所以知道休息地點改在樹下（真實問題）（題4） | | | | | |
| | 10 | 能說出／指出一開始休息地點（記憶問題）（題6） | | | | | |
| | 11 | 能說出小寶說「你去太平洋買飲料喔」這句話的真正意義（題10） | | | | | |

評量標準：
　　　　5：能獨立表現或說出，且內容適當完整
　　　　4：能獨立表現或說出，內容與主題有關但不完整
　　　　3：能獨立表現或說出，但內容與主題無關
　　　　2：在少量提示、協助下表現此能力
　　　　1：在大量提示、協助下表現此能力
　　　　0：無法表現此能力或不反應
　　　　N：不適宜評量（含老師未問此問題或未讓該生發表）

單元名稱：中正紀念堂（21）　　　　　　教學日期：　　年　　月　　日
主教老師：　　　　　　　　　　　　　　觀察記錄者：

| 21 | | 中正紀念堂（次級） | 學生姓名 | | | | |
|---|---|---|---|---|---|---|---|
| 向度＼層次 | | 當甲、乙相約在某地集合，卻因故更換場地而引發誤會時 | | | | | |
| 預測情緒 | 1 | 能由自己或他人過去「因某事而到處找人」或類似經驗，能說出「焦慮」的情緒（題6） | | | | | |
| 由情緒預測行為 | 2 | 能由三個行為中選出一個行為（題7） | | | | | |
| | 3 | 能說出為什麼選擇「適當表達情緒」的行為 | | | | | |
| | 4 | 能說出為什麼選擇「攻擊他人」的行為 | | | | | |
| | 5 | 能說出為什麼選擇「動作攻擊」的行為 | | | | | |
| 由行為預測結果 | 6 | 能說出「適當表達情緒」的行為適當性 | | | | | |
| | 7 | 能說出「攻擊他人」的行為適當性 | | | | | |
| | 8 | 能說出「動作攻擊」的行為適當性 | | | | | |
| | 9 | 能預測所選擇的行為得分（題8） | | | | | |
| | 10 | 能說出「適當表達情緒」的行為後果 | | | | | |
| | 11 | 能說出「攻擊他人」的行為後果 | | | | | |
| | 12 | 能說出「動作攻擊」的行為後果 | | | | | |
| 對選擇的行為負責 | 13 | 能接受自己所選擇行為的後果（得分）（題10） | | | | | |
| | 14 | 有不適當行為時，願意修正不適當的想法與行為（題12） | | | | | |
| 由結果逆推行為的選擇 | 15 | 有不適當行為時，能將行為修正為「適當表達情緒」或其他適當表現（題12） | | | | | |
| 其他 | 16 | 能說出小寶在路上遇到爸爸，知道改成到大廣場，但哥哥剛好錯過，所以哥哥不知道小寶已知道改地點（看到即知道原則：站在第二者的立場去預測第三人的想法） | | | | | |
| | 17 | 能說出哥哥因為錯過，所以哥哥認為小寶會在魚池（信念問題：站在第二者的立場去預測第三人的想法） | | | | | |
| | 18 | 能說出小寶因為遇見爸爸，所以知道在紀念堂改成在大廣場（真實問題） | | | | | |
| | 19 | 能說出／指出一開始在紀念堂看衛兵交接的活動（記憶問題） | | | | | |

評量標準：
　　5：能獨立表現或說出，且內容適當完整
　　4：能獨立表現或說出，內容與主題有關但不完整
　　3：能獨立表現或說出，但內容與主題無關
　　2：在少量提示、協助下表現此能力
　　1：在大量提示、協助下表現此能力
　　0：無法表現此能力或不反應
　　N：不適宜評量（含老師未問此問題或未讓該生發表）

單元名稱：借蠟筆（22）　　　　　　教學日期：　　年　　月　　日
主教老師：　　　　　　　　　　　　觀察記錄者：

| 22 | | 借蠟筆（複雜情緒） | 學生姓名 | | | |
|---|---|---|---|---|---|---|
| 層次 \ 向度 | | 當處於別人擅取自己物品而未告知的情境 | | | | |
| 預測情緒 | 1 | 能說出「愧疚」的情緒（題3） | | | | |
| | 2 | 能由自己或他人過去「看到自己需要的東西隨手即取未告知」或類似經驗，說出「愧疚」情緒 | | | | |
| 由情緒預測行為 | 3 | 能由四個行為中選出一個行為（題4） | | | | |
| | 4 | 能說出為什麼選擇「反省、認錯」的行為 | | | | |
| | 5 | 能說出為什麼選擇「表達意見」的行為 | | | | |
| | 6 | 能說出為什麼選擇「不知反省、不認錯」的行為 | | | | |
| | 7 | 能說出為什麼選擇「沒禮貌」的行為 | | | | |
| 由行為預測結果 | 8 | 能說出「反省、認錯」行為的適當性 | | | | |
| | 9 | 能說出「表達意見」行為的適當性 | | | | |
| | 10 | 能說出「不知反省、不認錯」行為的適當性 | | | | |
| | 11 | 能說出「沒禮貌」行為的適當性 | | | | |
| | 12 | 能預測所選行為的得分（題5） | | | | |
| | 13 | 能說出「反省、認錯」的行為後果 | | | | |
| | 14 | 能說出「表達意見」的行為後果 | | | | |
| | 15 | 能說出「不知反省、不認錯」的行為後果 | | | | |
| | 16 | 能說出「沒禮貌」的行為後果 | | | | |
| 對選擇的行為負責 | 17 | 能接受自己所選擇行為的後果（得分）（題7） | | | | |
| 由結果逆推行為的選擇 | 18 | 有不適當行為時，願意修正不適當的想法與行為（題8） | | | | |
| | 19 | 有不適當行為時，能將行為修正為「反省、認錯、表達意見」或其他適當表現 | | | | |

評量標準：

5：能獨立表現或說出，且內容適當完整
4：能獨立表現或說出，內容與主題有關但不完整
3：能獨立表現或說出，但內容與主題無關
2：在少量提示、協助下表現此能力
1：在大量提示、協助下表現此能力
0：無法表現此能力或不反應
N：不適宜評量（含老師未問此問題或未讓該生發表）

單元名稱：檢查作業（23）　　　　　教學日期：　　　年　　　月　　　日
主教老師：　　　　　　　　　　　　觀察記錄者：

| 23 | | 檢查作業（複雜情緒） | 學生姓名 | | | |
|---|---|---|---|---|---|---|
| 向度　層次 | | 當處於未做到該盡的責任或事物卻沒被追究 | | | | |
| 預測情緒 | 1 | 能說出「慶幸」的情緒（題3） | | | | |
| | 2 | 能由自己或他人過去「功課沒寫老師忘記收」或類似經驗，說出「慶幸」情緒 | | | | |
| 由情緒預測行為 | 3 | 能由四個行為中選出一個行為（題4） | | | | |
| | 4 | 能說出為什麼選擇「僥倖」的行為 | | | | |
| | 5 | 能說出為什麼選擇「反省認錯」的行為 | | | | |
| | 6 | 能說出為什麼選擇「不知反省、不認錯」的行為 | | | | |
| 由行為預測結果 | 7 | 能說出「僥倖」行為的適當性 | | | | |
| | 8 | 能說出「反省認錯」行為的適當性 | | | | |
| | 9 | 能說出「不知反省、不認錯」行為的適當性 | | | | |
| | 10 | 能預測所選行為的得分（題5） | | | | |
| | 11 | 能說出「僥倖」的行為後果 | | | | |
| | 12 | 能說出「反省認錯」的行為後果 | | | | |
| | 13 | 能說出「不知反省、不認錯」的行為後果 | | | | |
| 對選擇的行為負責 | 14 | 能接受自己所選擇行為的後果（得分）（題7） | | | | |
| 由結果逆推行為的選擇 | 15 | 有不適當行為時，願意修正不適當的想法與行為（題8） | | | | |
| | 16 | 有不適當行為時，能將行為修正為「反省認錯」或其他適當表現 | | | | |

評量標準：
　　5：能獨立表現或說出，且內容適當完整
　　4：能獨立表現或說出，內容與主題有關但不完整
　　3：能獨立表現或說出，但內容與主題無關
　　2：在少量提示、協助下表現此能力
　　1：在大量提示、協助下表現此能力
　　0：無法表現此能力或不反應
　　N：不適宜評量（含老師未問此問題或未讓該生發表）

附錄
14

# 教學觀察記錄表

日期：　　年　　月　　日，第　　週　　學生姓名：

| 單元名稱 | □影片： | □動畫： | 教學者： | |
|---|---|---|---|---|
| 向度 | 教師提問題目 | 回答（記錄學生的回答） | 特殊行為記錄 | |
| 預測情緒 | 從影片中看到了什麼？ | | | |
| | 預測影片中主角現在的心情？ | | | |
| | 為什麼？你怎麼知道的 | | | |
| 由情緒預測行為 | 你會選擇哪一個行為？ | | | |
| | 為什麼？ | | | |
| 由行為預測結果 | 你覺得主角這樣的行為適不適當？ | | | |
| | 你覺得你選擇這樣的行為可以得到幾分？ | | | |
| | 實際上學生得到幾分？ | | | |
| 對選擇的行為負責 | 你接受剛剛的後果嗎？ | | | |
| | 為什麼？ | | | |
| 由結果逆推行為的選擇 | 是否要修正？ | | | |
| | 想一想還有沒有其他的表現方式？ | | | |
| 補充項目 | | | | |

# 教學省思表

日期： 年 月 日，第 週

| 單元名稱 | □影片： | □動畫： | | | 教學者： | |
|---|---|---|---|---|---|---|
| 教學內容 | 教學者省思 | 學生表現描述 | | | | |
| | | | | | | |
| 1. 引起動機<br>（團康活動） | | | | | | |
| 2. 影片／動畫教學 | | | | | | |
| 3. 綜合活動（角色扮演／類化活動） | | | | | | |
| 教學修正與調整 | | | | | | |
| | | | | | | |

附錄 **16** 暖身活動清單（羅玉慧老師提供）

## ▶ 一、辨識情緒

### (一) 辨識難過情緒：眉目傳情 1

1. 遊戲規則：教師將學生排列成一直排（依序為 1 號、2 號……等），學生背對教師，教師請 1 號轉身，並且示範哭臉請 1 號學生模仿，接著請 1 號學生模仿哭臉給 2 號學生看，再請學生將表情依序傳到最後一位，最後請學生說出教師和前一位表演者的表情為何？

2. 引導：教師請大家說明觀察到的表情特徵，並說明情緒的特徵。

### (二) 辨識喜、哀情緒：眉目傳情 2

1. 遊戲規則：教師準備哭臉和笑臉兩種卡片，發給學生每人一張卡片（可能是哭臉或是笑臉），將學生分為兩隊，兩隊隊員皆依序排列成一直排（依序為 1 號、2 號……等），1 號學生模仿卡片表情讓 2 號學生猜，2 號學生猜對了，則請 2 號學生模仿卡片表情讓 3 號學生猜，以此類推，最快完成的那一隊則獲勝。

2. 引導：教師請大家說明觀察到的表情特徵，並說明情緒的特徵。

### (三) 表情心臟病

1. 遊戲規則：
   - 教師製作喜、怒、哀、懼圖卡，各表情可選用不同層次之圖片共五十張圖卡。
   - 每個學生可拿到十張表情圖卡。

- 每人輪流依序唸出喜、怒、哀、懼，並同時翻一張牌。
- 若翻出的牌與所唸之情緒關鍵字相同時，則所有人要立刻用手壓牌。
- 最慢者回收桌面所有的牌，直到有人手中的牌全部用完則贏得勝利。

2. 引導：教師請大家說明觀察到的表情特徵，並說明情緒的特徵。

## ▶ 二、預測情緒

### (一) 預測高興情緒：藏寶圖

1. 遊戲規則：教師準備紅紙條藏在教室中，請學生去尋找紅紙條，教師說明找到紅紙條者則可以換獎品。
2. 引導：請學生活動前分享自己的心情（期待），活動後再請學生發表自己的心情（如：拿到獎很開心，拿不到獎很失望）。

### (二) 我是大明星

1. 遊戲規則：
   - 教師製作高興、生氣、難過、害怕四種籤。
   - 學生抽籤決定所要表演的情緒。
   - 讓學生有三分鐘準備時間，思考如何表演。
   - 學生輪流上臺表演所抽到的情緒，讓其他同學猜測臺上學生所表演的情緒。

2. 引導：讓學生分享看到別人表演時如何得知表演者情緒。如：大笑表示開心，皺眉哭泣表示難過。

### (三) 肢體猜一猜

1. 遊戲規則：教師準備喜怒哀懼四種情緒，並準備頭巾遮著學生的臉部表情，請學生上臺表演四種情緒的肢體表情，如：生氣會跺腳、插腰，讓其他學生猜一猜這是什麼情緒，再揭示表演學生頭巾，看學生想要表達情緒是否一致。

2. 引導：教師請大家說明觀察到的肢體特徵，並說明不同情緒會有不同的肢體表達特徵。

## ▶ 三、由情緒預測行為

### (一) 由害怕情緒預測害怕行為：恐怖箱

1. 遊戲規則：教師將不明物品放置箱子內（如：仙草、昆蟲），請學生觸摸猜出物品名稱。

2. 引導：活動後請學生發表自己在害怕情緒時，自己的行為為何（如：發抖、流汗）。

### (二) 由害怕／高興情緒預測害怕／高興行為：瞎子摸象

1. 遊戲規則：
   - 將學生眼睛矇上，其他學生可以看到物品。
   - 讓矇上眼睛的學生觸摸準備的物品，其他同學可發出誤導的言語讓觸摸者感到害怕。
   - 分別讓每位孩子體驗觸摸不同物品。

2. 引導：活動後請學生發表觸摸物品時的害怕情緒引發之行為（如：不敢觸摸、發抖），以及在誤導他人時高興情緒的行為（如：手舞足蹈、哈哈大笑）。

### (三) 由害怕情緒預測害怕行為：踩氣球

1. 遊戲規則：教師準備每位學生一人一顆氣球，氣球內有紅紙，將氣球綁在學生腳上，請學生彼此將氣球踩破，踩破最多氣球者（檢查誰獲得最多紅紙）獲勝。

2. 引導：活動後請學生發表自己在害怕情緒時的行為（如：逃跑、尖叫）。

## ▶ 四、由行為預測結果

### (一) 支援前線

1. 遊戲規則：教師將學生分成兩隊競賽，並說明要的五樣物品，分別請兩隊學生將教師所需要的物品交至前方，物品交的最快以及最齊全的那一隊獲勝。

2. 引導：教師說明合作的行為會讓活動較快完成，不合作的行為較容易失敗，也會讓隊友不喜歡。

### (二) 五人六腳

1. 遊戲規則：

    • 教師準備布條將學生腳綁在一起。

    • 讓學生練習五人六腳活動，在時限內抵達指定地點可獲得小禮物。

2. 引導：教師說明活動過程中需要大家不斷調整與配合才能達成目標，若有人不願意配合或調整則會使所有人無法達成目標（合作才能達成目標）。此外，教師亦可強調合作過程中，若因摔跤而相互責怪，亦會引起同伴討厭，且難以達成目標。

### (三) 你是我的眼

1. 遊戲規則：教師將學生分成兩兩一組，在教室前面放置籃子，請其中一人將眼睛矇上並帶著一顆球，另一人以口語敘述，引導矇眼的同學走到前面並將球放置於籃子裡，最快完成者獲勝。

2. 引導：教師說明合作的行為會讓活動較快完成，不合作的行為較容易失敗，也會讓隊友不喜歡。

part 1

part 2

part 3

## ▶ 五、對選擇行為負責

### (一) 交換禮物

1. 遊戲規則：

- 教師請學生自己準備一個禮物，並將所有學生準備的禮物編號蒐集起來，請學生抽選一個號碼，以號碼找到自己的禮物。
- 詢問學生喜不喜歡這個禮物，不喜歡禮物的人可以有一次更換禮物的機會，將禮物交給教師重新編號再抽籤。第二次抽禮物後，不論自己抽到喜歡或是不喜歡的禮物都要接受，沒有再次更換禮物的機會。

2. 引導：教師依據學生表現，請學生分享得到最後禮物的心情，以及接受自己選擇的行為所衍生的後果。

### (二) 賓果戳戳樂

1. 遊戲規則：

- 教師準備戳戳樂，其洞中放置不同任務或小禮物的紙條。
- 學生玩賓果遊戲（3×3 或 4×4），達到賓果者可以玩一次戳戳樂。
- 詢問學生喜不喜歡抽到的結果，不喜歡的人可以有再一次戳戳樂的機會。但是第二次不論抽到喜歡或是不喜歡都要接受，並且執行活動或得到獎勵，不能有異議。

2. 引導：教師引導學生接受自己選擇的行為所衍生的後果。

### (三) 使命必達

1. 遊戲規則：

- 教師準備十項任務卡（如：蒐集十枝鉛筆、獲得兩位老師說：「謝謝！」……等），請學生抽選一個任務，並且要完成它。
- 學生如果不喜歡這個任務，可以有再一次更換任務的機會，但是不論自己再次抽到喜歡或是不喜歡的任務都需要接受並且完成，沒有再次更換任務

的機會。

2.引導：教師引導學生接受自己選擇的行為所衍生的後果。

## ▶ 六、由結果逆推行為的選擇

### (一) 傳炸彈

1.遊戲規則：

- 教師請學生坐著圍成一圈，並且準備一顆球當成是炸彈，教師一邊播放音樂一邊請大家輪流傳球，等到音樂停止時球落在誰的手上就會被炸出局，這時出局的人必須在旁等待他人遊戲，一直玩到剩下最後一個人為止。

- 教師說明學生在遊戲中的表現，將行為分為三等級（如：生氣不玩者 1 分，耍賴不遵守遊戲規則者 2 分，活動中表現良好者 3 分），得分最高者教師予以鼓勵。

- 再玩一次傳炸彈遊戲，教師依據行為標準給予計分，得分有進步者教師予以鼓勵。

### (二) 吸管傳情

1.遊戲規則：

- 學生分成兩組，每人用嘴含一根吸管。

- 利用吸管傳橡皮筋。

- 遊戲結束後獲得最多橡皮筋的組別勝利。（團體成績）

- 教師說明個人成績規則，將行為分成三等級（接不到橡皮筋生氣罵人者 3 分，耍賴不遵守規定者 2 分，過度興奮大叫者 1 分），得分最低者給予鼓勵。

2.引導：教師引導學生思考自己希望獲得怎樣的結果來選擇自己的行為。

### (三) 大風吹

1.遊戲規則：

- 教師準備學生人數減一的椅子，玩大風吹的遊戲（例如，口令：大風吹→吹什麼？→吹沒有手錶的人），說明符合條件的人要換位子，其他人則不用換位子，沒有位子的人則出局。

- 教師說明學生在遊戲中的表現，將行為分為三等級（如：生氣不玩者 3分，耍賴不遵守遊戲規則者 2 分，活動中尖叫者 1 分），得分最低者教師予以鼓勵。

- 再玩一次傳大風吹遊戲，教師依據行為標準給予計分，得分有進步者教師予以鼓勵。

## 測驗版施測指導語（動畫版）

### ▶ 一、預測情緒

「各位小朋友好！等一下老師要讓你們看一些有趣的圖片和照片，每一題只放一次，所以眼睛要注意看，耳朵要專心聽喔！每一題結束時老師會請你回答問題，所以要專心唷！」

「好，現在我們來練習看看！」

「請問這個小女孩他的心情怎麼樣？是高興對不對？所以我們就要在高興前面的小框框中打勾。」（請老師確認小朋友都知道如何打勾）

| 題號 | 情緒表現 | | | |
|------|----------|---|---|---|
| 練習題 | ☐ 高興 | ☐ 生氣 | ☐ 難過 | ☐ 害怕 |

「好，你們都知道怎麼打勾了，那現在我們要開始囉！」

### ▶ 二、測驗題組

「各位小朋友好！今天要讓你們看幾題有趣的動畫，每一題只放一次，所以眼睛要注意看，耳朵要專心聽喔！每一題結束時，會請你回答問題，問題的答案沒有對或錯，只是想了解你的想法而已。等一下我們會先練習一下。」

「好，現在請你們寫上自己的名字和性別！」（請老師協助確認答題過程中是否有跳題或漏答的情況）

「現在我們來看看例題。」

**練習題 1**：　「小寶被狗追，結果小寶告訴爸爸他很害怕，你覺得小寶的行為如何？假如你認為『好』，就在『好』下面的□打✓。」

| 行為表現 | | |
|---|---|---|
| 題號 | 好 | 不好 |
| 1 | ☑ | ☐ |

「好，你們都知道怎麼打勾了，那現在我們要開始囉！」

## 附錄 18　測驗版預測情緒答案紙

年級：＿＿＿＿年＿＿＿＿班　　　　　　學生姓名：＿＿＿＿＿＿＿＿＿＿＿

| 題號 | 情緒表現 |
|---|---|
| 練習題 | ☐ 高興　　☐ 生氣　　☐ 難過　　☐ 害怕 |

小朋友，我們要正式開始囉！

| 題號 | 主角心情 | | | |
|---|---|---|---|---|
| | 高興 | 生氣 | 難過 | 害怕 |
| 1 | ☐ | ☐ | ☐ | ☐ |
| 2 | ☐ | ☐ | ☐ | ☐ |
| 3 | ☐ | ☐ | ☐ | ☐ |
| 4 | ☐ | ☐ | ☐ | ☐ |
| 5 | ☐ | ☐ | ☐ | ☐ |
| 6 | ☐ | ☐ | ☐ | ☐ |
| 7 | ☐ | ☐ | ☐ | ☐ |
| 8 | ☐ | ☐ | ☐ | ☐ |
| 9 | ☐ | ☐ | ☐ | ☐ |
| 10 | ☐ | ☐ | ☐ | ☐ |
| 11 | ☐ | ☐ | ☐ | ☐ |

| 題號 | 主角心情 | | | |
|---|---|---|---|---|
| | 高興 | 生氣 | 難過 | 害怕 |
| 12 | ☐ | ☐ | ☐ | ☐ |
| 13 | ☐ | ☐ | ☐ | ☐ |
| 14 | ☐ | ☐ | ☐ | ☐ |
| 15 | ☐ | ☐ | ☐ | ☐ |
| 16 | ☐ | ☐ | ☐ | ☐ |
| 17 | ☐ | ☐ | ☐ | ☐ |
| 18 | ☐ | ☐ | ☐ | ☐ |
| 19 | ☐ | ☐ | ☐ | ☐ |
| 20 | ☐ | ☐ | ☐ | ☐ |
| 21 | ☐ | ☐ | ☐ | ☐ |

part 1　part 2　part 3

附錄 **19** 測驗版預測情緒答案

年級：_____年_____班　　　　學生姓名：_____

| 題號 | 情緒表現 | | | |
|---|---|---|---|---|
| 練習題 | ■高興 | □生氣 | □難過 | □害怕 |

小朋友，我們要正式開始囉！

| 題號 | 主角心情 | | | | | 題號 | 主角心情 | | | |
|---|---|---|---|---|---|---|---|---|---|---|
| | 高興 | 生氣 | 難過 | 害怕 | | | 高興 | 生氣 | 難過 | 害怕 |
| 1 | ■ | □ | □ | □ | | 12 | □ | □ | □ | ■ |
| 2 | □ | □ | ■ | □ | | 13 | □ | ■ | □ | □ |
| 3 | □ | ■ | □ | □ | | 14 | □ | □ | ■ | □ |
| 4 | □ | □ | □ | ■ | | 15 | □ | □ | □ | ■ |
| 5 | □ | ■ | □ | □ | | 16 | ■ | □ | □ | □ |
| 6 | □ | □ | ■ | □ | | 17 | □ | ■ | □ | □ |
| 7 | □ | □ | □ | ■ | | 18 | □ | □ | □ | ■ |
| 8 | ■ | □ | □ | □ | | 19 | □ | □ | ■ | □ |
| 9 | □ | □ | ■ | □ | | 20 | ■ | □ | □ | □ |
| 10 | □ | ■ | □ | □ | | 21 | □ | □ | ■ | □ |
| 11 | □ | □ | □ | ■ | | | | | | |

# 測驗版測驗題組答案紙

年級：＿＿＿＿年＿＿＿＿班　　　　　　學生姓名：＿＿＿＿＿＿＿＿＿＿

| 行為表現 | | |
|---|---|---|
| 題號 | 好 | 不好 |
| 1 | ☐ | ☐ |
| 2 | ☐ | ☐ |
| 3 | ☐ | ☐ |
| 4 | ☐ | ☐ |
| 5 | ☐ | ☐ |
| 6 | ☐ | ☐ |
| 7 | ☐ | ☐ |

| 心情 | | | | |
|---|---|---|---|---|
| 題號 | 1 | 2 | 3 | 4 |
| 8 | ☐ | ☐ | ☐ | ☐ |
| 9 | ☐ | ☐ | ☐ | ☐ |
| 10 | ☐ | ☐ | ☐ | ☐ |
| 11 | ☐ | ☐ | ☐ | ☐ |
| 12 | ☐ | ☐ | ☐ | ☐ |

| 心情 | | | | | 行為表現 | | |
|------|------|------|------|------|------|------|------|
| 題號 | 高興 | 生氣 | 難過 | 害怕 | 題號 | 好 | 不好 |
| 13-1 | ☐ | ☐ | ☐ | ☐ | 13-2 | ☐ | ☐ |
| 14-1 | ☐ | ☐ | ☐ | ☐ | 14-2 | ☐ | ☐ |
| 15-1 | ☐ | ☐ | ☐ | ☐ | 15-2 | ☐ | ☐ |

| 行為表現 | | | | 心情 | | | | |
|------|------|------|------|------|------|------|------|------|
| 題號 | 1 | 2 | 3 | 題號 | 1 | 2 | 3 | 4 |
| 16-1 | ☐ | ☐ | ☐ | 16-3 | ☐ | ☐ | ☐ | ☐ |
| 16-2 | ☐ | ☐ | ☐ | | | | | |

| 行為表現 | | | | 心情 | | | | |
|------|------|------|------|------|------|------|------|------|
| 題號 | 1 | 2 | 3 | 題號 | 1 | 2 | 3 | 4 |
| 17-1 | ☐ | ☐ | ☐ | 17-3 | ☐ | ☐ | ☐ | ☐ |
| 17-2 | ☐ | ☐ | ☐ | 17-4 | ☐ | ☐ | ☐ | ☐ |

YA！完成了
你表現得真好！

# 21 測驗版測驗題組答案

年級：_____年_____班　　　　學生姓名：_____

| 行為表現 | | |
|---|---|---|
| 題號 | 好 | 不好 |
| 1 | ☐ | ■ |
| 2 | ☐ | ■ |
| 3 | ■ | ☐ |
| 4 | ■ | ☐ |
| 5 | ■ | ☐ |
| 6 | ■ | ☐ |
| 7 | ■ | ☐ |
| 心情 | | | |
| 題號 | 1 | 2 | 3 | 4 |
| 8 | ☐ | ☐ | ☐ | ■ |
| 9 | ☐ | ■ | ☐ | ☐ |
| 10 | ■ | ☐ | ☐ | ☐ |
| 11 | ■ | ☐ | ☐ | ☐ |
| 12 | ☐ | ☐ | ☐ | ■ |

part 1

part 2

part 3

| 心情 | | | | 行為表現 | | |
|---|---|---|---|---|---|---|
| 題號 | 高興 | 生氣 | 難過 | 害怕 | 題號 | 好 | 不好 |
| 13-1 | ■ | □ | □ | □ | 13-2 | □ | ■ |
| 14-1 | □ | ■ | □ | □ | 14-2 | ■ | □ |
| 15-1 | □ | □ | □ | ■ | 15-2 | ■ | □ |

| 行為表現 | | | | 心情 | | | |
|---|---|---|---|---|---|---|---|
| 題號 | 1 | 2 | 3 | 題號 | 1 | 2 | 3 | 4 |
| 16-1 | □ | □ | ■ | 16-3 | □ | ■ | □ | □ |
| 16-2 | □ | ■ | □ | | | | | |

| 行為表現 | | | | 心情 | | | |
|---|---|---|---|---|---|---|---|
| 題號 | 1 | 2 | 3 | 題號 | 1 | 2 | 3 | 4 |
| 17-1 | ■ | □ | □ | 17-3 | □ | □ | □ | ■ |
| 17-2 | ■ | □ | □ | 17-4 | □ | □ | □ | ■ |

PART

3

# 光碟操作說明

**基本操作說明**

▶ **一、播放說明**

進入光碟的資料夾「01 數位社會性課程」後，選取  點兩下直接播放。

若無法播放看到圖示，把「teach」拖拉到  即可播放。

或者先開啟 ，再把「teach」拖進去播放也可以。

▶ **二、課程選單介面**

點選影片版（影片）、動畫版（flash）或測驗版。

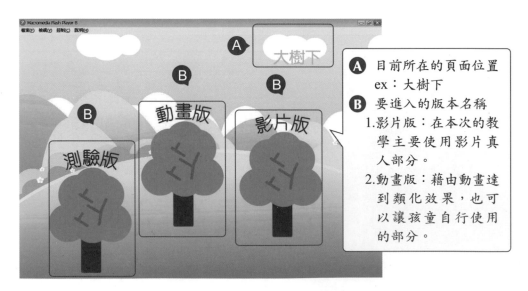

圖 1　主選單——大樹下

# 貳　影片部分

| | | |
|---|---|---|
| | 測驗版 | 預測情緒 |
| | | 測驗題組 |
| 大樹下 | 影片版 | 學校生活 |
| | | 家庭生活 |
| | 動畫版 | 學校生活 |
| | | 校外生活 |
| | | 家庭生活 |

## ▶ 一、影片選單連結內容

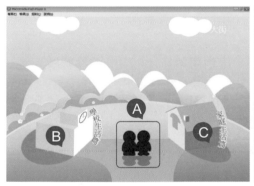

圖2　影片選單——大街

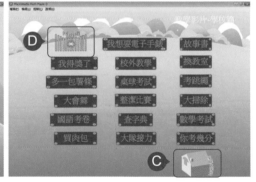

圖3　教學影片——學校生活篇

影片課程分為學校十七篇、家庭八篇，共二十五篇
1. 任意點選一個篇名皆可進入選單，按「回樹下」Ⓐ 可以回到圖1。
2. 按下「回街道」Ⓓ 可以回到圖2的畫面，按下「家庭生活篇」Ⓒ 可以進入教學影片。

## ▶ 二、影片課程介面

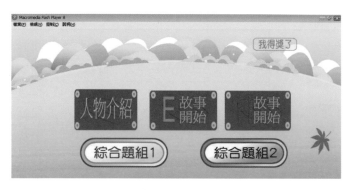

圖 4　教學影片──我得獎了

進入畫面後可以看到「人物介紹」和「故事開始」……等五個按鈕
1. 人物介紹：影片中的角色介紹
2. E 故事開始：E 是 Easy 版，故事會在情緒發生時切斷暫停，適合年紀較小，情緒辨識較弱的孩子
3. H 故事開始：H 是 Hard 版，故事中不會有切斷的部分，會將題幹連同三個行為一次播放完畢，屬於比較長時間、但線索不會被中斷的版本
4. 綜合題組 1、2 是從影片中任意選出其中兩個行為，將題幹＋行為＋結果一次播放完畢後，讓師生進行討論之開放性題型

## ▶ 三、影片人物介紹

　　按「人物介紹」播放完畢後可以看到右下角「請按此繼續播放」，請點一下就會進入「E 故事開始」的影片內容，若需「H 故事開始」請直接點選上方按鍵。

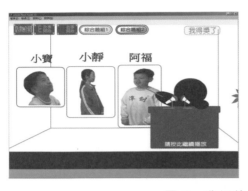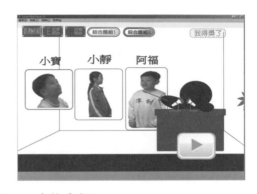

圖 5　我得獎了──人物介紹

## ▶ 四、影片按鍵

圖 6　目前播放標記

若點選到的課程會有特殊亮點，表示目前播放的位置，右上角有單元名稱

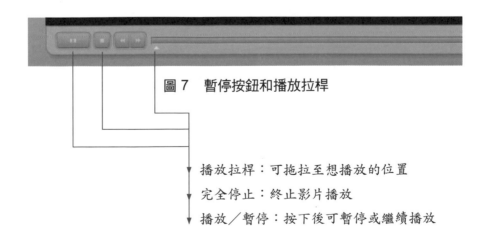

圖 7　暫停按鈕和播放拉桿

▼ 播放拉桿：可拖拉至想播放的位置

▼ 完全停止：終止影片播放

▼ 播放／暫停：按下後可暫停或繼續播放

part 1

part 2

part 3

## ▶ 五、快速鍵介紹

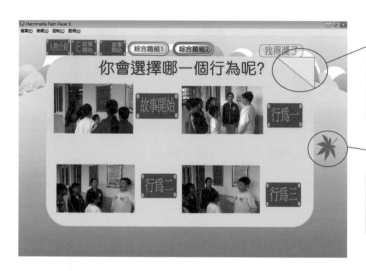

右上角快速選單：
可以回到「選項選單」畫面

右邊的楓葉圖案可
以快速回到「單元選單」畫面

圖 8

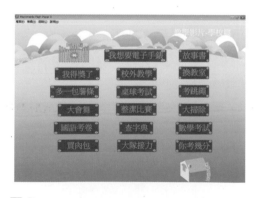

圖 9

滑過楓葉會出現「回單元選單」的字樣，點選後會回到單元選單中

**動畫部分**

| 大樹下 | 測驗版 | 預測情緒 |
| | | 測驗題組 |
| | 影片版 | 學校生活 |
| | | 家庭生活 |
| | 動畫版 | 學校生活 |
| | | 校外生活 |
| | | 家庭生活 |

## ▶ 一、動畫內容

| 學校生活篇 | 整理書包 | 校外生活篇 | 一起去騎腳踏車 |
| | 釣魚 | | 樹下乘涼 |
| | 萬聖節 | | 中正紀念堂 |
| | 同學送的生日禮物 | 家庭生活篇 | 寫功課 |
| | 討厭青椒 | | 新蠟筆 |
| | 撲克牌 | | 說故事 |
| | 打躲避球 | | 我想吃雞腿飯 |
| | 分組活動 | | 一個人睡覺 |
| | 滔滔不絕 | | 放風箏 |
| | 大會操 | | 打電動 |
| | 借蠟筆 | | 巧克力蛋糕 |
| | 檢查作業 | | |
| | 自然考卷 | | |
| | 分組打球 | | |

### ▶ 二、動畫選單連結內容

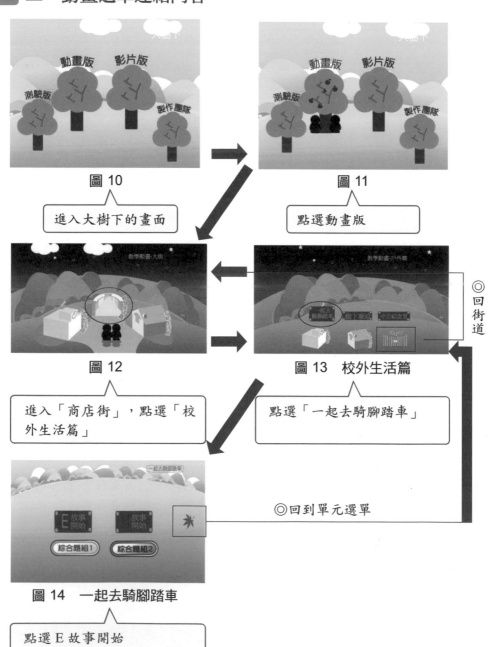

圖 10

進入大樹下的畫面

圖 11

點選動畫版

圖 12

進入「商店街」，點選「校外生活篇」

圖 13　校外生活篇

點選「一起去騎腳踏車」

◎回街道

圖 14　一起去騎腳踏車

點選 E 故事開始

◎回到單元選單

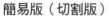

## ▶ 三、動畫課程介面

簡易版（切割版）
畫面有停格讓學生先預測情緒，再進行行為的判斷

困難版（連貫版）
畫面連貫、直接進行行為的判斷

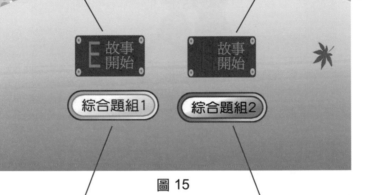

圖 15

隨機抽取一行為（正向、負向、中性）及後果，完整呈現故事情節，中間未有任何切割

隨機抽取一行為（正向、負向、中性）及後果，完整呈現故事情節，中間未有任何切割

part 1

part 2

part 3

## ▶ 四、動畫按鍵

可跳過人物介
紹，直接到下
一介面

圖 16

影片開始

圖 17

圖 18

點選

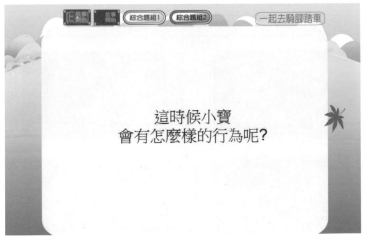

圖 19

part 1

part 2

part 3

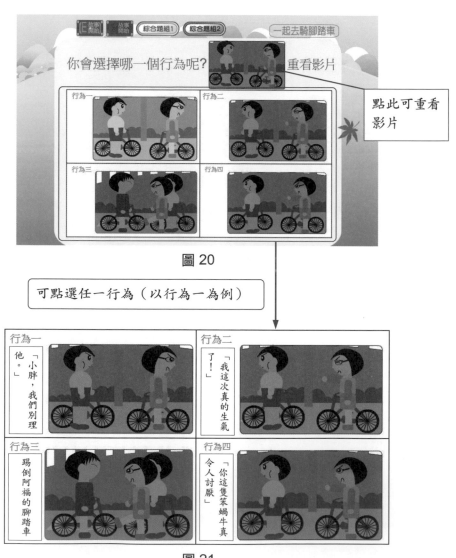

圖 20

可點選任一行為（以行為一為例）

圖 21

※真正畫面並不會顯示旁白或行為說明。

圖 22

任意點選畫面

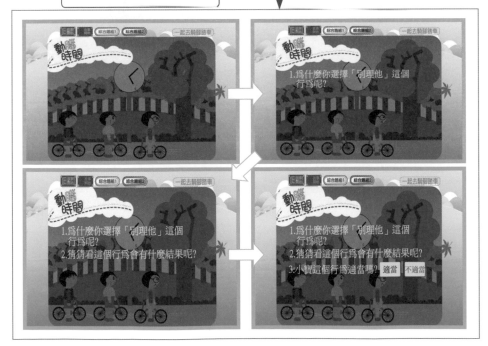

圖 23

圖 24

適當

不適當

圖 25

圖 26

小胖：「小寶，我也很討厭遲到的人，走，我們自己去騎腳踏車」

動畫結束

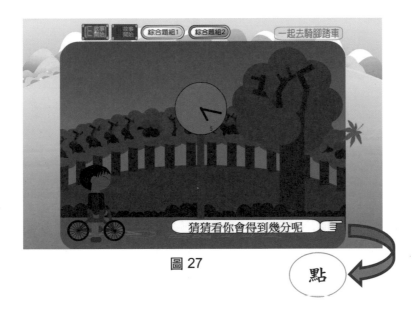

圖 27

點

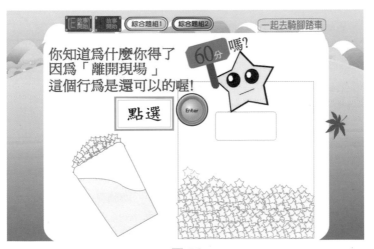

圖 28

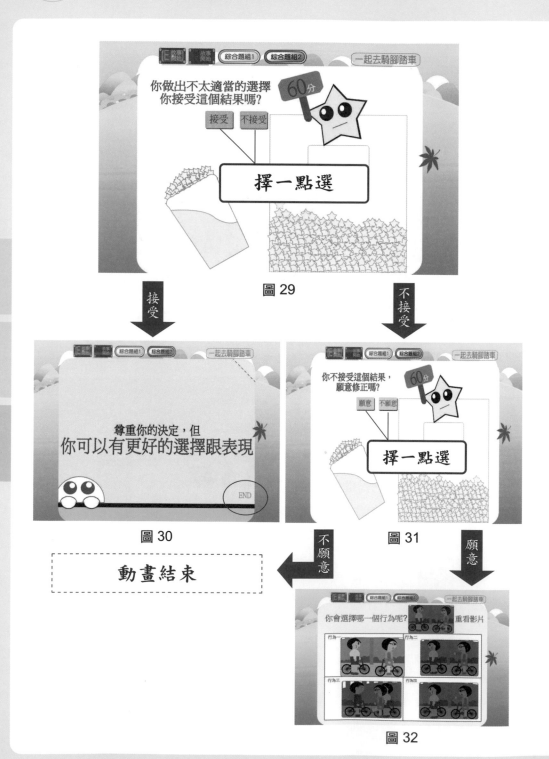

圖 29

接受

不接受

圖 30

圖 31

不願意

願意

動畫結束

圖 32

# 肆 以綜合題組為例

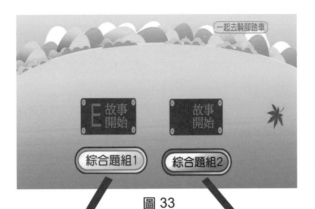

圖 33

圖 34

圖 35

小寶：「我這次真的生氣了」
阿福：「對不起啦！」

小寶：「你這個笨蝸牛，真令人討厭」阿福：「你憑什麼罵我是笨蝸牛？我要告訴你爸爸說你罵人。」

圖 36

part 1　part 2　part 3

## 伍 測驗版操作說明

| | | |
|---|---|---|
| 大樹下 | 測驗版 | 預測情緒 |
| | | 測驗題組 |
| | 影片版 | 學校生活 |
| | | 家庭生活 |
| | 動畫版 | 學校生活 |
| | | 校外生活 |
| | | 家庭生活 |

練習題：
請你勾出圖片中人物的心情

預測情緒

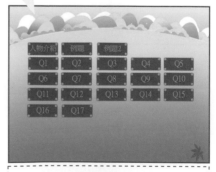

測驗題組

圖 37

**預測情緒** 內含 1～21 題的情緒預測題

1.這張是甚麼表情呢?

回單元選單

圖 38

**測驗題組** 內含 1～17 題的測驗題可自行點選並請學生在測驗紙上勾選

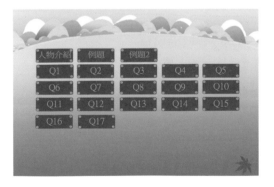

圖 39

part 1

part 2

part 3

國家圖書館出版品預行編目（CIP）資料

數位社會性課程教學攻略：在高功能自閉症與亞斯伯格症之
應用／張正芬等著 -- 初版. -- 臺北市：心理，2012.10
面；　公分. --（障礙教育系列；63112）

ISBN 978-986-191-521-0（平裝附光碟片）

1.自閉症　2.情緒行為障礙　3.學習障礙　4.特殊教育

529.69　　　　　　　　　　　　　　　　　101020216

障礙教育系列 63112

# 數位社會性課程教學攻略：
# 在高功能自閉症與亞斯伯格症之應用

著作財產權人：國立臺灣師範大學
作　　　者：張正芬、林迺超、王鳳慈、羅祥妤
光碟製作：江佩穎
執行編輯：高碧嶸
總 編 輯：林敬堯
發 行 人：洪有義
出 版 者：心理出版社股份有限公司
地　　　址：231 新北市新店區光明街 288 號 7 樓
電　　　話：(02) 29150566
傳　　　真：(02) 29152928
郵撥帳號：19293172 心理出版社股份有限公司
網　　　址：http://www.psy.com.tw
電子信箱：psychoco@ms15.hinet.net
排 版 者：龍虎電腦排版股份有限公司
印 刷 者：竹陞印刷企業有限公司
初版一刷：2012 年 10 月
初版六刷：2021 年 1 月
I S B N：978-986-191-521-0
定　　　價：新台幣 450 元（含光碟）